相性も運も引き寄せる！

すごい
オリエンタル
占星術

水晶玉子

講談社

相性も運も引き寄せる！　すごいオリエンタル占星術

目次

人生が変わる！オリエンタル占星術

オリエンタル占星術ってどんなもの？

「オリエンタル占星術」は、はるか平安時代に空海がお経の形で日本に持ち帰ったことで知られる「宿曜経《しゅくようきょう》」をベースにした占いです。宿曜経は、西洋占星術と起源を同じにするインド占星術の一部を伝えた東洋のホロスコープ占い。千年を超える古い教えに現代的な解釈を加え、今の時代に合うものとして蘇らせたものがこの「オリエンタル占星術」です。

その特徴は、月の動きをもとにしていること。生まれたときの月の位置によって決まる27の「宿」から、その人の性質やさまざまな吉凶を読み解いていきます。

西洋占星術では意思を表す太陽と違って、月は本能や感情をつかさどる天体です。

そのせいでしょうか？　多くの人は、この占いの自分の本命宿が語る、その性格を読んだとき、最初は「当たってない」「私はこんな性格じゃない」と感じるようです。

でも、不思議なことに、他の人から見たあなたの性格は、まさに、その本命宿が語る通り。人は自分のことはなかなか客観視できないもの。そして、その人が自分ではなかなか自覚できない、見えない、見たくない部分を端的に語るのが「オリエンタル占星術」なのです。

開運は、自分を知り、人と上手に関わることから

世の中には、いろいろな開運法があふれています。その中で、誰にでもできる、そして一番確実な開運アクションは「自分で自分のことをよく知ること」かもしれません。

人は生まれ育った環境や周りの人から受ける影響も大きいので、その人が本来もっている素質を発揮しきれていないことも多いものです。でも、自分の長所や短所を知って、それを活かしたり補ったりする努力をすれば、あなたの中に埋もれている、素晴らしい個性や能力を開花させることもできるでしょう。そのきっかけが、この「オリエンタル占星術」のあなたの「本命宿」の解説の中にあるかもしれません。

そして、もうひとつの開運法は、人との関わり、交流の中にあります。

どんな人も、けっしてひとりでは生きられません。「運」を運んでくるのはいつでも人であり、どんな人とどう関わるかが、その人の生き方を決めるといってもよいでしょう。

いろいろな占いで「相性」は語られますが、相性はけっして良い悪いで語りきれるものではありません。細く長く淡々と一定の距離感を保つ関係もあれば、付き合った期間は短くても大きな影響を与えていく人もいて、その関係性は共に過ごした時間や密度に比例しないことも多くあります。また、偶然のように出会う相手、選んで付き合う相手もいれば、家族のように自分では選べない相手との相性もあります。

「オリエンタル占星術」でみる相性は、自分から見た相性と相手から見た相性が組み合わさった「安と壊」「栄と親」「友と衰」「危と成」「業と胎」に同じ宿同士の「命」を加えた6種類があります。また相性における「遠距離」「近距離」というのは、宿と宿がどれぐらい離れているかを表します。「近距離」のほうが合う機会は多いけれど、その相性の結論も早く出るといわれています。それぞれ相性には、縁の強さと影響力の強さ、関係性の質とバランスに違いがありますが、どんな相手とも、その相性を知ることで、よい形の付き合い方があることを教えてくれるのが「オリエンタル占星術」です。そんな相性の特徴を知って、複雑な人間関係を読み解き、人との縁をつなぐ小さなヒントを拾ってください。

この本の使い方

本命宿の解説は、前半が本人向け、後半が関係性別の項目になっています。従来のオリエンタル占星術の本では、主にその宿の本人に向けた内容でしたが、本書はその宿の関係者にこそ読んでいただきたい、「宿の取扱説明書」的な項目も含みます。「基本性格と運命」「開運ポイント」「ライフサイクル」は本人向け、「○宿との相性」「恋愛・仕事するなら」「家族や友人として仲良くするなら」、ページ下の「NG」は、その宿と付き合う人向けです。どちらの解説も読めば、その宿の理解が深まるでしょう。

この本では、他人とうまく付き合うコツを、とことん掘り下げました。仲良くなりたいのに接点が少ないとか、なぜかぶつかりがちな人がいたら、きっと参考になるはず。どんな相性の相手とも宿の個性と相性の特徴を把握しておけば、トラブルを避けて、より良い関係を築くことができると思います。ハッピーな人間関係を目指してください。

宿

各宿の最初のページを見るだけで、その宿のイメージをつかめます。そこに書いてあるキーワードを覚えておけば、「こういうところは注意しようかな」と、心の準備もできます。まずは、巻末の本命宿早見表で、自分や、付き合う人の宿（＝本命宿）を調べてください。

宿の基本性格と運命

その宿の長所・短所と、人生全般にわたる運勢の流れを解説しています。

宿の開運ポイント

その宿が持っている、強みや運を開花させる方法を解説しています。

宿のライフサイクル

オリエンタル占星術での年運は、28年をひとつのサイクルとして巡っています。1年に1宿ずつメインとなる宿（命宿）が変わり、それに従って、ぞれぞれの宿の運気も毎年変わっていきます（宿は全部で27宿ですが、年運の場合、斗宿と女宿の間に「牛宿」を入れる28宿を使う手法を取り入れているので28年周期になります）。

本書では、各宿の２０１８年から10年間の長期的な年運の表と解説を載せました。

毎年の年運の名称は、この後の相性の解説で紹介するものと同じものです。つまりその年、「命」の運気になる宿に対する、あなたの宿の相性がその年の年運となります。

年運には28年に一度の「命」の年、約9年ごとの「業」「胎」が巡るときが大きな運気の切り替えどき。他にも、良くも悪くも予想外の変化に見舞われる「壊」の年などがいつ巡るかをチェックして、長期的なライフサイクルの計画に役立ててみてください。

相性でも登場する「遠距離」「中距離」「近距離」という運気は「命」にあたる宿からの距離を表します。年運の場合、「遠距離」の運気が続く約8年間は、比較的、誰かのため、あるいは周囲の流れに沿って生きる時期。「近距離」の約9年間は自力で道を切り開いていくような状況に置かれる時期となります。

★○宿との相性／恋愛・仕事するなら／家族や友人として仲良くするなら

ここからは、それぞれの宿との相性や付き合い方の解説です。恋愛、仕事、家族や友人などの関係性別に、相手の心をつかむ方法や気をつけなくてはいけない点がわかります。

オリエンタル占星術の相性の組み合わせは、「安と壊」「栄と親」「友と衰」「危と成」「業・胎」「命」の6種類。「命」と「業・胎」を除く各相性は宿同士の距離により「遠距離」「中距離」「近距離」に分かれます。それを加味した27宿別の細密な相性についても各宿のページで解説しているので参考にしてくださいね。それぞれの相手には、次のような意味と特徴があります。

【安壊の関係】

安の人は「安心して付き合える相手」、壊の人は「理屈抜きで心ひかれ、振り回される相手」で、アンバランスだからこそ引かれ合うため、最もやっかいで因縁が深い。壊にとって安は、出会った瞬間に魅了され、無条件に尽くしたくなる相手だが、時間が経つと利害関係が負担になり、一緒にいるのが苦しくなることも。ただ、三人以上の関係では仲間の強い求心力として働くことも。

＊芸能人カップル……山本耕史（危宿）×堀北真希（翼宿）、唐沢寿明（亢宿）×山口智子（昴宿）、木村拓哉（室宿）×工藤静香（星宿）

【栄親の関係】

栄の人は「協力し、導いてくれる相手」、親の人は「刺激的ではないが、親しみを感じる相手」で、互いに能力を引き出し合う最高のパートナーとなる。恋愛よりも、結婚やビジネス向きで、最初は好きでも嫌いでもない知り合い程度から始まり、ゆっくり信頼を深めていく。相手を尊重するあまり長年付き合っていても、プライベートには踏み込まなかったりする。

＊芸能人カップル……岡田准一（婁宿）×宮﨑あおい（柳宿）、福山雅治（亢宿）×吹石一恵（室宿）、市川海老蔵（氐宿）×小林麻央（鬼宿）、明石家さんま（房宿）×大竹しのぶ（奎宿）

【友衰の関係】

友の人は「心地よく、本心を打ち明けられる相手」、衰の人は「かわいがり、癒やしてあげたい相手」で、打算や世間体抜きの優しい気持ちで結ばれ、互いのために親身になれる。ただ友が衰を守る覚悟がないと、現実的なトラブルを乗り越えられない。不倫や大人の恋、再婚カップルに多い相性。欲得ずくでメリットを求めると、食い違うことも。

＊芸能人カップル……東出昌大（柳宿）×杏（井宿）、堺雅人（井宿）×菅野美穂（心宿）、田中裕二（昴宿）×山口もえ（婁宿）、森田剛（斗宿）×宮沢りえ（觜宿）

【危成の関係】

危の人は「自分の世界を広げてくれる相手」、成の人は「足りないものを補ってくれる相手」で、違う性格の者同士だからこそ刺激的。共通の目的によって結びつくドライな面もあるが、割り切ってしまえばビジネスライクな関係で安定する。運命的に強い絆ではないが、互いに違う世界を持ち、干渉しすぎずに付き合えば人生が大きくスケールアップしそう。

＊芸能人カップル…… 渡部建（胃宿）×佐々木希（氐宿）、片岡愛之助（氐宿）×藤原紀香（張宿）、青木崇高（室宿）×優香（箕宿）

【業・胎の関係】

業の人は「前世の貸しを返すように尽くしてくれる相手」、胎の人は「来世への貸しを作るように尽くしてしまう相手」で、車の両輪のように力を合わせて何かを成し遂げる関係。運命共同体的に互いを必要とし、共通のもので結びつくソウルメイトのような存在だが、一緒に果たすべき役割や使命がなくなると、バランスが崩れて離れることも多くなる。

＊芸能人カップル…… 小栗旬（觜宿）×山田優（角宿）、向井理（張宿）×国仲涼子（箕宿）、藤本敏史（軫宿）×木下優樹菜（畢宿）、桑田佳祐（翼宿）×原由子（昴宿）

【命の関係】

命の人同士は互いに「近い感覚を持つ、一心同体のような相手」で、好きなものや考え方が似ているので、最初は親近感を持つ。ただ、同性だったり年齢や環境が近すぎたりすると、キャラがかぶって消耗してしまい、次第に距離を置くようになる。逆に、性別や年齢、立場に差があれば、言葉にしなくてもわかってくれる「分身」として、強い信頼関係が生まれる。

＊芸能人カップル…… 市村正親（室宿）×篠原涼子（室宿）、ＥＸＩＬＥ ＴＡＫＡＨＩＲＯ（参宿）×武井咲（参宿）、柳楽優弥（胃宿）×豊田エリー（胃宿）、松田翔太（柳宿）×秋元梢（柳宿）

婁《ろう》宿《しゅく》

【 バランス感覚のいい、人と人をつなぐ調整役 】

特徴

聡明で、一見親しみやすいが
本質的な性格はドライ
クールに状況を把握し
大きなミスが少なめ
世の中のことに敏感で
安定を好むナンバー2体質

婁宿の基本性格と運命

「婁」には、つなぐ、とらわれる、インドの星の名は馬をつなぐものという意味があり、あなたは人と人をつないだり、調整したりするのが得意です。**聡明で親しみやすく見えますが、本質的にはドライ**。人の動きや状況を観察し、理性的でそつがない対応ができるので、めったにミスをしません。

世の中のことに敏感で慎重に行動するため、冒険的な生き方は不向き。バランス感覚がよく、メジャー感があるものや確実性の高いものを好みます。仕事でも、**トップよりナンバー2の立場**でいたほうが安心できて、才能を活かしてやりたいことができるでしょう。そんな堅実な性格は、子供の頃にあまり丈夫ではなかったことが関係あるかも。大人になって自分で健康管理をするようになると、独自の健康法を身につける人も多いようです。

多芸多才で観察力に優れているため、アイディアを生み出す力もあります。やや線が細いところがあるので、フリーランスになるより組織の中にいたほうが能力を発揮できるタイプ。**仲間と一緒に目標達成を目指すと成功**しやすいでしょう。そして、得意なことだけでなく苦手なことも正確にやりこなし、人の信頼を得ながら確実に成長していきます。

【婁宿の有名人】パソコンで世界をつないだアップル社のスティーブ・ジョブズとマイクロソフト社のビル・ゲイツ。また秋篠宮文仁親王殿下。芸能界では息の長い活躍をするタイプが多く、志村けん、竹野内豊、岡田准一、松田龍平、錦戸亮、黒木瞳、土屋太鳳。

婁宿の開運ポイント

手際が良さそうに見えて、**実は要領が悪いタイプです**。そんな婁宿の意外な弱点カバーに有効なのが、**与えられた課題は選り好みせず、とにかくやってみること**。数をこなして経験値を上げていけば、自然に自信も実力もつきます。たとえ失敗しても、婁宿は経験を次に活かすことがとても得意。必ず今後の自分の糧《かて》になります。

人当たりがソフトなので好かれますが、自分が思っているより狭量です。人との距離をきちんと取って付き合おうとするため、**人間関係は広いけど浅く表面的になりがち**。でも、「人の役に立ちたい」という想いも心の中に秘めているので、もっと素直に情熱的な面も出していくと、人との縁も充実していくでしょう。

運気が乱れやすいのが、几帳面な面が出すぎたとき。小さなことに気を取られて大局を見失ったり、神経を使いすぎたりすると、心と体に不調が出ます。また批判精神が鋭く、相手を見下した発言をして、恨みや怒りを買ったりすることも。

でも婁宿は、**27宿の中でも息の長い活躍ができる人**。人生が大きく変化する30歳前後を乗り越えれば、自分が理想とする安定を手に入れることができるはずです。

婁宿のライフサイクル

婁宿は2017年が、28年に一度の大きな運気の曲がり角、「命」の年でした。そこで仕事や社会的な立場、家族の構成、周囲の人間関係が変わった人も多いはず。また「命」の年は、自分が今後、担うべき〝使命〟のようなものと出会うタイミングでもありました。

それを受けて、近距離の「親」の年となる2018年は、具体的に生活が変わってきます。2018年は、ごく身近な人と結束力を強めて改善・改良することがあり、「友」の年の2019年はそれが安定します。特に2018、19年は、経済的活動が大きなポイント。お金の儲け方、使い方、物の価値観が変わってきます。そんな新たな価値観で積み重ねてきたことが2020年の「壊」の年に新たな変化を呼びます。変化の吉凶は、努力次第ですが、物への執着心は消えていきそう。また、それまでの極端な行動はここでケジメが必要になります。

2017年「命」の年と2020年近距離の「壊」の年の変化は、あなたに自分が本当に守るべきもの、大切にすべきものを教えます。目的達成の2021年「成」の年を経て、2022年「危」年に新たなチャレンジを始めると、そこで決めた方向に、次の運気の曲がり角の2026年「胎」の年まで一気に駆け抜けることになるでしょう。

2018	2019	2020	2021	2022	2023	2024	2025	2026	2027	2028
近距離の親	近距離の友	近距離の壊	近距離の成	中距離の危	中距離の安	中距離の衰	中距離の栄	胎	遠距離の親	遠距離の友

※ 2018 年～ 2028 年の運気の流れ

婁宿との相性

気になる相手の宿との相性をチェックしましょう。宿星の地色は宿と宿がどれくらい離れているかを示しています。▨は遠距離、▨は中距離、□は近距離です。

関係	宿星	どんな相手？
命	婁宿	互いのいい面も悪い面も目につきやすい。批判精神を出しすぎなければ良好
業	星宿	持続力がある者同士、気が合う。星宿の夢や目標を支えると婁宿も充実する
胎	尾宿	地道に努力を重ねる者同士でわかり合えるが、婁宿が世話を焼くことが多い
安	軫宿	軫宿の明るさと気配りに助けられる。二人だけだと盛り上がりに欠ける面も
	女宿	ストレスのない相手だが、どちらも仕切りたがり、次第に主導権争いが起きる
	畢宿	頼り甲斐のある畢宿だが、一本気すぎて緻密な婁宿とはテンポが合わない
壊	氐宿	補い合い惹かれるが、考え方は違う。そのため婁宿のやる気をくじくことも
	井宿	共に理論派なので話は合う。ただ批判し合うようになると、婁宿が負ける
	室宿	豪快な室宿に振り回される。勝手な人と感じるが、学ぶべきことも多い
栄	張宿	細かなことも任せられ、安心して甘えられる。張宿が上にいるとスムーズ
	箕宿	何かとフォローしてくれ頼もしい。時々花をもたせてあげると、さらに良好
	胃宿	いい意味でライバル。胃宿の激しさを抑えて、行動力へと変えられる
親	心宿	心が楽になり、明るくなる相手。心宿の本音を知ると、驚かされることも
	柳宿	婁宿は惹きつけられ、柳宿からは頼りにされる。でも自然に離れることも
	奎宿	知的で冷静な者同士で理解し合える。緻密さがぶつかるので距離が必要
友	房宿	最初は房宿のお気楽さが鼻につくが、長く付き合えば友好な関係を築ける
	鬼宿	けんかはするが、本質を理解しているのですぐに仲直り。婁宿が鬼宿を支える
	壁宿	親しくなるきっかけが作りにくい。壁宿のオタクな面を見ても引かないように
衰	翼宿	似たところがあり、話も合って自然体で付き合える。まったりできる相手
	斗宿	世界観を広げてくれる相手。緻密さを生かして斗宿をサポートすると喜ぶ
	昴宿	自分にないものを持ち、補い合える関係。知識も増やしてくれる存在
危	角宿	コントロールできない相手。コツコツと進めていたことを、覆されたりする
	虚宿	自分とは違うタイプなので気になるが、二人だけでいると間がもたない
	觜宿	似ているところがあり、慎重なので、一定の距離があったほうが落ち着く
成	亢宿	一歩引いて状況を見ながら、接し方を判断。正面からぶつかると勝ち目はない
	参宿	明るく大らかな参宿はパワーをくれる相手。サポート役に回るといい関係に
	危宿	ペースを崩されやすいが危宿に悪気はない。気にしなければ穏やかな間柄

人当たりがよく、親しみやすい婁宿。実はドライなところもあり、そういった面は相手によっては隠すように心がけましょう。また利害関係に敏感な婁宿は、一般的に良好な「栄親」の人よりも利害を考えずにすむ「友衰」や同じ目標に向かって進みあえる「業・胎」の関係のほうが気楽に付き合える傾向も。ただ、共通点の少ない相手ほど気になってしまいがちで、「危成」の人に強い影響を受けることも。この場合は違いを認め、相手との距離感を保つなど、付き合い方に工夫が必要です。

♥妻宿と恋愛するなら【パートナーとして】

妻宿は恋の相手も冷静に分析し、**長所だけでなく短所も細かく観察するチェック魔**。どんなにアプローチしても、お眼鏡にかなわないと二人の仲は進展しません。

順調に付き合っていたはずなのに、なぜか突然フェイドアウトされることもあります。それは、あなたに人生の相棒としての手堅さが感じられなかったせいかもしれません。

妻宿を落とすなら、知性や経済力、安定した地位など、自分にはかなわないと思わせるところを示すと効果的。妻宿の理想とリンクすれば、恋の急展開もありえます。

だからといってすぐにゴールインはせず、自分が人生を預けられる相手と思えなければOKしません。結婚観も合理的なので、**「今後の生活にこの人が必要」と実感できれば、スピード婚もあり**。生活環境や家族についてリサーチし、「この人は育った境遇や価値観が自分と似ているな」と妻宿に思わせられれば、すんなりいくでしょう。

理屈で納得しないと人にコントロールされても動かないので、結婚後は干渉しすぎたり、依存しすぎたりしないように。妻宿のペースを尊重して、表面的には主導権を握らせているように振る舞うと、家庭は安定します。

常に冷静で失敗の少ない妻宿は、困ったときに頼りになる存在。でも、甘えられる関係が当たり前になると、がまんできずに離れていきます。特に女性の妻宿はしっかり者ですが、一方的に依存しないように気をつけましょう。

妻宿と仕事するなら【同僚や上司として】

自分の立場や役割を考え、**計画的に動くしっかり者**。使命である〝つなぐ〟を意識して、人をつなぐマスコミやコンサルタント、命をつなぐ医療関係が適職。計算能力を生かした金融関係も向きます。同僚や部下なら安心してどんな仕事も任せられ、上司なら頼りになる存在になります。**人をサポートすることに生きがいを感じます**が、頼りすぎると見限られます。

無計画な人に対して手厳しい態度をとる傾向があるので、プレゼンするときはしっかりとした根拠が必須。一緒に仕事をするときは、緻密なスケジュールを立てておくなど、**実現性の高さを証明して進めると、いいアシスト**をしてくれそう。

人と人をつなぐことが得意なので、苦手な上司や同僚、クライアントとの食事会などに妻宿を連れて行くのもおすすめ。**潤滑油になって、いい関係を築きやすくしてくれます**。

職場に良好な関係を築けていない妻宿がいるなら、仕事以外のことでもいいので、相手の興味を引く情報を提供したり、自分の得意分野について話をふったりしてみて。新しい刺激が妻宿の心をほぐし、距離を縮められるでしょう。

「これはなし」「ダメ」と、積み重ねてきたことを否定するような言動は絶対にしないで。妻宿はどんな行動にも意味があると考えているので、反対意見を言うときは、悪いことだけでなく、いいことにも触れると受け入れてくれます。

♫妻宿と仲良くするなら【家族や友人として】

距離が近く、上下関係のない気心の知れた存在は、普段神経を使いすぎている妻宿にとっては宝物。たわいない世間話や共通の話題で盛り上がったり、お酒を飲んだり、ゲーム感覚のレジャーを楽しんだりして、**リラックスした時間をともに過ごすと信頼関係を築けます**。妻宿が疲れているときやへこんでいるときに連絡があったら、短い時間でもいいので会って話を聞いてあげると、予想以上に感謝されるでしょう。

支配を嫌うので、特に妻宿の子供は、**無理に従わせようとすると反発**して関係がギスギスすることもありますが、それは自立心の強さからくるもの。マイペースで好き勝手しているようでも、常識の範囲内でしか行動しないので、妻宿の意思を尊重したほうが可能性を伸ばすことにつながります。特に、**高圧的な物言いはケンカの元**になるので注意を。

妻宿の批判精神は、身近な相手ほど顔を出しやすくなります。でも、自分の気持ちを言葉で伝えてくるうちは悪い関係性ではないのでご安心を。鋭い指摘にカチンと来ても、こちらに気を許している証拠。そういう刺激的な一面を楽しみながら付き合えば、何かを気づかせてくれるきっかけになることもありそうです。

自分自身の資質も限界も把握している冷静な妻宿。心を許している相手から、自分の弱みをズバリと指摘されると、顔には出さないけれど傷つきます。間違っても「臆病なんだから」とは言わずに、「慎重だね」と認めてあげて。

胃《い》宿《しゅく》

【大きな胃袋を知恵と欲で満たしていく異端児】

特徴

気の強い自信家だけど
情の深い寂しがり屋
怖いもの知らずで
ほしいものは強引にゲット
「謀反《むほん》の星」とも呼ばれ
自分流に人生を切り開く

胃宿の基本性格と運命

「胃」は旺盛な好奇心と欲望の象徴で、インドの星の名は何かを担うという意味。なかなか満たされない大きな胃袋を埋める、知恵と欲があります。

気の強い自信家で、とにかく押しが強いのが特徴。**理想が高く、底力のある頑張り屋**なので、ほしいと思ったものは、多少強引なことをしてでも手に入れようとします。**プライドが高く、基本的には自分以外を信じない**うえに、めったに本心を明かさないので、人間関係は乱れがち。自然とトラブルも増えますが、怖いもの知らずの負けず嫌いなので、どんな相手にも容赦なく戦いを挑み、傷を負うことはあっても絶対に負けません。むしろ人とぶつかり合っている方が元気だし、充実感を抱きます。

「一国一城の主タイプ」で妥協ができないため、組織に収まりきらず、一匹狼になりがちです。はたから見て恵まれていても現状に満足できず、どこかに怒りやイライラを抱えていることも。そんな胃宿の人生には波乱がつきまといますが、周りを巻き込みながら大きく物事を動かしていくパワーは、使い方次第で人望を得るのに役立つことも。とことん**自分の価値観や美意識を貫き、納得できる生き方を探していく**ことになるでしょう。

【胃宿の有名人】西郷隆盛を筆頭に毀誉褒貶もあるけれどダイナミックに生きる人。夏目漱石、芥川龍之介、松本清張など文豪も。加山雄三、東山紀之、及川光博、大泉洋、DAIGO、柳楽優弥。女性も小池百合子、沢尻エリカ、高畑充希など強さが魅力になるタイプ。

胃宿の開運ポイント

何事にも貪欲で実行力がある胃宿は**「謀反《むほん》の星」**とも呼ばれ、自分の欲望を阻むものには猛烈な戦いをしかけます。強すぎる感情や行動力をどう使うかが、明暗の分かれ道。私利私欲のためにエネルギーを使うと、人に嫌われてトラブルメーカーになる恐れも。

でも、実はリーダーとしての資質もあります。広い世界に目を向けて、戦う相手を個人から社会や組織へと変えていければ、多くの人の役に立ったり助けたりすることができるでしょう。人からの信頼と尊敬を集め、スケールの大きな目標を達成することも可能です。

どちらも波乱が多い人生であることに変わりありませんが、より良い晩年を迎えるためには、**自分の中にある不満と憤りのパワーを、世のため人のために使っていくこと**です。

自立心が強く、人に頼ったり守ってもらったりするのが大の苦手。人に求めないかわりに、自分からも何も与えないところもあります。でも、本当は寂しがり屋の胃宿。常に争っているのは、人と関わっていたいという気持ちの表れでもあるのです。誰かの存在が自分の行動のモチベーション、やりがいになっていることを自覚して、**人を助けたり助けられたりすることを覚える**と、その後の人付き合いがずっと楽になるでしょう。

胃宿のライフサイクル

胃宿にとって、2018年は28年に一度のエポックメイキング的な運気の「命」の年です。「命」の年は、仕事や社会的な立場、家族の構成、周囲の人間関係が変わることの多いとき。また、仕事や家族などの中で、大きな責任を担って、「これが自分のやるべきことなのかも」と、実感するような決断をしたり、そう感じる環境や案件に遭遇することもあります。ただ、運気的には2017年までが大きな上げ潮ムードで、勢いがあったため、2018年の「命」の年の運気は、ちょっとトーンダウン、ブレーキがかかったように感じる人もいるかもしれません。でも、2018年のさまざまな出来事は、今後のあなたに次の大きな目標を与えるもの。それを明確に意識して、2019年「親」の年と2020年「友」の年に少しずつでも新しいことに挑戦したり、試行錯誤をした人としなかった人とでは、変化運の2021年「壊」の年にやってくる出来事に大きな差が現れます。特に仕事関係とそれに関わる人間関係の吉凶は人によって分かれますが、2021年にしっかり目標をとらえ直すことで、あなたの長年の夢は2022年「成」の年に叶う可能性が。そこで生まれた新たな夢があなたの原動力となり、2027年「胎」の年までを戦い抜くことになるでしょう。

2018	2019	2020	2021	2022	2023	2024	2025	2026	2027	2028
命	近距離の親	近距離の友	近距離の壊	近距離の成	中距離の危	中距離の安	中距離の衰	中距離の栄	胎	遠距離の親

※ 2018年～2028年の運気の流れ

★ 胃宿との相性 ★

気になる相手の宿との相性をチェックしましょう。宿星の地色は宿と宿がどれくらい離れているかを示しています。■は遠距離、■は中距離、□は近距離です。

関係	宿星	どんな相手？
命	胃宿	互いに本音を見せず、自我を通そうとする。相手を敬遠するがそのほうが安心
業	張宿	張宿の堂々とした性格に助けられる。胃宿の強烈な個性を和らげてくれる存在
胎	箕宿	気の強い者同士でいいライバル。箕宿のムチャぶりに胃宿が応えることも
安	角宿	人気者の角宿を胃宿がうまく使うが、近づきすぎると適当さにうんざりする
	虚宿	虚宿のプライドの高さと臆病さを見抜き、追い詰めやすい。最後は胃宿が優位
	觜宿	利害が一致すれば協力し合えるが、胃宿が自分の欲を優先させるようになる
壊	房宿	互いに好相性と感じる。やがて房宿のクールさに胃宿が傷つき、争うように
	鬼宿	共にアグレッシブなので気が合うが、胃宿が強く出すぎると鬼宿は離れる
	壁宿	興味深い相手だが、心を探り合い疲弊して終わる。争いには勝つが失うものも
栄	翼宿	信念を持って共にゴールを目指せば得るものが多い。翼宿の頑固さを操って
	斗宿	個性を認めながら尊重し合い、大きな可能性を切り開く。縁が長く続く相手
	昴宿	性格は異なるが、互いを補い、バランスのいい関係。胃宿の許容力が必要
親	尾宿	コンビを組むと達成率が高まる。胃宿から行動を起こし、リードするといい
	星宿	付き合いが長くなるほど、互いの個性、持っている力を生かし合える関係に
	婁宿	なぜか相手の言うことが素直に聞ける関係。胃宿が場を仕切ったほうがいい
友	心宿	共にクセが強くて秘密主義。惹きつけられる相手だが、次第に疑心暗鬼に
	柳宿	忙しく動き回っていることが好きなのでテンポが合う。つい甘やかしてしまう
	奎宿	秘密を漏らさない奎宿は信頼できる。ときどき意外な面に驚かされることも
衰	軫宿	頼りにされて、その関係が心地いい。懐の深い軫宿だが、言いすぎると傷つく
	女宿	いつも一緒にいるわけではないが、困ったときには相談に乗ってくれる
	畢宿	ポジティブになれるが、行動パターンが違いすぎるので共同作業は不向き
危	亢宿	甘く見てはいけない相手。争うとダメージが大きいので、ぶつからず共存を
	危宿	すれ違うことが多く、大きな事故も起きないが、発想力では危宿に敵わない
	参宿	怖いもの知らずの二人。干渉し合わない関係を保てれば、強力な味方になる
成	氐宿	良いライバルだが、互いに底力があるので争うと徹底抗戦に。挑発しないこと
	井宿	共に知恵があり分析能力も高い。相手にないものを補い合い、動かしていく
	室宿	パワフルさを認め合っているが、胃宿が執念深さを発揮すれば室宿は引く

欲望達成のためには行動力があり、強い感情を持つ胃宿ですが、実は交際下手。相手によって感情の出し方を変えたほうがいいでしょう。「安壊」の人とは自然にかかわりが深くなる傾向があります。胃宿の強引さをおさえ、欲をみたしてくれる相手を選ぶなら「危成」。似たもの同士、味方にしておきたいのは「業・胎」。本心を打ち明けられる人を「友衰」の関係で持つと、いい結果につながるかもしれません。「栄親」の相手とはお互い強いパワーを持ち、大きな仕事を成し遂げられるので、相手を尊重する気持ちを忘れずに。

♥胃宿と恋愛するなら【パートナーとして】

胃宿の男性は、**とにかく美人が大好き！**　落としたいなら、まずは彼好みの女性のファッションやメイクを研究してみて。いざ付き合い出すと、他人に気を許せないぶん、甘えん坊で要求の多い男性になります。手のかかるタイプなので、あなたが我慢強くないとつらいかも。でも、表面的にでも立てておくとご機嫌なので、付き合い方のコツをつかめば頼りになる存在になるでしょう。関係が乱れやすいのが、彼の仕事がうまくいっていないとき。**常に敵と戦ってイライラしているので、わかりやすい癒やしの言葉をかけてあげて**。

胃宿の女性は気の強さが魅力のハンサムウーマンで、**パワフルで才能ある実力者に惹かれます**。年下や気の弱い男性にモテますが、結果を出せない相手にはかなりの塩対応をします。一方、自分が押されることには不慣れで、最初は気がなさそうでも、**めげずに押しまくると振り向いてくれる可能性が**。こちらも交際が始まると〝かまってちゃん〟に変身し、放っておくと不機嫌で攻撃的な女性になります。

別々に住んでいるカップルの場合はまめに連絡を取り合い、夫婦なら日々の会話を大事にし、小さな家庭の決め事も話し合うようにしましょう。

胃宿は、リアクションに手応えがないと満足しません。気のない相づちや、メールにノーレスなどが続くと、気持ちが冷めていくので注意。また、好きになった人に恋人がいても攻めまくるので、その気がないなら早めにお断りを。

胃宿と仕事するなら【同僚や上司として】

自分に自信があり、何事も堂々とした態度で対処するので、胃宿が同僚や部下なら頼れる存在になります。チームリーダーや重要な案件を任せることも。味覚が鋭いので食品や飲食関連に適性があり、批評家やアドバイザーとしては辛口ですが的確。秘密を守るので弁護士や医者、警察などにも向いています。

気になるのは、他人を信用できず、秘密裏に物事を進めてしまうところ。全権を委ねると、暴走して取り返しがつかなくなるので、こまめに報告させて。周囲にライバル心を燃やしがちですが、**つまらない勝負心や競争心は孤立のもと**。胃宿が上司やクライアントの場合は、**丁寧なフォローアップ**が信頼獲得のカギ。食への関心が高いので、おいしいお菓子を手土産や差し入れにするのも、心のガードを緩めるのに役立つかも。

胃宿のモチベーションを上げるのが、**プライドの高さをくすぐるホメ言葉とダメ出し**です。向上心が強いため、小さなことでも評価されると、その何倍ものパワーを発揮してさらに上を目指します。そしてたまには反対意見も伝えてみて。負けず嫌いな性格が刺激され、よりエネルギッシュに仕事に取り組んでくれるはずです。

人に使われるのが苦手なので、仕事を頼むときは、高圧的な言い方は避けて。胃宿が戦闘モードに入ったときは、いったん話を全部聞いてあげること。そのうえで、こちらの意見を真摯に伝えると、スムーズに受け入れようとします。

胃宿と仲良くするなら【家族や友人として】

胃宿が親しい人間関係に求めるのは、一体感。常に今よりもっと仲良く、深く相手とつながりたいと感じています。一度心を許すとどんどん距離を縮めてくるので、**あなたが受け身でも少し親切にしてあげる**だけで、強い絆を築くことができるでしょう。

自信家でズケズケ物を言う胃宿に、最初は怖い印象を持つ人も多いはず。でも、そのアクの強さは親しくなるほど愛おしいものに変わります。思いきって懐に飛び込んでしまえば、案外付き合いやすい相手かも。また人を信用しないわりに、誰かと行動することは好きなので、旅行などは一緒に過ごすプランを提案すると喜んでもらえそう。

胃宿は家族思いで、子煩悩。家の中では**リラックスして過ごせる空間を整え、おいしい料理を出してあげる**と喜ばれます。誕生日など家族のイベントもしっかりお祝いを。

胃宿の子供は自立心が強く、親の庇護《ひご》を求めない傾向があり、世話を焼き過ぎたり、テリトリーに侵入したりすると強く反抗します。そのぶん忍耐強く、一人で悩みを抱え込んだり、無理したりすることも多いので、放任はしないで。**「少し離れたところから常に見守る」**という付き合い方がベストです。

無視されることが、胃宿にはいちばんのストレス。ネガティブな意見でも、それが元でケンカになっても、リアクションがないよりマシなのです。遠慮されるのも完全燃焼できないので不満だし、〝お茶を濁す〟ような対応も嫌い。

昴《ぼう》宿《しゅく》

【やや変人だが、順風満帆な人生を歩むセレブ】

特徴

目上に引き立てられて伸びる
出世運最強の天然セレブ
プライドが高く頭脳明晰
正論を言いすぎることも
上品に見えて、少し変わり者
ユニークな趣味を持つ

昴宿の基本性格と運命

「昴」は統《す》べる、まとめるという意味。インドの星の名は、逆に、切る・分けることを示します。27宿のなかで**もっとも強い出世運を持つ幸運な星の生まれ**と言われています。恵まれた環境で育った**清潔感のあるエリートタイプ**で、志の高い勉強家。芸術的な才能を持っていることも多いです。持って生まれた品の良さと好感度の高さから目上の人に引き立てられ、進むべき道をすんなり見つけ出します。

若いときから順調に能力を発揮し、運気がピークの中年期には社会的な地位を得ます。大きく落ち込みもせず、緩やかに引退へと向かう、**理想的な人生を歩める幸運の持ち主**。

何事もツキがある昴宿のウィークポイントが、プライドの高さ。頭脳明晰で潔癖なため人に合わせられず、**正論を言いすぎてうとまれることも**。また失敗を恐れるために冒険ができず、大きなチャンスを逃してしまうことも少なくありません。苦労せずに周囲の人に引き立ててもらえるので、わがままで図々しい人になりやすい面もあります。

お高くとまっているように見えて、**実はちょっと変人で遊ぶことも大好き**。風変わりな趣味やセンスを隠し持っていますが、そのギャップが魅力になることも多いでしょう。

【 昴宿の有名人 】クリーンで高い視点を持つタイプが多く、バラク・オバマ元米大統領、アニメ界の巨匠、宮崎駿。洒脱な赤塚不二夫や立川談志。女性は山口智子、綾瀬はるか、新垣結衣、広瀬すずなど清潔感漂うタイプ。男性は佐々木蔵之介、相葉雅紀、中島裕翔。

昴宿の開運ポイント

昴宿の最大のテーマは、ラッキーな星の下に生まれたゆえの**プライドの高さとどう付き合うか**です。物事の本質や、自分の進むべき道をしっかり見いだせる昴宿は、常に理想を思い描き、それをまっすぐに求めます。でも、上から目線で自分の意見や主張ばかり押しつけていると、表面的なつきあいに終始し、味方や支持者が離れてしまうことに。**恵まれた天然セレブで潔癖なため、人と距離ができがち**なのがいちばんの悩みどころ。持って生まれた好感度の高さ、運の良さに感謝して、昴宿が持つ知識やセンスを人のために生かせば成功をつかめるし、幸運を生かすこともできるでしょう。

また勉強家なので、**趣味など興味を持ったことを深掘りしていく**と、その分野で一目置かれる存在になれます。ユニークなセンスの持ち主なので、ちょっとマイナーなジャンルがハマれば、いつの間にか人に教えるような立場になれる資質を持っています。

上品に見えていきなり大胆な行動に出て、周囲を驚かせることもあります。でも、昴宿は対外的なイメージを大切にしたほうがよいタイプ。**不思議すぎる行動や度肝を抜くカミングアウトは、本当に気心の知れた人だけ**にしたほうが安全です。

昴宿のライフスタイル

28年周期の年運の中でも、２０１８年はかなり運気の高い時期です。ある意味、やりたいことが自由にできたり、よい出会いがあったりするのが２０１８年。それは、28年に一度の運気の曲がり角である２０１９年「命」の年を前に自分らしい生き方を選んだり、あなたが今後、担うべき〝使命〟を果たすための準備であったりもするのです。状況の急な変化で、今まで予想もしないような方向に人生の舵を切ることもあるのが２０１９年ですが、そこで何もしないよりは、新たな選択をしたほうが、その後の２０２０年近距離の「親」、２０２１年「友」の年の運気に勢いが出ます。２０２２年「壊」の年は、２０１９年「命」の年にあまり大きな選択をしなかった人、あるいは選択を回避した人にはビックリするような変化が起きるかも。けれど、それを受け止めて改善をすれば、２０２３年「成」の年に大きな目的の達成も可能です。それは、「命」の年の２０１９年以前に、あなたが胸に抱いていた夢や目標とは少し違う到達地点かもしれませんが、あなたに次の大きな夢や目標をもたらすはず。特に学ぶことが好きで、教えるのもうまい昴宿にとっては、２０２３年に知的好奇心を刺激されたことが、２０２８年「胎」の年に新たな世界を開くものになるでしょう。

2018	2019	2020	2021	2022	2023	2024	2025	2026	2027	2028
近距離の栄	命	近距離の親	近距離の友	近距離の壊	近距離の成	中距離の危	中距離の安	中距離の衰	中距離の栄	胎

※ 2018 年～ 2028 年の運気の流れ

昴宿との相性

気になる相手の宿との相性をチェックしましょう。宿星の地色は宿と宿がどれくらい離れているかを示しています。■は遠距離、▨は中距離、□は近距離です。

関係	宿星	どんな相手？
命	昴宿	互いに優柔不断で曖昧な関係に終わり気味。衝突はしないが発展もしない
業	翼宿	必要なものを与えてくれる。何かと尽くしてくれるが、腐れ縁にもなりやすい
胎	斗宿	斗宿の実行力は魅力。昴宿が惹きつけられ、支える側に回ることが多い
安	亢宿	同じ理想を追えそうで追えない関係。関わりすぎると昴宿の人生が荒れる
	危宿	遊び仲間としては最適。それ以上だと感情を優先する危宿の性質が不安に
	参宿	友人以上の関係になると参宿のやんちゃぶりに耐えられず、傷つけてしまう
壊	心宿	昴宿のイメージと現実の心宿にはギャップがあり、最後は心宿の自由を奪う
	柳宿	頼り上手な柳宿に尽くすが、そんな理不尽な関係にイライラが絶えない
	奎宿	プライドが高く警戒心が強い奎宿とは、距離が縮まらずにストレスがたまる
栄	軫宿	互いの良さを引き出し、労り合える。軫宿の優しさには言葉と行動で感謝を
	女宿	トラブルが起きにくい穏やかな関係。共通の趣味があると、楽しい遊び相手に
	畢宿	いざというときに支えてくれる。理想を実現するためのパワーも与えてくれる
親	箕宿	よく気がつき、昴宿を引き立ててくれる。気も合って、現実面でも助け合える
	張宿	親身になってくれる人。必要なものを与え合い、一緒にいると互いに輝ける
	胃宿	共に物事を突き詰めて考え、アイデアも湧きやすく、信頼関係も築きやすい
友	尾宿	迷いを断ち切るヒントを与えてくれる。尾宿の割り切りの良さに学ぶものが
	星宿	困ったときのお助けマン。感謝の気持ちは言葉と態度で表すとより良い関係に
	婁宿	昴宿の才能を認めて引き立ててくれる。心も開いてくれるので居心地もいい
衰	角宿	昴宿の隠れた遊び心を刺激し、楽しい時間を演出してくれる最高の遊び相手
	虚宿	精神的な面で共感しやすい。落ち込んだときに話をすると前向きになれる
	觜宿	気持ちをほぐしてリラックスさせてくれる。付き合いやすく、優しい関係に
危	氐宿	真逆の価値観を持つ二人。自分にない部分に惹かれるが、理解できない
	室宿	室宿は油断できないと、力を侮らず付き合えば、助け合って上を目指せる
	井宿	理論的なところは似ているが、根本は食い違う。最終的には昴宿が歩み寄る
成	房宿	自分と似たものを感じるが、距離が縮まらない。共通点があれば近づけそう
	鬼宿	話も盛り上がり気楽に付き合えるが、鬼宿を下に見ていると反撃される恐れが
	壁宿	カッコつけるより、個性的な部分、素の部分を見せたほうが距離を縮められる

幸運な星の生まれで天然セレブの昴宿は、その品の良さがかえって人との距離をつくってしまうこともあります。そんな中、本音をぽろっと漏らせるのが「安」の相手。互いの能力を引き出し合う「栄親」でも「親」の人のほうが波長が合って、親しくなります。「友衰」の関係は精神性の高い昴宿にとって、本当の自分を出せる関係になりやすい。「業胎」の宿とも仲良くできますが、「胎」の関係の宿とはなぜか昴宿のほうが尽くすようになってしまいがち。「危成」の人は理解できないまま通り過ぎることが多いかも。

昴宿と恋愛するなら【パートナーとして】

臆病な昴宿は傷つくことを極端に恐れるため、簡単には恋をしません。相手の気持ちがわからないうちは行動を起こさないので、デートに誘うのも、告白やプロポーズも苦手です。昴宿との恋を成就させたいなら、こちらから動くのが近道。言葉や態度でわかりやすく好意を伝え、**「この恋は絶対にうまくいく」と安心させて**あげましょう。

優しくてスマートな印象を与える昴宿はモテますが、異性を見る目が肥えていて理想も高め。その一方で、「この人のどこがいいの？」と周囲が首をひねるような異性に夢中になることもあるので、高嶺の花かなと思っても**めげずにアプローチしてみて**。

ユニークな趣味を持つ昴宿は、自分の裏の顔を理解し、認めてくれる人に心を許しやすい傾向が。**ゆっくりと時間をかけて互いを知る**ことが、臆病な昴宿には大切なのです。

昴宿の男性は理想的な結婚をした人ほど浮気しやすい傾向があります。でも、離婚の意思がないなら事を荒立てず、大人の対応を。昴宿の女性は一途なうえに潔癖なので、相手がビビるほど嫉妬深く、浮気は絶対に許しません。また、家庭と仕事のバランスを取るのが苦手なので、**共働きの場合、家事は折半にする**のが家庭円満の秘訣です。

恋愛の主導権を決断が苦手な昴宿に委ねてはいけませんが、強引に押してプライドを傷つけてしまうのも逆効果。昴宿が安心してアクションを起こせるように、わかりやすくサインを出したり、きっかけを作ってあげたりして。

昴宿と仕事するなら【同僚や上司として】

頭脳明晰でさわやかな昴宿は、教師やインストラクター、文筆業や語学関連の仕事で力を発揮します。アートや飲食の分野も適職。

昴宿の部下には、**積極的にさまざまな経験を積ませてあげる**といいでしょう。本人が興味のある得意分野を任せれば、かなりの確率で結果を出します。上司であるあなたがきちんと適性を見極め、引き立ててあげれば、**信頼できる右腕的存在**に育つはずです。

昴宿は人を指導するのにも熱心で、かなりの教え上手。難しいことを噛み砕き、相手のレベルに合わせて説明してくれます。面倒見がよく、物事を高い視点から見渡せるため、**チームリーダーや後輩の教育係に**も向いています。やや人と距離がある昴宿に対しては、アドバイスを求めたり質問したりがきっかけで、仲良くなることも。また飲み会の店選びなどをお願いすると、普段見せないグルメで無邪気な一面が見られるかもしれません。

昴宿が仕事に求めるのはお金や地位ではなく、名誉と賞賛です。自分がしたことで相手が喜び、それを実感できることが、昴宿にはいちばんのごほうびなのです。小さなことでも**まめに感謝と敬意を伝えてあげる**と、いい関係をキープできます。

与えられた仕事には真面目に取り組みますが、がむしゃらに頑張るタイプではありません。キャパオーバーにならないよう、仕事の分量には気を付けて。また体力勝負の仕事やクレーム処理には向かないので、無理にやらせないこと。

♫昴宿と仲良くするなら【家族や友人として】

気位が高く人の本質を見抜く昴宿は、口には出さないものの、ちょっとだけ人を見下すようなところがあります。昴宿のブラックな面で割を食うのが身近な人たちです。

特に素を見せられる家族には、関心があるかないかで露骨に態度を変えるので、確執を抱えることも。とはいえ関係を悪くしようなんて気はみじんもないので、昴宿が興味を持っていることや、学校や仕事について質問してみましょう。**興味があるものをあなたが理解できなくても、茶化したり否定したりしないこと**。地雷を踏むことになります。

友人の場合は、一風変わった趣味や**独特のこだわりを大事にしてあげる**と信頼されます。それらを面白がったり一緒に体験したりすれば、グッと心の距離も近づくでしょう。

昴宿の特徴であるマイナーなものへの興味は、子供時代から芽生えています。何の心配もなさそうな優等生に見えて、裏では親も知らないユニークなこだわりを持ち、こっそり楽しんでいたりします。親から見れば、「何が楽しいの?」と思うかもしれませんが、決してその世界から子供を引き離すようなことはしないでください。他人とは違う特別な経験は、昴宿の人生をより素晴らしいものにしてくれるはずです。

昴宿は興味のないことに対しては、ほぼノーリアクション。こちらが熱く語っても、まったく乗ってきません。わかってもらおうと力説するほど拒絶反応も強まるので、「興味ないな」と思ったら、サクッと話題を切り替えて。

畢宿《ひっしゅく》

【 気力と体力でマイペースに進む頑張り屋 】

特徴

スロースターターだが
着実に目的を達成する
気力と体力はピカイチ
いつでも自分流
頑固で権力欲が強く
ポジションに執着しやすい

畢宿の基本性格と運命

「畢」は、狩猟用の網の象形文字で「終わり」の意味があり、インドの星の名は、車などに乗ることを示します。

おっとりしていそうに見えて、実は恐ろしく芯が強く、一度心に決めたことはどんなに時間がかかっても実現していきます。周りから何を言われてもブレない集中力、27宿の中でもトップクラスの**気力と体力を持つ頑張り屋さん**。

そんな畢宿の目標達成率はかなり高いのですが、スロースターターなうえに不器用なので、**かなりの大器晩成型**。子供の頃は無口で頑固なため、地味であまり目立ちませんし、目上の人からも可愛がられないかも。でも、畢宿の本格的な**躍進のスタートは人生の目標が定まったとき**。そこから自分が活躍できる場所を築き、着実に昇り詰めていきます。

また、本人には**その気がないのに敵対する人やライバルが現れやすい**傾向が。それは畢宿がどんなときでも自分流を貫き、周りの人と合わせないからかも。「不言実行」が人生のテーマなのは悪いことではありませんが、マイペースすぎたり、自分と同じように人もできるはずと思いがちな点を改めると、大きなことを成し遂げられるようになるでしょう。

【畢宿の有名人】粘り強く、息の長い活躍をする人が多く、作家では池波正太郎、三谷幸喜、漫画家の藤子・F・不二雄。芸能界では二代目中村吉右衛門、石坂浩二、松本人志、西島秀俊、窪田正孝。美人宿で松田聖子、米倉涼子、観月ありさ、吉瀬美智子、栗山千明も。

畢宿の開運ポイント

我が道を切り開いていくために、はっきりした目標を設定する必要がある畢宿は、自分のやりたいことがわからないうちは本来の力を活かせません。何をしたらいいかわからなければ、自分が**好きなこと、心地よいと感じることを掘り下げてみて**。そこから本当に自分が求めるものが見えてきて、運も開けていくはずです。

時間をかけて一歩一歩進み、苦労して権力や地位を手に入れるため、一度手にしたものへの執着心が強すぎる面も。頑固になって自分の考えに凝り固まり、「自分のやり方が唯一、最高」という思いでいると、人生の後半に大きく運を落とします。**人のためになることや譲り合う気持ちを持つこと**が、畢宿には必要なのです。

またフィジカルが整うことでメンタルも引き上げられるので、**体を鍛えると運気がアップします**。長く続けられるスポーツやエクササイズを探しましょう。ただし、自分の体力を過信する傾向があるので、くれぐれもやりすぎには警戒を。定期的な休養、検診などで体をチェックするのも、我慢強く努力家の畢宿には大切です。

畢宿のライフサイクル

近距離の「衰」の年である2018年、基本的には〝デトックス〟的な出来事が起こりやすい年。もともと粘り強く一途な努力家の畢宿ですが、それだけに頑固で独善的になりやすい傾向があり、それによって溜め込んだネガティブな毒を出すとき。周囲の空気を読んで、柔軟になって、断ち切るものが多いほど2019年「栄」の年の運気は大きく盛りあがるはず。そして2020年の28年に一度の「命」の年には、あなたが本来、果たすべき責任、担うべき使命をキチンと全うできたり、それにつながる道に出会えたりします。

器用ではなく、一度定めた人生行路の方向を簡単に転換できない畢宿は、「命」の年を経ても、過去を引きずっている場合がありますが、そうなると2023年「壊」の年に不本意な変化、出来事が起こりがち。この「壊」の年に良い変化を呼び込むためにも、断ちきれない過去はここまでに清算を。逆にいえば、どんな過去も、リセットできるような出会いが2023年「壊」の年にはあるのかも。そして翌2024年「成」の年には、新たな夢や目標を持ってリスタートでき、2025年の中距離の「危」の年には、自分でも意外なほどフットワーク軽く、新たな夢に向かって走り出しているでしょう。

2018	2019	2020	2021	2022	2023	2024	2025	2026	2027	2028
近距離の衰	近距離の栄	命	近距離の親	近距離の友	近距離の壊	近距離の成	中距離の危	中距離の安	中距離の衰	中距離の栄

※ 2018 年～ 2028 年の運気の流れ

★ 畢宿との相性 ★

気になる相手の宿との相性をチェックしましょう。宿星の地色は宿と宿がどれくらい離れているかを示しています。■は遠距離、▒は中距離、□は近距離です。

関係	宿星	どんな相手？
命	畢宿	割り切りの早いマイペース同士で、付き合いは淡白。目的が同じなら助け合う
業	軫宿	畢宿を慕い、世話を焼いてくれる。ときにはそんな軫宿の存在が重荷にもなる
胎	女宿	尽くして、高い評価をしてしまう相手。だが女宿は畢宿の思いに気づかない
安	氐宿	マイペースで思い通りにならない畢宿を、よく思わない。近づくほど亀裂が
	室宿	認め合うが、近づきすぎるとパワーバランスが崩れる。争うと大ごとに
	井宿	理論家の井宿に言い負かされるが、粘り強く向き合えば刺激がありいい絆に
壊	尾宿	努力家同士でわかり合えるが、主導権を取れない尾宿のストレスを被る
	星宿	互いに自分のペースでしか動けず、星宿から離れていく。無理に追わないこと
	婁宿	関係を保つには畢宿からの歩み寄りが必要。自分を貫くと婁宿は離れる
栄	角宿	角宿の明るさと判断力から学ぶことが多い。長く付き合うと人生のプラスに
	虚宿	異なる世界観を持つ虚宿に興味津々。関わると視野が広がり、成長できる
	觜宿	尊重し協力し合える相手。同じ目標を持ったり、共同作業を行うと深い絆が
親	斗宿	良きライバル。競い合うこともあるが、斗宿を意識すると、大きく伸びる
	翼宿	いつでも畢宿を遠くから見守ってくれる。一緒なら安心して物事を起こせる
	昴宿	昴宿は個性をプラスにとらえているので、気を使わずのびのびできる
友	箕宿	働き者で考え方も似ており物事を進めやすい。立場が違えばいい縁に
	張宿	こだわりは異なるが、相手の思いに応えて、筋を通そうとする姿勢は同じ
	胃宿	気は強いが、長期的に物事を考えるので気が合う。タッグを組めば強力
衰	亢宿	畢宿が負けを認める数少ない相手。味方になれば心強く、生涯の友に
	危宿	社交的で明るい危宿は、畢宿の気持ちを明るくする。公私ともに支え合える
	参宿	エネルギッシュな者同士、同じペースで動ける。ぶつかっても修復可能な仲
危	房宿	畢宿が強気で出れば押し切れるが、房宿の不満は爆発。甘く見ないように
	壁宿	予想外のリアクションが新鮮で驚きもあるが、互いに粘り強いので長い縁に
	鬼宿	相手を知るほどに性格の違いを感じ気持ちもすれ違う。気配りが必要な相手
成	心宿	ないものを持つ心宿に憧れるが、近づくとイメージが崩れ、争うと傷つく
	柳宿	一時期は親密な関係を築くが長期的な縁にはならない。畢宿が損をする
	奎宿	違いに興味をもつが、奎宿がライバル心を持つため関係が安定しない

マイペースな畢宿は大変な負けず嫌い。「安壊」の人とは気になって近づきすぎた結果、けんかになることがあるので注意しましょう。正直な畢宿は、だまされたりすることも多いですが、基本的に善良な「栄親」の人は、付き合って安心できる相手です。わが道を切り開いていくタイプの畢宿と「友衰」の人は同じ方向で物事を進められるいい間柄に。「業胎」の宿にはなぜか関わろうとし、相手の気持ちに敏感になるといい結果がもたらされます。「危成」の関係の人は世界が違うので新鮮に感じますが、行き違いが避けられないでしょう。

畢宿と恋愛するなら【パートナーとして】

畢宿は素朴で穏やかなイメージなので恋も受け身かと思いきや、意外に積極的。自分からパワフルに動いて、根性で意中の人の心をつかみます。苦労しそうな異性に飛び込むことも多く、**遊びで楽しむような付き合いはしないので、ヘビーな恋になる**のが特徴。こうありたいという形に近づけようと自分の希望を押し通そうとします。

でも、畢宿は一度好きになると良い関係・家庭を作ろうとして、最大限の努力をする人。納得できないことがあっても、よほどのことでない限りは、**畢宿のペースに合わせてあげる**ほうが結果オーライになりそう。

畢宿は**きれいなもの、おいしいものが大好き**なので、告白やプロポーズは好みのシチュエーションを整えると成功率がアップします。ゴージャスであることよりも真心がこもっているか否かに反応します。

畢宿の男性は趣味など、打ち込めるものがあるとよそ見をしなくなり、縁が安定。女性は仕事と家庭の両立も可能ですが、パートナーが協力的じゃないとケンカの原因になりがちなので気をつけて。家庭に入れば良妻賢母を目指します。

畢宿は我慢強いため、いつの間にか不満を溜め込んでいることが多い。望むように愛されないと不満倍増で、ある日突然大爆発！なんてことも。女性は美人星の一つでモテるので、寂しい思いをさせると別の人にもっていかれます。

畢宿と仕事するなら【同僚や上司として】

誠実な努力家で、どんな分野でもスキルを磨きながら上を目指していくため、**同僚や部下の畢宿は頼もしい相手**。スタミナがあるので、肉体を使うさまざまな仕事や自然相手の農業や林業・園芸に向くほか、政治家や大企業のサラリーマンもいいでしょう。

根は善良ですが、自分の気持ちに正直すぎるところがマイナスに働くことも。柔軟に人に合わせられないので、商売ごとや交渉ごとよりも、**専門分野を持たせて技術を磨かせるほうが頭角を現す**でしょう。また、自分が納得するまで仕事を手放さないので、納期までに時間がない場合や、スピード優先の仕事はストレスになり、モチベーションを下げてしまう恐れもあります。

手強い存在になるのは、畢宿の上司。苦労して手に入れた成果に執着し、権力欲も強いので、既得権益やポストは手放そうとしません。後進に道を譲るという発想がないので、自然に目下や後輩への当たりが強くなります。そんな上司の信頼を得る効果的な方法は、**仕事の報告に具体性を持たせる**こと。プレゼンをするときも、物事を数値化するなど、一目見てわかるような説明をすると効果的です。

基本的に自分の考えには自信があるので、自信過剰になりやすい傾向が。慢心しないよう、どこかでリセットや軌道修正のきっかけを出してあげましょう。また、火難の暗示があるため、火を使う仕事はさせないほうが無難です。

♫畢宿と仲良くするなら【家族や友人として】

大らかで我慢強く、どちらかというと受け身体質な畢宿は、関わりたくないことにも巻き込まれがち。気が乗らなくてもグチを聞いてアドバイスしてくれるし、無理なお願いをされてもなんとか応えようとしてくれます。でも**本当に大事にしたい関係なら、甘えすぎは禁物**。あなたが気づかないだけで、畢宿は嫌な思いを溜め込んでいる可能性があるからです。ときにはぶつかってもいいので本音を言い合い、不満やストレスなどの毒を吐き出させて、心を浄化させてあげましょう。

家族など近い存在に畢宿がいる場合は、**体を気遣ってあげる**と喜ばれそう。衣食住への配慮はもちろんオーバーワークにならないよう気を配ったり、検診を促したりしてサポートを。特に子供は、元気に見えて実は不調を我慢していることもあるので気をつけて。

子供時代からとても頑固で、納得しないことは絶対にしません。おしゃべりも少なめで、人に頼るのが苦手。ときには扱いにくいと感じるかもしれませんが、やるべきことはどんなに辛くてもやり遂げようとする頑張り屋です。そんな面もちゃんと見て、**ほめてあげる**こと。そうすればもっと上を目指し、自分の力で突き進んでいくでしょう。

畢宿が嫌がるのは急かされること。「遅い！」「まだ？」と言われると傷つきます。約束事の返事やメールのレスが遅くても、ストレートな催促はしないように。「粘り強いね」はほめ言葉だけど、「のろい、くどい」はケンカの原因に。

觜《し》宿《しゅく》

【目上に引き立てられる魅力的な言葉の使い手】

特徴

殺し文句で人を酔わせ
引き立てられて伸びる
先を読みすぎる
自己完結型人間
慎重すぎるとチャンスを逃し
欲を出せば幸運が逃げる

觜宿の基本性格と運命

「觜」は、くちばしのこと。インド名は鹿の角をあらわします。觜宿にはいろいろなことに口を出すタイプと、普段は無口で愛想のないタイプがいます。どちらも話し出すと弁が立ち、**核心を衝くインパクトのある言葉で人を惹きつけます**。知的で、穏やかそうに見えて、言いたいことはバシッと言う潔さもあります。言葉が強すぎて誤解されることもありますが、人からのウケが良くて憎まれることがない、何かと得をするタイプの人です。

先々まで見通せるため、あれこれ悩んでも人の話は聞かず最後は自分で決める自己完結型。おしゃべりなのに、**自分の気持ちや大切なことはあまり話しません**。怖がりなくらい慎重で、争うことが嫌いなせいですが、自然とトラブルを回避する知恵が身についています。

ビッグマウスになる人もいますが、その言葉の裏には緻密な計算があり、時間をかけて本当の味方を集めていきます。忍耐力もあり、運気は人生後半から花開く大器晩成型。**真面目に働き財産を築く、挫折知らずの出世運**も持ちます。人とは違う個性的なファッションを楽しむ人が多いのも特徴。自分の才覚を生かして着実に蓄財しますが、物欲が強く、**見栄を張って身の回りのものに散財しやすい**傾向があります。

【觜宿の有名人】正岡子規、ボブ・ディラン、ロシアのプーチン大統領などはいかにも言葉に力がある觜宿。器用な二刀流の大谷翔平、レスリングの吉田沙保里。芸能界は有田哲平、織田裕二、小栗旬、松本潤、薬師丸ひろ子、宮沢りえ、井上真央。

觜宿の開運ポイント

　觜宿の運がイマイチ上がらないときの原因は自分の気持ちを表に出さないことかも。頭が良くてクールな印象を持たれやすいうえに、感情や本音を見せないので、特に**同世代からは「出来すぎで、うさんくさい」と敬遠されそう**。普段からたわいのない話や気軽な挨拶を心がけるだけで、「意外とフレンドリー」と思われ、流れがずいぶん変わるはず。

　開運ポイントはやはり言葉で、大事なところで**言うべきことが言えずにチャンスを逃します**。逆にちょっとおっちょこちょいなところもあり、焦ったときには余計なひと言で運を落とすことも。

　本当の気持ちを話さない觜宿には、言葉にしなくても想いが伝わる相手が大きな心の支えになります。家族や同僚のように同じ環境にいたり、ある時期をともに過ごした幼なじみや同級生、生まれ育った環境が似ている人など、ツーカーで話せる人間関係はストイックな觜宿の心を和らげ、安心感を与えてくれるはずです。付け入るスキを与えないため、基本的に大きく運が落ち込むことはありませんが、墓穴を掘るきっかけになりやすいのがお酒。**お酒の席での無礼講発言や過ちには、くれぐれも気をつけて**。

觜宿のライフサイクル

近距離の「安」の年の2018年は、身近な人間関係に翻弄されながらも、それなりの結果を出していける年。本質的には慎重な觜宿ですが、前年の2017年の「危」の年に少し大胆な挑戦をしていると、出せる成果、評価も高くなります。でも、ここはまだ通過点です。

2019年は近距離の「衰」の年になり、体調が乱れたり、金銭面の苦労があったりしますが、ひとりで頑張りすぎず、周囲と協調し、良き理解者を得たりして、弱点を補強すれば、2020年の近距離「栄」の年に運気は絶好調に。多くの人に、あなたの実力や存在感を見せつけられるようなことがあるでしょう。仕事でもプライベートでも良きパートナーに恵まれ、さらに新しい世界を広げることもできそうです。

そして2021年が28年に一度の「命」の年となります。「命」の年は、それまでの環境や境遇に変化もありますが、それによって、その後に自分が進むべき道、果たすべき使命などを知る、受け入れるような運気のとき。そこを経て、2024年の近距離「壊」の年に自主的、能動的、そして発展的な変化を求めていくことになり、2025年「成」の年には、大きな夢や目的の到達点にたどりつくことができるはずです。

2018	2019	2020	2021	2022	2023	2024	2025	2026	2027	2028
近距離の安	近距離の衰	近距離の栄	命	近距離の親	近距離の友	近距離の壊	近距離の成	中距離の危	中距離の安	中距離の衰

※ 2018年～2028年の運気の流れ

★ 觜宿との相性 ★

気になる相手の宿との相性をチェックしましょう。宿星の地色は宿と宿がどれくらい離れているかを示しています。■は遠距離、■は中距離、□は近距離です。

関係	宿星	どんな相手？
命	觜宿	一緒だと個性が強まる。いい状態だと輝き、悪い状態だとドツボにはまる
業	角宿	心を明るくしてくれるが、主導権は常に角宿。觜宿の気持ちはほとんど無視
胎	虚宿	離れていても気になる相手。精神的につながり、何かあればすぐに結びつく
安	房宿	現実的なことや、打算で付き合うケースが多い。精神的なつながりは薄い
	壁宿	本音を隠す者同士で落ち着かない。金銭感覚の違いでけんかになることも
	鬼宿	居心地のいい相手。利害が絡むと鬼宿の感覚的な面に違和感を持つ
壊	箕宿	頼りになるが、箕宿のペースにハマって振り回される。関係も切れにくい
	張宿	慕われるが、度を越すことも。張宿にマイナスイメージを持つと関係は崩れる
	胃宿	隠している短所が引き出されてしまう相手。近づきすぎなければ頼もしい
栄	亢宿	共にストイックなので、一緒に物事を進めれば強い味方に。認め合える間柄
	危宿	楽しく会話ができて心が明るくなる相手。互いの魅力を引き出し合える
	参宿	觜宿は、参宿のアイデアを具現化する強力なサポーター。高め合える存在
親	女宿	感覚的にわかり合え、自然体でいられる。落ち着いた生活を送れる相手
	軫宿	争いのない優しい関係。新しい風を吹かせてくれ気分もリフレッシュできる
	畢宿	安心できて頼れるが、畢宿は自分のペースで動くので報・連・相を大事に
友	斗宿	思いやりながら、ライバル意識も持ち合う、刺激的な関係。互いを活性化
	翼宿	翼宿の言葉は腑に落ち、良きアドバイザーに。辛さも軽減してくれる
	昴宿	学ぶことが好きなので知的なテーマで深く理解し合える。意識を高めてくれる
衰	氐宿	リアリストでテンポが合うが、価値観にズレを感じたら、觜宿から溝を埋めて
	室宿	ゆったりとした室宿はホッとできる。学ぶべき点も多く、一緒にいて楽
	井宿	自分の気持ちを素直に言い合えるが、理屈っぽくなりすぎると争いになる
危	心宿	要領のいい心宿を羨ましく感じるが、自分も翻弄され、理解できず距離を置く
	奎宿	合理的で隙がない者同士で警戒する。親しくなるきっかけもつかみにくい
	柳宿	本質的に異なる点が多いため、必要最小限の付き合いにしたほうが無難
成	尾宿	目的が同じなど、共通点がないと関われない。尾宿へのリサーチが大事
	星宿	知恵を持つ星宿は、觜宿が一目置くべき相手。大切なことを教えてくれる
	婁宿	損得に敏感なのでライバルになりやすく、話も合わない。金銭問題はクリアに

慎重すぎて、めったに本音を見せない觜宿。節度ある関係を結べる「栄親」の相手とは、望ましい相性です。仕事相手、結婚相手にもおすすめ。ビジネスなどで割り切って付き合うには「危成」の関係がいいでしょう。ただキーパーソンになるので、もともと持っている打算的な部分をあまり出さないように心がけることが大切です。「友衰」とはお互いを思いやれて、良好な関係が結べます。ストイックな觜宿の自己抑制を意外な方向からなくさせてしまうのが「安壊」の関係。関わり方は慎重にしましょう。

觜宿と恋愛するなら【パートナーとして】

自分が傷つくことを恐れる觜宿は、恋愛でも「フラレない」と確信が持てるまでは絶対に動きません。クールなので感情の盛り上がりも少なめですが、交際が始まるとすぐ結婚を考える傾向が。**恋心をはっきり伝えて押しまくると、あっさりゴールインできるかも。**

觜宿は恋愛関係になると、**常に自分が優位に立とうとして空回りする**ことが。そこを突っ込むとプライドを傷つけてしまうので、大きな心で受け止めるかスルーを。口達者な觜宿は失礼なことを言うこともありますが、それは他の人が言ってくれない的確なアドバイスや苦言だったりすることもあるので、柔軟に受け止めると、ためになることも多そう。

觜宿の女性は、結婚するとやりくり上手なしっかり者の妻になり、財運もさらにアップします。觜宿の男性はやや亭主関白気味だけど、家の中では妻に甘えるタイプに。

觜宿が**望むのは、互いのことをよく知っていて何でも言い合える関係**。二人の思い出や会話をちゃんと覚えておいて、その時々で相手に伝えていくと絆が深まります。長年の友人や同級生などを密かに思っていることも多いけれど、待っているだけではダメ。きっかけは自分で作っていきましょう。

觜宿の愛情表現は決してストレートではないので、クールな言動や仕草だけで、愛情がないとかこの恋はダメだとか決めつけないように。ふとした一言から本音が漏れることがあるので、聞き逃さないようにすることが大事。

觜宿と仕事するなら【同僚や上司として】

勉強熱心で、礼儀正しく慎み深い觜宿は、**同僚ならいいタッグが組めるし、部下なら目をかけたくなるタイプ**。実際仕事には丁寧に取り組むうえに、**細かいところに気がつくので、付き合うほどに信頼が増していく**はずです。緻密な計算ができ言語能力もあるので、文筆業、出版、広告、弁護士、研究職、ＩＴ関連、金融関連などがよく、言葉のセンスを生かして、駆け引きが必要な商売や営業でも能力を発揮します。

ただし失敗を恐れ、チャレンジ精神が少なめで好機を逃すことも。大きな失敗は少なく野心は少なめですが、専門性を深める時間を持つと変わります。そのうえで觜宿の**決断を尊重しながら、次のチャンスに向けてアドバイスやサポート**をしてあげるといいでしょう。

また、上司としての觜宿は安心して付き合える存在。派閥などの人間関係トラブルに巻き込まれるのを嫌うので、組織の中でも、自然にいいポジションを見つけて収まっていることが多いのです。話も上手で、良き相談相手になってくれそう。ただし部下を本当に認めるのは言葉より実績。見かけよりシビアです。

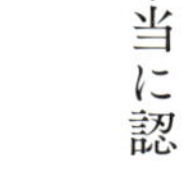

頭の回転が速く、リスキーなものはどんどん切っていく觜宿。安全を求めるあまり、ビジネスチャンスを逃したり、小さくまとまりすぎてしまったりすることが。また仕事関係の人との飲み会では、くれぐれも羽目を外さないこと。

♫觜宿と仲良くするなら【家族や友人として】

争いを嫌い、礼儀正しい觜宿は、**最初はとてもソフトな印象**を受けます。でも、仲良くなり始めても本心を語らず、素の自分も見せないので、すぐには縁を深めにくい相手かも。こちらから誘わないと疎遠になるのに、急に近づきすぎると距離を置かれてしまうので、なんでも話せる仲になるまでは、**友情は小出しに**したほうがベター。

テンション低めな觜宿と絆を深めるなら、きれいなものやセンスのいいものに触れたり、エンターテインメントを一緒に観賞したり、**感動や刺激を共有する時間を増やして**。サプライズを仕掛けるのもいいかも。また、觜宿が溜め込んでいる気持ちや考えを、気楽に吐き出せる時間を作ってあげると、どんどん心を開いてくれます。

家族想いで、家族と過ごす時間も大好き。でも、親しい人にすら踏み込ませない聖域もあるので、そこには踏み込まないこと。子供時代は聞き分けがよくて向学心もあり、手がかかりません。やや気後れするタイプなので、**新しい環境で友達を作るのは苦手なほうかも**。新しい習い事や学校に通ったりするときは、交友関係を気にかけてあげるといいでしょう。得意分野の能力を磨いて自信をつけさせるのも、その後の成長を助けます。

相手の話に納得できない状態は、觜宿にとってストレスフル。觜宿に物を言うときは論理的に説明しないと、激しく突っ込まれたり、見限られたりすることもあります。逆に言葉で理解できると、嫌なことでも受け入れてくれます。

参《しん》宿《しゅく》

【 好き嫌いが激しく、新しいものを作る改革者 】

特徴

エネルギッシュで大胆不敵
どんな場所でも自分を貫く
革新的なアイディアマン
トライ＆エラーを繰り返す
批判精神はかなり強いが
心根は意外にピュア

参宿の基本性格と運命

「参」は三に通じてオリオン座の3つの星を表し、インドの星の名は「湿った」「新しくする」という力を持つ嵐の神の宿です。すべてを洗い流して浄化する嵐のような一面と、それが必要なほど奔放で乱れた状態になじむ一面の、**両極端の性質を秘めています**。

複雑な性格で、明るく陽気に見えてナイーブ、行動力はあるけど用心深い、傍若無人《ぼうじゃくぶじん》なわりにピュア、ドライなようでウエット、など正反対の要素が入り交じっています。

当然のように、**人生は冒険的で波乱含みです**。エネルギッシュで大胆不敵、自信家で自己主張が激しく、ほしいものがあれば猛烈な努力で手に入れていきます。

目が美しくやさしげなルックスの人が多いものの、批判精神は強く、気に入らないことにはとことん反抗。どんな相手や状況でも自分を貫き、衝突を恐れません。**好き嫌いが激しく人を選びます**が、相手からも極端に好かれる場合と嫌われる場合とに分かれやすいはず。

でも参宿は、根は**新しもの好きのアイディアマン**。既成概念を打ち破り、革新的に新しいものを作り出せる才能を秘めた人でもあるのです。幼い頃から個性が強く、親の愛情にも敏感で、良くも悪くも育てられ方が人生に大きな影響を及ぼすのも特徴です。

【参宿の有名人】改革のパワーをもって時代の最先端に立つキャスターの池上彰、古舘伊知郎。女性は松嶋菜々子、菜々緒、武井咲など鼻っ柱の強さも魅力のタイプ。男性では堤真一、氷川きよし、徳井義実、伊勢谷友介、滝沢秀明、竹内涼真。英国のウィリアム王子。

参宿の開運ポイント

実はかなりの寂しがり屋で、家族や共感しあえる仲間、後輩など、大切な人たちが近くにいないとパワーダウンします。でも、**ワンマンな生き方ばかりしていると、人が離れていってしまう恐れも**。毒舌や乱暴な応対を控えて誠実に相手に接すれば、本来のやさしさや情の厚さが伝わり、大切な縁をつないでいけるはずです。自分がとてつもなく偏屈で頑固者であることを自覚し、人からのアドバイスには素直に耳を傾けましょう。

さまざまな可能性を秘め、向上心も強い参宿ですが、ビッグマウスになりがち。直感は大事ですが、それを裏づける理論や根拠がなければ、ただの独りよがりです。強気で攻め続けたいなら、**自己を高めるためのトレーニングが必要不可欠**。参宿はその努力ができる人です。目標を達成したいなら、まずは計画的な自分磨きを心がけましょう。

常にエネルギーを放出しているので、自分が感じているよりずっと、疲れがたまっています。「まだ頑張れる！」と思っていても、**定期的に体を休める習慣を作りましょう**。特に参宿は回復力が高いので、少しの休養でもフルチャージできるはず。無理をし続けると、肉体の曲がり角の40歳くらいのときに、体調を崩す恐れがあるので気をつけて。

参宿のライフサイクル

参宿にとっては2018年の近距離「危」の年は、ささやかでも何か〝挑戦〟が必要な運気のとき。というのも、2017年の中距離「成」の年に、それまで頑張ってきたことがひとつの到達点を迎えているからです。もともと常に〝改革〟を求める参宿にとっては、何か新しい刺激がないと、かえって苛立つことに。あなたが現在何歳でも、そんなことは気にせず、やりたいことやできることから手をつけてください。2018年からの挑戦は、すぐに結果は出ず、さまざまな試行錯誤もありそうですが、2021年の近距離「栄」の年には、あなたが関わる世界が大きく広がり、存在感やステイタスが大いにアップするはずです。

そして2022年には「命」の運気が巡ってきます。28年に一度の「命」の年は、それまで続けていたこと、積み重ねてきたことにひとつの結果が出たり、区切りがつくような変化があるときです。また文字通り「命」について考えるような出来事もあるかも。そこで自然に方針転換をして、それまで追いかけていたものとはかなり違う、新たな夢や目標に舵をきることもありますが、また新たな挑戦を繰りかえすことで、そこから2026年の近距離「成」の年までを充実した時間にすることができるでしょう。

2018	2019	2020	2021	2022	2023	2024	2025	2026	2027	2028
近距離の危	近距離の安	近距離の衰	近距離の栄	命	近距離の親	近距離の友	近距離の壊	近距離の成	中距離の危	中距離の安

※ 2018 年〜 2028 年の運気の流れ

★ 参宿との相性 ★

気になる相手の宿との相性をチェックしましょう。宿星の地色は宿と宿がどれくらい離れているかを示しています。■は遠距離、■は中距離、□は近距離です。

関係	宿星	どんな相手？
命	参宿	気が強い者同士だが、互いの個性を楽しめて仲良し。エネルギッシュになれる
業	亢宿	仲間が多くて団体行動が中心だが、亢宿は参宿を気にかけて支えてくれる
胎	危宿	何かをしてあげたくなる相手。一緒にいると勢いがつきすぎるので、要注意
安	心宿	意気投合中は参宿の気分も上がるが、需要と供給のバランスが崩れると争う
	奎宿	身近な人を大事にする者同士強い絆を築くが、障害が生じ、愛ゆえに傷つける
	柳宿	互いの才能に惹かれる。でも徐々に柳宿の適当さに幻滅し、敵対視する
壊	斗宿	尊重し合える関係だが、何かで斗宿の闘争心にスイッチが入ると参宿を攻撃
	翼宿	物怖じせず気が合う。だが翼宿の信念の強さには勝てず、妥協を強いられる
	昴宿	頼りたくなる相手だが、昴宿のお気楽さにイライラ。近づきすぎないように
栄	氐宿	いい面も悪い面も出し合える楽な相手だが、一緒にいるとすべてが雑に
	室宿	強力なバイタリティのある者同士わかり合える。公私ともにいいパートナー
	井宿	互いに自分の意見を譲らず口論は多め。論戦では勝てない。だが学びも多い
親	虚宿	リラックスできる相手だが、生活など現実的な面を共有するのは困難
	角宿	二人でいると出会いを引き寄せて楽しい。だが、二人きりだとハジけすぎる
	觜宿	想像力が刺激される。穏やかでクールな視点が参宿のやりすぎを止める
友	女宿	向上心の高い者同士で、同じ目標があれば強い味方に。相談役にも最適
	軫宿	軫宿の気配りには助けられる。遊んでも楽しい。感謝の言葉を忘れないこと
	畢宿	努力を認め合い話も合うが、互いに気が強すぎるので同じ土俵にいないほうが
衰	房宿	自分にないものを持つ房宿は憧れ。強引な態度を取ると敬遠される
	壁宿	参宿のムチャぶりに応え、予想以上の返しをくれる。毒舌が過ぎるとNG
	鬼宿	カンの鋭い鬼宿は、参宿の本質や才能を理解するが簡単にはついてこない
危	尾宿	目指す場所は一緒でもアプローチの仕方は別。油断できず、二人だと緊張
	婁宿	手強い存在で、参宿からは距離を詰めない。必要最低限の付き合いに
	星宿	モチベーションを上げてくれる良きライバル。競い合いながらも、一番頼れる
成	箕宿	共に考えを曲げないので、衝突すると大惨事。ぶつからないように回避を
	張宿	張宿は納得すれば味方になり、細やかな配慮、フォローをしてくれる
	胃宿	似たタイプで気になる存在。胃宿は裏から人を動かすので争うときは注意

パワフルな参宿のエネルギーのぶつけ方は相手によって変わります。相性がいいのは「栄」の室宿や「親」の角宿、「危」の星宿。室宿とは公私ともによき理解者になれるでしょう。星宿はライバルとして刺激しあいつつも、頼りになる存在に。「友衰」とは楽しい関係を結べますが、気を遣わないと離れていってしまう恐れもあるので注意しましょう。ワンマンな参宿にとって「安壊」の人は、影響を受けるキーパーソン。得られるものも多い関係です。エネルギー旺盛な参宿同士は一緒になると相乗効果で共に大胆不敵に。

♥参宿と恋愛するなら【パートナーとして】

理想の相手を追い求めて、恋多き人生を生きる参宿。気が強く、パートナーがいなくても平気なように見えて、実は**異性への依存度はかなり高い**のです。恋愛にも高い理想があり、妥協もできないので、恋人に求めるものはかなり多め。

参宿は相手をよく知らないうちは無愛想なので、アプローチして心が折れそうになることもありますが、**避けられていなければ脈はあります**。リアクションが薄くても話しかけたり、食事に誘ったりして興味を引き続けているうちに、急展開が起こる可能性が。

両思いになると、従順でピュアな一面を見せるようになります。気の強さは相変わらずなので、こちらが主導権を握ろうとすると、参宿に逆襲されますから注意して。

参宿の男性はゴールインまで時間がかかりますが、家庭的な一面をアピールしたり、相手の趣味に付き合うと、次第に心を許してくれます。結婚後は仕事の相談が増えるので、業務内容や職場環境を把握しておき、応援してあげるといいでしょう。

参宿の女性は気持ちが決まればあっさり結婚し、家庭第一に。でも、家でおとなしくしているタイプではないので、仕事でも趣味でも、自由を認めてあげることが円満の秘訣。

参宿は寂しがり屋なので、放っておくと不満を爆発させます。でも、行動範囲が広く、干渉しすぎると別れの原因になりかねません。〝自由奔放なのに甘えん坊〞な究極のツンデレなので、振り回されるのを覚悟して争わないこと。

参宿と仕事するなら【同僚や上司として】

参宿は独特の感性と言語能力を生かして、教師やジャーナリストまたはクリエイティブな仕事で活躍しますが、批判精神が強く、ともすれば自信過剰気味に。**短気で強引なところをどうコントロールするか**が、参宿と仕事をするうえでのカギです。

マイナス面が出るのは、自分の思いつきやプランを生かせないとき。興味のないものは徹底的にスルーするので、任せるなら**クリエイティブな仕事や新しい事業を**。度胸があるので、リスクがあり人のやりたがらない特殊な仕事にも、喜んで取り組みます。たとえ失敗しても、トライ&エラーを繰り返して才能を磨いていくタイプなので、チャレンジ精神とアイディアをほめてあげれば、さらに仕事への意欲は増します。

我が道を行くようで、勤めている会社や所属する組織、メンバーへの愛は深く、そこを盛り上げることにも熱心。尊敬する上司には尽くし、同僚を支え、後輩や部下の面倒もよく見ます。堂々とした仕事ぶりが有力者に認められれば、波乱含みですが出世運もあります。

マイナス面よりもプラスの影響力に目を向け、参宿が**生き生きと働く環境を作ってあげる**と、この先、お助けマン的な頼れる存在になってくれるはずです。

野心が強く、自分の企画を通すために必要と思えば、ちょっと汚い荒っぽい手段を使うことも。また新しいものを求めるあまり、目上の人や伝統をないがしろにする傾向もあるので、周りがブレーキをかけてあげることも必要。

♫参宿と仲良くするなら【家族や友人として】

参宿は好き嫌いが激しいので、親密になるか嫌われてしまうかのどちらかに分かれることが多いでしょう。こじれたときに無理やり距離を縮めようとしても無駄。でも、自分を慕ってくれる人には甘く、相談事などをもちかけると意外に親身になって助けてくれたりするので、まめに話しかけ、**興味のありそうなことを話題にしてみて**。少しずつ距離を詰めるうちに、自然と仲良くなれるでしょう。

自由気ままに見えて、**グループ行動が大好き**。家族や気心の知れた人と集まることで、参宿は心安らぐのです。定期的に食事会やイベントを企画して、**にぎやかな楽しい時間をプレゼント**してあげてください。逆に自分から離れていった人には手厳しいでしょう。

参宿の子供は、育て方に注意が必要。幼い頃から個性的で自己主張が激しく、納得できないことにはどこまでも反発します。でも、その奔放さを押さえつけると荒っぽい性格になってしまうので、**興味があることや好きなことをなるべく優先**させてあげましょう。

親の愛情に敏感なので、**頑張ったことはきちんとほめてあげること**が重要。信頼を感じれば、利発で独立心旺盛な参宿は、自分で進むべき道を見つけて成長することができます。

参宿は、どんな相手でも、最後は自分の意思を押し通します。ピリッとした空気を感じたら、キレる前に撤退したほうが身のため。目に本音が表れやすいので、瞳の輝きをチェックして。笑顔でも、目が笑っていないときは要注意！

井《せい》宿《しゅく》

【 分析力が高く、交渉事に強いクールな参謀役 】

特徴

頭脳明晰で分析力に富み
議論では怖いものなし
納得しないと動けない
自分をさらけ出すのもヘタ
トラブルを転機にできる
不思議な運命を持つ

井宿の基本性格と運命

「井」は井戸、インドの星の名は宝を取り戻すことを表し、井宿は井戸から毎日水を汲み上げるように、**淡々と繰り返すことで実力を磨く**人であることを意味します。穏やかで知的、クールにてきぱきと物事を処理し、地道な日々の努力を積み重ねます。その蓄積を生かせば、一つの分野で力を発揮し、スペシャリストにもなれるでしょう。

情報処理能力と分析力、鋭い観察眼を持ち、議論の強さは27宿中トップ。持論を絶対に曲げず、粘り腰で相手を説得します。また他人の欠点をすぐに見抜き、威圧的な相手には強く反発します。理屈っぽくて独善的なところが、人に疎まれることも。

実はナイーブな寂しがり屋ですが、人の痛いところをついて、怒りを買う場合もあるので、組織の中では参謀役やナンバー2でいたほうが才覚を発揮します。

若い頃には、病気や失恋、夢をあきらめるなどの波乱がありますが、30代後半で不思議なくらい運気は安定。「災い転じて福となす」ような出来事が起こるのです。それは、井宿が物事を論理的に判断し、**挫折やトラブルを人生の転機にできる**知恵を持っているから。さまざまな経験から物事の本質を学び、それをプラスに転じていける強運の持ち主です。

【井宿の有名人】クールな理論派で男性は福沢諭吉、太宰治、小室哲哉、内野聖陽、稲垣吾郎、堺雅人、知念侑李、佐藤勝利。女性は中谷美紀、安藤サクラ、杏、仲里依紗、前田敦子。繰り返しの修練が得意なため野村克也、北の湖、宮里藍などスポーツ界にも。

井宿の開運ポイント

井宿は、**感情をぶつけるのも、ぶつけられるのも苦手**。しかも、そんな状況をスルリとかわすため、つかみどころのない人と思われがちです。

でも本当は、繊細でやさしい。そんな気持ちをストレートに出すのが苦手で理論武装して隠そうとしますが、何かの拍子に感情を爆発させて周囲を驚かせます。**情や勘で動ける時間、分野を持つ**ことでストレスを溜めずにすみ、運が向いてくるはずです。

冷静な井宿のそばには、**直感的な人が絶対必要**。自分にない刺激を受けて、心と頭が軽くなっていきます。また、集中力と持続力はありますが、決して視野が広いとは言えないため、違法な事件や立場を失うような出来事に巻き込まれたりすることも。特に強すぎる野心と突発的なトラブルでの勝手な処理のしかたに注意して。

頭脳派で、納得しないと動けないタイプの井宿は、予定を組むときはリサーチや準備期間を長めにとること。そして**継続は力なり**、です。一度始めたことは何でも続けてみて。体を動かすリフレッシュ法を習慣にすることを心がけると、運気の滞りも解消できるでしょう。

井宿のライフサイクル

中距離の「成」の年である２０１８年は、前年２０１７年「壊」の年に、思うようにならないことをたくさん乗り越えたり、さまざまな改善をした人ほど、ホッとできるような環境や境地にたどりつける運気。ひとつのゴールを迎えたような気持ちになれることもありますが、翌２０１９年は近距離の「危」の年となり、あなたの今後に大きな影響を与えるような人やものとの出会い、また、いつか実現したかった夢に向かっての一歩を踏み出すような出来事が待っています。２０１９年は長期的な運気の流れが「中距離」から「近距離」に入るので、それまでより自分の自由に動ける状況が整いやすい傾向も生まれます。

２０１９年「危」の年の一歩が大胆な挑戦でも、小さなトライアルでも、そこから本領発揮。２０２１年「衰」の年に運気は一時的に落ち込み、やりすぎたり、やらなさすぎたことの調整が必要になりますが、あなたらしく納得がいくように進んでいけば、２０２２年「栄」の年には大きな成功や満足も手に入ります。そして２０２３年に迎える28年に一度の「命」の年には、ターニングポイント的な変化もありますが、それによって、そこからのあなたが新たにやるべきこと、担うべき使命などを見つけることになるはずです。

2018	2019	2020	2021	2022	2023	2024	2025	2026	2027	2028
中距離の成	近距離の危	近距離の安	近距離の衰	近距離の栄	命	近距離の親	近距離の友	近距離の壊	近距離の成	中距離の危

※ 2018 年～ 2028 年の運気の流れ

★ 井宿との相性 ★

気になる相手の宿との相性をチェックしましょう。宿星の地色は宿と宿がどれくらい離れているかを示しています。■は遠距離、■は中距離、□は近距離です。

関係	宿星	どんな相手？
命	井宿	弁が立ち、立場が対等だと言いすぎる。上下関係があったほうが関係は良好
業	氐宿	リアリストの氐宿からは気づかされることが多い。面倒を見てくれて頼れる存在
胎	室宿	なぜか気になり、手助けしたくなる相手。精神面のサポートをすると絆が安定
安	尾宿	尾宿のブレない思いは心を動かすが、とても単純なのでハンドリングしやすい
	婁宿	互いに議論好きだが勝つのは常に井宿なので、婁宿は徐々に関わらなくなる
	星宿	大きな夢を追い求める星宿を、井宿は理論で攻めるため、近づきたがらない
壊	女宿	世間体にこだわる女宿とは仲良くなれないが、向上心のある女宿とはいい縁に
	軫宿	話は楽しいが、軫宿の気持ちの切り替えが早すぎてついていけず、疲れる
	畢宿	畢宿には井宿の言葉が響きにくいが、それが行動を起こすきっかけになる
栄	房宿	井宿の不足している部分を補い、視野を広げてくれる相手。対人関係も良好に
	壁宿	ユニークな面を引き出し、知恵を与え合える。困っていると助けてくれることも
	鬼宿	一緒にいると肩の力が抜け、素直な気持ちに。人生の可能性も広げられる
親	危宿	人間関係の幅を広げるヒントをくれる。複数での付き合いのほうが盛り上がる
	亢宿	実践力のある亢宿と知的な井宿が組めば無敵。仕切り役は亢宿にまかせて
	参宿	正義感溢れる参宿の主張に強く共感。井宿が一歩踏み出すきっかけにも
友	虚宿	個性の違いを認めつつ、気持ちで通じ合える。本質的な魅力も引き出し合える
	角宿	気にせず付き合える、最高の遊び仲間。くだらない話でも盛り上がる
	觜宿	おしゃべりや議論が楽しめる。深い話もできる相手なら、特別な存在に
衰	心宿	心宿の予想外の行動や言葉に惹きつけられる。自分を変えるきっかけにもなる
	奎宿	スッキリとした付き合いができ信頼も深められる。ビジネスパートナーに最適
	柳宿	話しやすく楽しく過ごせる。深く付き合うなら割り切ることも必要
危	箕宿	あえて参謀役に回れば目標達成率がアップ。協力し合って大きなことができる
	胃宿	井宿には大胆不敵な胃宿が理解できない。ガードも固くなり本音も話さない
	張宿	表面的な付き合いが無難。近づくと心理的な駆け引きが始まり気が抜けない
成	斗宿	互いの立場を明確にし、不要な議論は避けて。争いごとは井宿が大人の対応を
	翼宿	意見が合わなくても理性的に話し合って解決できるが、深い関係にはなりにくい
	昴宿	感情のすれ違いが多くぶつかることもあるが、互いに知的なので認め合う

持論を曲げようとせず、議論の強さNo.１の井宿にとって、能力を広げてくれるのは「栄親」の人。一緒にいて明るくなれる相手です。「危成」の人には知的な面を出すなど付き合い方に変化をつけましょう。理論で争ったら怖いものなしの井宿ですが、「安壊」は弱点を意識させられる相性です。友人として最適なのは「友衰」の相手。ただ、觜宿と柳宿とは深い関係になりやすいので、付き合い方を考えたほうがよいでしょう。「命」とは役割を明確にすることがポイント。「業」には手助けされ、「胎」には手助けする関係になります。

♥井宿と恋愛するなら【パートナーとして】

井宿は理想が高く、異性を見る目もクール。さらに気持ちを簡単には表に出さないため、アプローチしても手応えを感じにくい相手です。でも、**好みのタイプ以外とは軽くつきあったりしない**ので、理想の恋人像をリサーチし、そこに自分を寄せていきましょう。

基本的には、一緒に会話を楽しめて、**リラックスできる関係を求める**井宿。遊びや仕事など、共通の話題で盛り上がる機会を増やすと、恋人候補になれる可能性大です。

また、自分にない才能や能力を持つ人には弱いので、多少オタク的な趣味などでもいいので、「この人にはかなわない！」という面を見せると、心をつかめるでしょう。

井宿は、将来設計が定まらないと、交際や結婚に踏み切れない慎重派。二人で行ってみたい場所、理想のライフスタイル、家族関係や仕事についてなど、具体的な情報を与えてみて。**「この人となら幸せになれそう」と感じられるプレゼンをする**ことで、時間はかかりますが、二人にとって幸せなスタートを切れます。また、再婚でも良縁があります。

男女ともに、家庭は大事にしますが、結婚後は口うるさい仕切り屋になりそう。また女性の井宿は不思議なものに浪費しやすいので、家計を任せっぱなしにするのは危険かも。

感情的な言い方をされると、井宿は心を閉ざします。イラついているときほど、問題点を整理してから冷静に伝えて。逆に井宿が怒っているときは、いったん話を全部聞いてあげること。無視したり制したりすると、心が離れる原因に。

井宿と仕事するなら【同僚や上司として】

頭脳明晰で、**淡々とした反復作業が得意**な井宿は、仕事内容や専門分野を絞ったほうが能力を発揮し、その道のエキスパートに育つ可能性があります。言葉が巧みなので文筆業や教育関係、情報処理能力と分析力があるので、リサーチやデータを扱う仕事、交渉力が必要な仕事でぬきんでた才能を発揮します。

ただし、井宿がビジネスで力を発揮するのは、残念ながら自分の興味がある分野だけ。それ以外ではまったくやる気を出しません。**得意分野を見極め、できるだけ早くその仕事を担当させる**こと。それが井宿の部下を伸ばす最大のポイントです。

理屈っぽくすきがないタイプで、威圧感のある相手や、トップダウンの納得がいかない指示には強く反発することも。人々が感情的になって**紛糾した場面で頼りになる**のは、井宿の冷静で筋の通った判断力。大きな決定力を持つことも多いでしょう。

また「強きをくじき、弱きを助ける」ところがあり、同僚や後輩が困っていると、サポートに回るような正義漢な一面も。親切にしてもらったら、**きちんと感謝を伝え、ときには贈り物などをする**と、より強い協力関係を築けるでしょう。

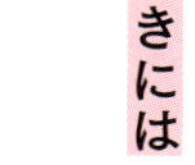

井宿は見栄っぱりな面があり、頼まれると嫌と言えません。キャパオーバーでパンクすることもあるので、甘えすぎには注意を。また、理解できないダメ出しや注意はモチベーションを下げるので、必ず論理的に説明しましょう。

♫井宿と仲良くするなら【家族や友人として】

物事を合理的に判断するクールな理論派と思われがちな井宿ですが、本当は**豊かな感情を内に秘めた、デリケートな寂しがり屋**です。理論で自分をプロテクトしている場合が多いので、一見すると批判精神の強い面倒な人のように感じるかもしれません。井宿の繊細さや気遣いは徐々に見えてくるもの。付き合ってすぐにはわからないのです。

自分をさらけ出さず、近づきすぎないので、ときには物足りなく感じるかもしれませんが、一度仲良くなると、しばらく会わなくても友情が消えることはないので、**じっくりと時間をかけて絆を深めていきましょう**。メールの交換だけでも絆は深まる相手です。

家族に対しての愛情は深く、親孝行。祖父母、兄弟、子供の面倒もよく見ます。ちょっと口うるさいところもありますが、良かれと思っての言動なのでそこはスルーを。

子供時代は、真面目な負けず嫌い。負けるのが嫌で、親が何も言わなくても一生懸命に頑張ります。ただ、若いうちは病気やケガなど波乱含みの運気なので、無理をしないように健康面の管理はしっかりと。体力をつけると可能性が広がるので、体を動かす習慣を作ったり、スポーツなどの習い事をさせたりするといいでしょう。

井宿のテリトリーを侵して無理に距離を詰めようとしたり、感情をぶつけたりしてもうまくかわされるだけ。井宿のさりげない言葉には切実な思いがこめられていることが多いので、適当に聞き流していると、ある時突然切られます。

鬼《き》宿《しゅく》

【人や物事を育てる、マイペースな変わり者】

特徴

物より心を重視する
心のツボが人とは違う個性派
頼られると損得勘定抜きで
人に尽くすお人好し
自由を求め、型にはまらない
好奇心の強い勉強家

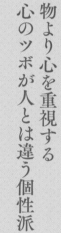

鬼宿の基本性格と運命

「鬼」は、神または悪神の呼び名で、人の業を超えた働きを表す言葉。インドの星の名は花や滋養を意味し、人や物事を育てる力を秘めていることを示します。そんな鬼宿は、常識にとらわれない発想力を持つ、**好奇心の強い勉強家**。人並み外れた行動力があり、自分が求めるもののためならば、鬼が栖《す》む黄泉《よみ》の国までも出かけて行くとされているほど、周囲からは予測不能の、**大胆な動きをする人**です。

陽気で親しみやすく、どんな環境にもある程度なじめるためわかりにくいのですが、実はかなりの変わり者。**心のツボが人とは違う**ところにあり、何がいいのかわからないことに入れ込んだり、ささいな理由で傷ついたりすることも。あるところで頑なに心を閉ざしたり、突然好きなものから興味を失ったり、周りが驚くような行動を繰り返しがちです。

情が深いお人好しで、頼られると損得抜きで手を貸します。人に利用されることもありますが、本人は意外とへっちゃら。**他人への奉仕は運の貯金**となり、力いっぱい尽くせる相手や対象に出会うほうが、物より心を大事にする鬼宿には重要。おっとりしているようで勘が鋭いので、危ない橋を渡っていそうで、本当にだまされることは少ないはず。

【鬼宿の有名人】茫洋としながらスケール感のある活動をする人が多い。渡辺謙、竹中直人、香川照之、岡村隆史、マツコ・デラックス、香取慎吾、城田優、柄本佑、賀来賢人、坂口健太郎、伊野尾慧。女性は鈴木保奈美、石田ゆり子、りょう、近藤春菜、川口春奈。

鬼宿の開運ポイント

型にはまらない視点を持ち、ズバ抜けた集中力がある鬼宿。その意外性がある物の見方や言動は、**常識外れに見えて理解されない**ことも。好きなものを追求できない束縛の強い環境では、特に若い頃は疎外感を味わうことが多いかもしれません。また、ささいな感情のもつれで人と決裂し、仕事を転々とすることになりかねないのでご注意を。

おっとりした世話好きで、「何かをしてあげたい」という気持ちが強いので、**余計な苦労を背負い込みやすい**面もあります。でも直感力があるので、危険を早めに察知できるはず。ただし、ストレスがたまると判断を誤りやすいので、**日々の心のデトックスを忘れずに**。いやなことはスルーし、人がつけいる隙をなくすために**知性を磨くこと**が大切です。

とことん心の自由を求め、それに従って人を導いていくのが鬼宿の使命。いくつになっても無邪気でピュアな心を持つ鬼宿は、人や物を育て導くのが、得意なうえに大好きです。変わり者ではありますが、鬼宿の根底にあるのはとても深い愛情。その愛を自分や身近な人のためだけでなく、多くの人や世の中を動かすために使っていけば、運気がアップし、鬼宿の心をワクワクさせる世界を築くことができるでしょう。

鬼宿のライフサイクル

2018年は中距離の「壊」の年で、さまざまな変化に見舞われるとき。一番、揺れ動くのは身近で親しい人との関係性。まさか！　の相手と距離ができたり、別離があったり。でもひとつの別れが新しい出会いを運んでくるときでもあります。2018年は、他にも趣味や好きなことがガラリと変わって、生活パターンが大きく変わるかもしれませんが、むしろ、ここで自分から変化を求めたほうが、運気のゾーンが「中距離」から「近距離」に変わって、より自分の個性や主張を表に出しやすくなる2020年の「危」の年には、本当に自分のやりたかったことに挑戦できたり、あなた自身を生かせるチャンスをつかめるでしょう。

この2020年から運気は上げ潮ムード。途中、2022年の「衰」の年にはデトックス的な整理整頓が必要ですが、そこでの頑張りが2023年の近距離「栄」の年には大きな花を咲かせます。そして2024年に、28年に一度の運気のターニングポイントである「命」の年を迎えます。仕事や社会的な立場、家族の構成の変化や〝命〟について考えるような出来事を通して、あなたの目標や夢が大きく変容。自分のやるべき新たな使命に覚醒し、それを求めて2028年「成」の年までを疾走することになるでしょう。

2018	2019	2020	2021	2022	2023	2024	2025	2026	2027	2028
中距離の壊	中距離の成	近距離の危	近距離の安	近距離の衰	近距離の栄	命	近距離の親	近距離の友	近距離の壊	近距離の成

※ 2018 年〜 2028 年の運気の流れ

鬼宿との相性

気になる相手の宿との相性をチェックしましょう。宿星の地色は宿と宿がどれくらい離れているかを示しています。■は遠距離、▒は中距離、□は近距離です。

関係	宿星	どんな相手？
命	鬼宿	素直なので関係が良好なときは盛り上がるが、ギクシャクすると距離を置く
業	房宿	何かと気にかけてくれる房宿に感謝するが、ときには鬱陶しく避けたいことも
胎	壁宿	壁宿の望みは叶えてあげたくなってしまう。尽くすことに楽しみを感じる
安	箕宿	気の強い箕宿といると、精神的にはキツイが、耐えれば鬼宿が得をする
	胃宿	言うことを聞かない者同士なのでまとまらない。鬼宿から見切りをつける
	張宿	性格が正反対。違いを楽しめればいい相性。口うるさいと鬼宿は逃げる
壊	虚宿	夢を追う者同士だが、重すぎる虚宿の思いに耐えられず、最後は恨まれる
	角宿	人に尽くさせるのが上手な角宿に乗せられ、一方的に尽くして終わる関係
	觜宿	独創的な感覚は真面目な觜宿には理解できない。鬼宿が言葉に傷つくことも
栄	心宿	お互いに人とは違う個性を尊重し、共感できる間柄。いい関係が長続きする
	奎宿	聡明な奎宿と一緒だと効率よく動ける。でも、枠にハマりすぎて楽しみは減る
	柳宿	価値観やペースが似ていて気を使わずに付き合え、行動するのも楽
親	室宿	明るい気持ちになれ、互いの良さも引き出せる。付き合うほど大切な存在に
	氐宿	鬼宿に不足している現実的な感覚を補ってくれる。氐宿を逆境から救い出す
	井宿	性格は正反対だが、相手の存在が助けに。井宿の言葉に学ぶことも多い
友	危宿	鬼宿のすべてを受け入れてくれ頼もしい。一緒にいると楽しく、癒やされる
	亢宿	精神的に強い亢宿は頼り甲斐のある相手。感謝の気持ちを忘れないように
	参宿	建て前抜きで付き合え、気も合い親しくなれる。突飛な行動も理解してくれる
衰	尾宿	信頼はしているが、尾宿は鬼宿の繊細さを理解できない。鬼宿が合わせて
	婁宿	表面的には良好だが、鬼宿の危なっかしい面を見抜き、距離を置かれそう
	星宿	鬼宿の純粋さを理解し、現実面などの弱い部分を支えてくれる存在
危	斗宿	争いが嫌いな鬼宿は、闘争心の強い斗宿が苦手。近づきたいとは思わない
	昴宿	向上心を高め合うことができる相手。だが、現実的に物事を動かせない
	翼宿	物の見方が違うので話が嚙み合わない。距離があれば個性を楽しめる
成	女宿	価値観もタイプも大きく異なるのでわかり合うことがない。敬遠し、近寄らない
	軫宿	テキパキしている軫宿にのんびり屋の鬼宿はついていけず、軫宿がイラつく
	畢宿	最終的には鬼宿を否定し、引っ掻き回す。必要以上に関わらず、距離を置く

鬼宿の人は陽気で親しみやすく、人がいいけれど、実は変わり者。この独特な感性を受け入れて理解してくれるのが「親」の人。共感してくれるのが「栄」の人。「友」の人もやさしく受け入れてくれます。星宿以外の「衰」の人は優柔不断さを理解できないことも多いでしょう。おっとりしているようで勘の鋭い鬼宿は束縛されることを恐れるので、「安壊」の人には自分からは近づかないかも。「危成」の人には変わり者と思われやすく、宿によって面白がってくれるかどうか、わかれます。「命・業・胎」の人とは安心してつきあえます。

♥鬼宿と恋愛するなら【パートナーとして】

鬼宿は、明るく陽気で話もうまい。そのうえどこか危なっかしいところがあり、**異性の保護本能をくすぐる**タイプ。何かと注目を集めるため恋のチャンスも多く、意外にモテます。気まぐれな言動が目立つので恋も奔放かと思いきや、相手に尽くすのが好き。

特に女性は情が深く、「自分がなんとかしなくては」と思える相手にのめり込んで、喜んで世話を焼こうとします。一見、気が強そうでも、ターゲットが見つかると母性を発揮するため、鬼宿に頼ったり、**弱い面をチラ見せしたりする**と、仲良くなれそう。

可愛いものに弱いので、贈り物はスタイリッシュすぎるものより、手作りなど素朴なものが効果的。また、物より体験を重視するので、サプライズ感があるデートも感激します。

鬼宿の男性もモテるので、なかなか一人の女性に絞らない傾向が。でも最終的に選ぶのは、守ってあげたくなるような家庭的な女性。**「あなたがいないと生きていけない」**的な**雰囲気**を漂わせたり、彼への強い信頼をアピールしたりすると、徐々に落ち着いてくるかも。

結婚前後で多少の浮気はあるかもしれませんが、そんなときこそ、まるごと受け止める**大きな包容力を示す**と、人生の信頼できるパートナーとして認められそうです。

最初は相手に入れ込み、情熱的に燃え上がりますが、鬼宿は基本、どこまでも心の自由を求める人。干渉や束縛は厳禁です。主導権を取り、自分のテリトリーに引き込もうとすると、バッサリ縁を切られるので気をつけて。

鬼宿と仕事するなら【同僚や上司として】

「自分が必要とされている」と思えることに使命を感じるので、教育、福祉、サービス業は適職。農業や動植物を育てる仕事、どこでもなじむので、旅行や交易の仕事に向きます。周りからの期待を感じてテンションが高まると、損得勘定を度外視してパワーを注ぎます。ただ周りからすると、感覚的すぎる言動や無邪気なところが目立つので、一歩間違うと気がいいだけの頼りない人に見えることも。発想が斬新すぎて理解しにくい点があるので、「この人に重要な仕事を任せて大丈夫かな」と不安になるかもしれません。

でも鬼宿は、本当は27宿の中でも**トップクラスの働き者**で、人一倍努力もしています。計算高さがなく、お世辞を言うのもヘタなため、誤解されやすいのです。

鬼宿の部下や後輩、同僚には、見えづらい努力をほめ、「あなたのおかげで目標達成できた」と、**組織の中で欠かせない存在であることを伝えてあげる**と、生き生きと働きます。

慈しみ育てることが得意なので、**リーダーや指導者的な立場**になると、やる気満々、本領を発揮します。何かを教えてほしいときや困ったときは、身近にいる鬼宿を頼ると、必ず親身になって相談に乗ってくれるでしょう。

鬼宿は人懐っこいので、人との交流は巧み。でも堅苦しい場だと、常識知らずの変人として浮く恐れもあるので、事前にTPOを説明したほうがいいかも。また、型にはめたり、急かしたりすると、とたんにやる気をなくすので注意。

♫鬼宿と仲良くするなら【家族や友人として】

ピュアな鬼宿は**変わり者であるという自覚がない**ことが多く、しょっちゅう世の中の常識から外れたこともするけれど、どこか憎めない相手。親しい人や好きな人には、突然のむちゃぶりをすることもありますが、そんな面も「意外なところがあなたらしい」と**大きな心で受け止めてあげる**と、特別な信頼関係を築いていくことができるでしょう。

天真爛漫なイメージがありますが、心が自由でないとストレスを溜め込んでしまうため、実はとても癒やしの時間が必要な人です。落ち込んだり頑張りすぎているときは、日常から遠く離れた、**大自然を感じられる場所に連れ出して**あげましょう。また、五感が鋭く、いい香りをかぐことも心を解放するので、アロマグッズをプレゼントしたり、食事やお茶を一緒に楽しんだりするのも、鬼宿を安心させることができます。

家族思いで、家庭や子供に対しては、27宿の中で一番といっていいほど献身的。親孝行でもあります。ただおっとりしているので、子供の頃は周りとテンポが合わないかも。無理に周りと同じことをさせるよりも、文学や芸術に触れさせたり習わせたりして、鬼宿の持つ**豊かな想像力を育てて**あげたほうが、将来のためになるでしょう。

周囲にはわかりにくいが、鬼宿の行動にはすべて動機があるので、気分屋と決めつけると不機嫌に。また、大事な人には全力で尽くすぶん、相手の心の動きにも敏感。嘘はすぐに見抜かれるので、できるだけ本音で話した方がいいかも。

柳《りゅう》宿《しゅく》

【つかみ上手で熱しやすく冷めやすいマニア】

特徴

好感度抜群のつかみ上手
上からも下からも好かれる
マニアックな熱狂体質だが
突然、志向が変わることも
家族思いで
ファミリー的人間関係が支え

柳宿の基本性格と運命

「柳」は細長く枝分かれした姿を表し、インドの星の名は絡みつくという意味があります。一見、落ち着いた雰囲気の人が多いのですが、実は**かなりの熱狂体質**。興味を持ったことへの思い入れがハンパなく、マニアックなまでに追究します。高度な知識を身につけるほどのめり込みますが、人生の中で熱中するものが幾度かガラリと変わることもあります。一瞬だけ熱狂し、何かをつかんで結果を出していくこともできる器用なタイプ。

仲間作りがうまく、人にも引き立てられ、ファミリー的な絆を築きます。でも何かをきっかけに、蜜月時代が嘘のように、プッツリ縁が切れてしまいがち。**常に新しい人間関係に身を置きます**が、そんな荒技ができるのは、柳宿が多くの人に好意を持ってもらえる、抜群のつかみ上手だから。初対面の好感度は、柳宿に勝る宿はいないでしょう。

正義感が強いしっかり者に見えて、アバウトでわがままな面もあり、**本音と建て前を使い分ける**ので、外見とのギャップに周りが混乱します。男性は素直に弱みを見せるので、親しみやすく支えてもらいやすいですが、女性のほうが器は大きく、いざというとき驚くほどの強さを発揮。**一匹狼的な生き方**をする人もいたり、運気は荒れやすいかも。

【柳宿の有名人】男性は柔らかな印象で南原清隆、大野智、松田翔太、東出昌大。スポーツ界では香川真司、内田篤人。女性は吉田美和、吉田羊、宮﨑あおい、満島ひかり。漫画文化の基礎を築いた手塚治虫、水木しげるも。海外ではミランダ・カー、トム・クルーズ。

柳宿の開運ポイント

柳宿のエネルギーになるのが、**濃密な人間関係**。たとえ一時的な付き合いでも、深く人と関わることで、新たな世界への扉を開くことができます。柳宿の大きな特徴である、何かに**夢中になって新たな縁を結ぶ**こと自体が、開運につながります。交際範囲は広くないものの、心を許した相手だけに見せる無防備な信頼や献身が、当事者にはたまらなく魅力的。

そうして築いた関係を次々に切っていくなかで、絶対に切れない家族は心の拠り所。柳宿はたくましく見えて、実は**細かくフォローしてくれる人が必要**です。一方、家族への思い入れが強すぎるので、愛憎が入り交じり、ドロドロとしたことが起こりやすい傾向も。家族と仕事をしたりすることも多いので、**金銭面ではビジネスライク**に対処しましょう。

熱狂的に取り組むため、そのときどきで結果も出し、評価もされます。身につけた知識や技術を次へとつないでいくと、自分にしかできないユニークな分野での成功も可能。専門分野を絞り、とことん掘り下げていくチャレンジを。また、熱しやすく冷めやすい柳宿は、人に与えることも人から奪うこともサラリとやってのけます。自分や家族さえよければ……という発想を離れて、その**愛と正義を大きく使う**と開運します。

柳宿のライフサイクル

「友」の２０１８年は愛情面や子供のこと、趣味や好きなことなどでうれしいことがある年ですが、翌２０１９年は変化運の「壊」の年を迎えます。ここで今までの仕事や生活のスタイルが変わり、当たり前のように続けていたことを手放したり、身近な人と距離ができて、別離することも。けれど翌２０２０年の「成」の年には、手放したものに代わるものが必ず見つかるので変化を恐れず、そして焦らずに。２０２１年に運気のゾーンは「中距離」から「近距離」に変わり、自分の個性や主張を表に出しやすい時期が始まります。２０２１年「危」の年は、日常的な雑事などやるべきことに追われ、過ぎてしまうかもしれませんが、ここであなたが取り組むことになった仕事や義務の中には、その後のあなたを輝かせる〝種〟がたくさん含まれています。新しい目標ややりがいを絞り込みながら頑張ると２０２４年の「栄」の年には大きな願いがひとつ叶うはず。そして２０２５年にやってくる28年に一度の「命」の年には、あなたが今後、果たすべき役割、担うべき〝使命〟が何かがハッキリとわかるような出来事があり、２０２６年「親」の年には、今は想像もしないような大きな挑戦をすることになるかもしれません。

2018	2019	2020	2021	2022	2023	2024	2025	2026	2027	2028
中距離の友	中距離の壊	中距離の成	近距離の危	近距離の安	近距離の衰	近距離の栄	命	近距離の親	近距離の友	近距離の壊

※ 2018 年～ 2028 年の運気の流れ

柳宿との相性

気になる相手の宿との相性をチェックしましょう。宿星の地色は宿と宿がどれくらい離れているかを示しています。■は遠距離、■は中距離、□は近距離です。

関係	宿星	どんな相手？
命	柳宿	甘えるのも甘えられるのも得意だが、一緒だと役割を奪い合うので距離をおいて
業	心宿	心をつかまれて、何かをしてあげたくなる。問題が起こっても縁が切れにくい
胎	奎宿	世話を焼いてくれるが、依存心の強い柳宿が重荷に。でも、離れられない
安	斗宿	同じ運を持つ者同士、主導権や利害関係でもめがち。粘れば柳宿に分がある
	昴宿	無意識に昴宿の長所を利用し、得をするが、昴宿は生活と恋愛が乱れる
	翼宿	共に自分の考えに固執し、関係が冷める。翼宿を見下すと敵対関係に
壊	危宿	柳宿の適当さを見破るため、ペースが乱されやりにくい。やがて離れていく
	亢宿	甘えさせても甘えず、興味を引こうとしても、必要以上の縁にはならない
	参宿	似たところがあり気も合うが、近づきすぎると衝突。怒らせる前に手を引いて
栄	尾宿	自らリーダーシップを取り、協力し合えば成功に。気づきを与えてくれることも
	婁宿	身の回りのことや人間関係のフォローを入れてくれる。感謝の気持ちを
	星宿	褒め上手の星宿と一緒にいると頑張れる。星宿が参謀的に支えるとベスト
親	壁宿	手がかかる柳宿を嫌がらずに支えてくれる。二人だけの時間を充実させて
	房宿	公私にわたって好相性。柳宿が房宿を引っ張っていくと、しっくりいく関係
	鬼宿	無邪気さや純粋さは柳宿の元気の元になる。鬼宿には励ましの言葉を
友	室宿	長所も短所も受け止め、面倒をみてくれる。のびのびでき、学ぶことも多い
	氐宿	二人とも気性が激しいので、周りを巻き込んで大騒ぎすることに
	井宿	イライラを抑えて、怒りを鎮めてくれる。悩み事もきちんと聞いてくれる
衰	箕宿	互いに折れず頭を下げない。うまくやるには柳宿が目をつぶり、歩み寄りを
	胃宿	行動的で度胸があるので一緒に行動しやすく、胃宿は世話を焼いてくれる
	張宿	短所を長所に変えられる。一緒にいると気持ちが楽に、リラックスできる
危	女宿	表には出したくない秘めた部分を、ついさらけ出してしまう。関わるなら慎重に
	畢宿	一度のミスが命取りになる相手。不機嫌にさせてしまうと修復できない
	軫宿	どちらもすぐに新しい交友関係を作るタイプ。長続きさせるなら努力が必要
成	虚宿	普段は穏やかだが、ぶつかると虚宿は負けない。柳宿が折れるしかなくなる
	角宿	楽しい関係を築けるが、気が多い者同士なので長続きせず、自然消滅に
	觜宿	最初は支えてくれるが、柳宿のアバウトさが原因で問題が起こると離れる

つかみ上手で仲間作りのうまい柳宿ですが、継続性が乏しく、縁が途切れてしまいがち。たくましく見えますが、実は細かくフォローしてくれる「栄親」の人を必要としています。「友衰」の人はマニアックな本質を認めてくれますが、だからといって熱狂的な性質をむき出しにしてしまうと離れていってしまいます。「危成」の人とは一時は仲良くなっても、気づかいとリスペクトしあえるものがないと続きません。「安壊」の人とは急速に親しくなっても共通、共有するものがないと疎遠になることが多いでしょう。

柳宿と恋愛するなら【パートナーとして】

恋愛の運気も男女で異なり、柳宿の男性は穏やかで受け身。自分から女性を追いかけることは少ないでしょう。でも、**来る者は拒まず去る者は追わず**的な感じがあるので、恋の数は意外に多め。柳宿が夢中になっている対象やこだわりポイントに興味を示し、積極的に話を聞いたり、一緒に楽しんだりすると、簡単に心を開いてくれるはずです。

柳宿の男性は甘えん坊で、自分を支えてくれる**家庭的な女性を選びます**。交際中も結婚後も言いなりになりやすく、それを不満に思わないので、婿養子向きかも。気軽に浮気もしますが、家庭はめったに壊さないので、軽くお灸をすえれば戻ってくるでしょう。

柳宿の女性はセックスアピールがあり、狙いを定めて意中の人を落とす熱愛型。結婚願望が強く、それを考えられない相手とはあまり恋愛しません。相手の世界を把握したいので、職場結婚など、**身近な相手を選びがち**。オープンに話をすれば、一気に距離が縮まるかも。相手が年上でも、母性愛が強いため自分がリードしたがるものの、任せれば一途に尽くしてくれます。ただし、結婚すると夫より子供に夢中になる傾向も。男女共に、柳宿の**家族を大切にする**ことは、絆を深める大きなポイントです。

マニアックな柳宿は相手のすべてを知りたがるので、情も深いが束縛や嫉妬もキツい。直るものではないので、最初から覚悟しておくこと。男性には「マザコン」、女性には「放っておいて」が禁句。また相手の家族の悪口はタブー。

柳宿と仕事するなら【同僚や上司として】

物事に熱中しやすい柳宿は、自分が**ハマれる対象を見つけ**、突き詰めることが成功につながります。柳宿が部下の場合は、その道の**スペシャリストになれる知識を得られる仕事を任せて**あげて。多くの人にアピールすることも得意なので、大衆向けのビジネスでも新たなアイデアを生み出してくれるでしょう。家庭生活や子育てから仕事のヒントを得ることも多いので、料理や飲食、子供、健康、芸能関連の仕事は適職です。

不思議なくらい人気運があり、目上からは可愛がられ、目下からは慕われます。特に外部や距離のある人からウケがよく、**海外や遠方での貿易や語学がからむ仕事も吉**。

組織の中では、大きなチームより、ファミリー的な小さな人間関係やグループにいるほうが働きやすく、いい仕事ができそう。後輩の面倒も見ますが、その時の気分により態度が変わるので、**指導係などを任せるときは細やかなフォローが必要**です。

一つのことに熱中するためかなり執念深く、認めてもらうには技術や技能を磨くべき。

柳宿の上司やライバルは、かなり手強い存在になりそう。実は気性が激しく、普段は優しそうな印象なのに、突然人が変わったように怒ることも。地雷を踏まないよう気をつけて。

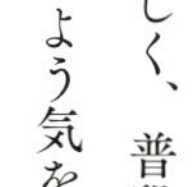

頼り甲斐がありそうですが、任せっぱなしにするのは危険な柳宿。興味のないことにはアバウトなうえに、アイデアを思いつくと、急な方針転換も多い。大事なことは何度も確認し、文書にしておいたほうがトラブルを防げそう。

♫柳宿と仲良くするなら【家族や友人として】

親しくなるほど身勝手さが目立つせいで、いつも仲間に囲まれていても、長く付き合っている人は少ない柳宿。本当は甘えん坊なのに、気持ちを素直に伝えるのも苦手です。そんな不器用さを汲み取って、のびのび**好きなことをする時間や環境を作ってあげる**と、心地いい関係を築けそう。おすすめは、柳宿がハマっている意外な趣味や、マニアックな世界を一緒に楽しむこと。それが無理でも、興味を持ったり理解を示したりして、**いつも味方でいてあげる**と、それ以上の優しさを返してくれるでしょう。

エネルギッシュに興味のある世界に集中するぶん、柳宿には「チャージ」の時間が必要。一緒に遊ぶときは、自然に触れたり、何もせずにダラダラしたり、リラックスして体を休めさせる提案を。柳宿の趣味に関する場所を訪れるのも、大喜びしてくれそうです。

家族愛が深い柳宿とは、一緒に料理をしたり、ゲームをしたり、家族で時間を共有することで絆が深まります。子供のころは好感度抜群で集中力があるので、親や教師のお気に入りに。大きな期待も抱かせますが、次第に好きなことを絞り込むはず。それが親の意向に反していても、**「やりたい」という情熱を大事に**したほうが、運が発展します。

愛情深い柳宿は、つい甘えたくなる相手。でも、近づきすぎると柳宿の愛が重く感じられたり、上から目線でふるまって柳宿を傷つけたりすることも。一度関係が壊れると修復は困難なので、程よいベストな距離をキープして。

星宿《せいしゅく》

【 高い理想を追いかける大器晩成の働き者 】

特徴

オリジナリティのある夢で
異端のカリスマになる

目標が定まるまでは地味で
職人的にコツコツ努力する

働き者だけど気前がいい
財産を残すなら不動産

星宿の基本性格と運命

「星」は夜空の星と、遠くに輝く星を目指すような高い理想を示し、インドの星の名は、世界を統制する力、権威を表します。星宿は時間をかけて自分を磨きますが、成功してからも、主役ではなく**脇役でいたほうが存在感を放つ**でしょう。人とは違うオリジナリティあふれる夢を叶えようと努力し続けるため、自然と下積みは長くなりがちです。

目標が定まらない子供時代は、かなり地味。いつも周りを観察しているような様子で、あまり可愛げがありません。成長して大きな夢や理想を抱くようになると、**27宿一の働き者**としてパワーを発揮。**地道で職人的な努力**をすることで、輝き出します。星宿の本当の人生は、自分が目指すものを見つけたときから始まるのです。

エリート街道を進みそうに見えて、反骨精神が強いため、星宿が興味を示すのは**王道から外れたユニークな分野**。そんな主流派ではない目標へのひたむきな努力が認められ、時間がかかっても高いポジションをつかみ取り、**異端のカリスマ**になるでしょう。

面倒見がよく、分け隔てなく誰とでも付き合えるので、自然に人が集まりますが、なぜか身内や他人のトラブル、派閥争いに巻き込まれやすい傾向もあります。

【星宿の有名人】派手さはなくても、時間をかけて存在感を増していくタイプが多く、西田敏行、坂東玉三郎、柳葉敏郎、上川隆也、劇団ひとり、林遣都、松任谷由実、鈴木京香、工藤静香、井川遥、西野カナ、福原愛。「星の王子さま」の作者、サン=テグジュペリも。

星宿の開運ポイント

職人気質の星宿は、**見た目と違ってかなり偏屈**。周りから「頑固な変わり者」と思われてしまうと、独自の世界を広めていくことができません。

情に厚いので、人間関係に悩むことも多いはず。とはいえ、周囲に集まる人や仲間は自分の財産だということを忘れず、**どんなときも孤立は避けて**。星宿は他人と交わることで、より豊かな人生を謳歌できるのです。

努力家の星宿は、好きなことはとことん頑張れますが、周りも自分と同じようにできると思ったら大間違い。誰もついていけません。特に自分が興味のある分野に関しては、周りと足並みを揃える努力も必要です。というのも、言葉でのコミュニケーションが苦手で、誤解を招く恐れがあるからです。**行動で自分の気持ちを表し、明るい大らかさを忘れない**ことも、大きな開運ポイントになるでしょう。

人より長いスパンで人生を考えられるのは、星宿の大きな長所です。周囲との感覚のズレを味わうこともありますが、焦らないこと。他人のためにお金を使いがちですが実は**土地との縁がある**ので、財産を残したいなら不動産を持つといいでしょう。

星宿のライフサイクル

中距離の「親」の年の2018年は、いろいろな出来事を通して家族や身近な人との関係を再構築していく運気のとき。ここでできた人の輪が、外に向かって大きく広がっていくのが「友」の年の2019年ですが、翌2020年には変化運の「壊」の年が巡ってきます。この年は主に仕事などの立場や役割が変わり、それに伴って人間関係も流動的になりますが、変化は悪いことばかりではありません。ここで生活パターンや仕事のやり方を変えることが新しい出会い、チャンスの引き寄せにつながり、2021年の「成」の年は、恋愛や結婚の成就を始め、いろいろな縁が結ばれ、願い事が叶う年になるでしょう。

運気のゾーンが「中距離」から「近距離」に変わる2022年「危」の年以降は、それまでより少しずつ自分自身の意思や個性を出しやすくなるはず。そして自然な流れに乗って、小さな種まきのような挑戦をすることがあるかも。ささやかな一歩に思えた挑戦が、大きく育って結果を出すのは2025年の近距離の「栄」の年。この年には頑張ってよかったと思えることが必ずあります。そして翌2026年に巡る、28年に一度の「命」の年には、それまでとは違う、自分が担うべき使命に気づき、役割を果たす年になるでしょう。

2018	2019	2020	2021	2022	2023	2024	2025	2026	2027	2028
中距離の親	中距離の友	中距離の壊	中距離の成	近距離の危	近距離の安	近距離の衰	近距離の栄	命	近距離の親	近距離の友

※ 2018 年～ 2028 年の運気の流れ

星宿との相性

気になる相手の宿との相性をチェックしましょう。宿星の地色は宿と宿がどれくらい離れているかを示しています。■は遠距離、■は中距離、□は近距離です。

関係	宿星	どんな相手？
命	星宿	確固たる自分の世界を持ち、共有するものがないと接点が生まれにくい
業	尾宿	尾宿は好意を持って尽くし、的外れなことも多いけれど盟友的存在
胎	婁宿	似た印象なので比べられやすい。最終的には星宿が婁宿の引き立て役でも満足
安	女宿	自分の世界を持つ者同士で反目。争えば星宿が勝つが陰湿な攻撃が続く
	畢宿	頑固者同士なのでぶつかりやすく持久戦に。共に穏やかなので傷は浅め
	軫宿	調子のいい軫宿にイラつくこともあるが、最後は星宿が美味しいところどり
壊	室宿	真逆のタイプだが生き方に共感。対等の立場をキープしないと室宿は逃げる
	氐宿	氐宿の現実的な欲を満たすために利用されやすいが、星宿はそんな行いを許す
	井宿	気持ちはわかり合えるが、現実的な問題で井宿に反論されるとかなわない
栄	箕宿	働くことが好きな二人は、違う道を目指せば尊重できる。近すぎると張り合う
	胃宿	星宿より強い立場の胃宿だが、争いを避け、協力し合おうと努力する
	張宿	コツコツと進める仕事で良き協力者に。星宿が先導すると関係が安定する
親	奎宿	助け合える相手だが、細部ですれ違いがないよう気配りをする必要も
	心宿	互いに相手から学び、引き立て合える。ともに成長していける発展的な相性
	柳宿	期間限定なら楽しい。関係が長くなると柳宿ばかり得をするが、助けてしまう
友	壁宿	頑張る星宿を様々な形でサポートしてくれる。若いうちは距離が縮まらない
	房宿	星宿に合わせようとしても、同じペースでは動けない。無理をさせないように
	鬼宿	鬼宿の予想できないユニークさは、星宿に刺激と頑張る力を与える
衰	斗宿	夢や希望を語り合うにはいい関係だが、利害がからむと争いになりがち
	昴宿	知的な昴宿はやる気を引き出してくれる存在。現実的な力は得られない
	翼宿	好感は持てるが、互いにこだわりが強く嚙み合わない。違和感を持ってしまう
危	虚宿	頑張りややる気を感じられない虚宿には興味が湧かず、接点もほとんどない
	觜宿	大人の対応を取るが、ときに觜宿の頑固さは星宿をいらだたせ面倒な事態に
	角宿	自己流の者同士で喧嘩も多いが、角宿のウケの良さやアレンジ力は役立つ
成	危宿	個性的な発想には注目するが、受け入れられず、積極的には近づかない
	亢宿	自分の世界観から出てこない二人は、交わらない。争うと長期戦になる
	参宿	性格は真逆。努力家同士で理解できる面も。本質的には合わず争うと大モメ

オリジナリティあふれる夢をもつ星宿ですが、周りが自分と同じではないということを理解しておきましょう。「栄」の人とは似た者同士で尊重し合い、うまくやっていけます。「親」の人は短期間なら問題なくても、どこか理性的な関係に。楽しく夢が広がっていきますが、夢ばかりで現実にはならず、もの足りなさを感じることもあるのが「友衰」の人。「壊」の人とは一歩引いて付き合えば、意外にいい相性。「安」の相手と関わるとかなり消耗することに。「危成」の関係でも角宿、参宿とは幅を広げるきっかけになるので関わりをもちましょう。

♥星宿と恋愛するなら【パートナーとして】

やや地味で真面目な性格なうえに、夢や目標を追いかけるのに忙しい星宿は、恋愛に対しては臆病なほう。消極的でシャイなわりに理想の相手を追いかけるので、振り向かせたり、結婚に持ち込んだりするのは相当苦労します。むしろ、自分の夢を理解し、協力し合える相手と出会うと、意外なほどすんなりと結ばれます。

星宿を落としたければ、**見果てぬ夢を応援してあげる**のが一番。もし自分ひとりでは力不足なら、友達にも協力してもらい、**グループでもり立ててあげるのが効果的**でしょう。

星宿の男性は理想を追い続けるので、**自分の夢を本当に理解してくれる**相手でないと心が離れてしまいそう。結婚後は家庭を大事にしますが、ワンマンさは年々強まります。

女性は、家庭的で家事も上手。でも結婚前からの目標を持っていると、現実との板挟みで悩むことも。そんなときは**家事や育児などを手伝い、積極的にサポートして**あげて。でないと、やがて夢を選んでしまい、突然の別れが訪れる可能性も大いにあります。

また、男女ともに自分の夢を配偶者や子供に託すことがあり、相手を支えるのが自分の幸せと思えるようになれば、全力で献身的な愛情を注いでくれるでしょう。

星宿は恋愛も妥協しないので、遊びの恋はしません。恋をすれば浮気ではなく、すべて本気になります。特に会社の同僚など、パートナーより自分の夢を理解してくれる相手だと、不倫だろうと突き進んで泥沼化するので要注意。

星宿と仕事するなら【同僚や上司として】

コツコツと地道な努力をし、夢に向かって頑張る**27宿一の働き者**。職人や研究職、不動産や建築、園芸などが適職で、遠大なものとつながる感性を生かし、神職などの分野も向きます。

星宿の部下や同僚には、憧れの先輩やライバルなど、刺激を与える人をそばにおくことで、仕事への意欲を引き出せるでしょう。具体的に目指すものが見えていれば、エンジンがかかりやすいはず。目標達成のためなら、**人がやりたがらない裏方作業**も苦にせずがむしゃらに働き、チーム全体を支えて結果を出そうとします。

だからといってトップに据えたり、表舞台に担ぎ出したりすると、思いのほかうまくいきません。星宿は、あくまでも**脇役でいたほうが実力を発揮**してくれるのです。わかりやすいエリート街道には興味がないし、取り巻きにもなれないので、本流とは異なる道を選びます。自分が納得しないと動かないぶん、扱いにくいところがあるかも。

星宿が上司や先輩の場合は、無理なノルマを課すなど、むちゃぶりもありそう。とはいえ面倒見が良いので、向上心をもって努力さえすればいいパートナーシップを築けます。控えめに見えますが自負心は強いので、**経験や実績をほめて**あげれば信頼されます。

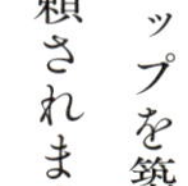

何事も妥協できないので納期や採算を度外視しやすく、残業も増えがちに。ときには、周囲が仕事のペースを周りとそろえさせたり、区切りをつけてあげたりすることも必要。仕事の話をネタに飲むのも、いいリフレッシュに。

♫星宿と仲良くするなら【家族や友人として】

目標達成が人生で一番大切な星宿は、いつもその気持ちを抱いているし、**夢に関係ないことには興味が持てません**。頑張っている気分転換にと、別の話を向けても、乗ってこないかも。星宿が楽しい気分になるのは、やはり自分の夢の話なのです。

でも、旅行は大好き。できれば**海外など遠方への旅**がおすすめですが、それが無理でも、神社仏閣など神聖な場所を訪れると、テンションが上がりそうです。

ライフスタイルやファッションにもこだわりはありますが、基本的に質素。リッチな暮らしに興味はないものの、一点豪華主義なところがあり、好きなもののためにお金をつぎ込む傾向が。情に厚く、人のための出費も多そうですが、星宿の人への奉仕はすべて自分に返ってきます。ある程度は、目をつぶってもいいかも。

星宿にとって、目標の見えない子供時代は試練となります。ボーッとして見えても、これから熱中できる何かを探している大事な時期。さまざまな体験で興味の幅を広げてあげて。やりたいことを見つければ自力でものにしていきます。ただ、ひとつのことに夢中になるあまり、**自分の世界に引きこもりがち**にならないよう、外にも連れ出して。

実は意外と目立ちたがり屋な星宿。密かなこだわりに気づいてあげないと、スネてしまうかも。星宿の子は型にはめられるのが嫌いなので、親の希望を押しつけたり、他の子と比較したりするようなことは絶対しないで。

張《ちょう》宿《しゅく》

【若くして引き立てられる華のある人気者】

特徴

周囲に引き立てられるが
神経質で失敗を恐れがち
人を引きつける華があり
〝立場〟を大切にする
男女で性質が異なり
男は几帳面、女は器が大きい

張宿の基本性格と運命

「張」は強く張った弦を表し、**威勢のいいカッコよさ**を持っています。インドの星の名は果実を意味し、周りの人が自分に果実を与えるように仕向ける、華やかな魅力のある人。**センスがよく自己演出力**があり、若い頃から引き立てられる得なキャラです。

一方で、人の目を気にする**自意識過剰でプライドが高い**面があり、自分を痛い目にあわせた人のことは絶対に許しません。弱みを見せたがらず失敗を恐れるので、**口のうまいハッタリ屋になる**危険も秘めています。ですが張宿は本来、武人の星。知恵と勇気を兼ね備え、マイペースで傍若無人なようでいて、実は周囲にしっかり目を配り、秩序を重んじて、組織的なものからは逸脱しません。

人に好かれるのは共通ですが、**男女で性質が異なる**のも特徴。女性は、女性っぽく見えて負けず嫌いの怖いもの知らず。自分の行動に責任を取りつつ、道を切り開きます。男性は、堂々として見えますが実は気が小さく几帳面。ただ神経質な面は、普段は表に出さないし愛想もいいので、うまくコントロールできれば、大きく運が落ち込むことはないでしょう。また、男女ともに、**親や配偶者などから運や財を受け継ぐ**とも言われています。

【張宿の有名人】どんなときもパリッとしている印象の人で、政界では安倍晋三、小泉進次郎。他には田村正和、渡部篤郎、加藤浩次、松山ケンイチ、渋谷すばる、向井理、三浦春馬、宇野昌磨。小泉今日子、藤原紀香、波瑠、芦田愛菜。英国のエリザベス女王も。

張宿の開運ポイント

張宿は、武人としてのステータスを持って生まれているので、自ら運気を下げるようなミスをしなければ、基本的には平穏な人生を過ごせます。

どんな状況でも、**堂々と自分を打ち出す強さ**、人を惹きつける華やかさが魅力ですが、その一方で、人間関係のバランスをとる繊細さも張宿の武器。力や勢いだけでは戦に勝てないように、張宿が本当に**大事にすべきなのは、周囲の人に対する細やかな気配り**です。

男性は、人の上に立つ年代になったときが人生の分かれ目です。周囲に引き立てられ、苦労知らずで高い地位につくと、実力とのギャップに不安を感じるせいか、居丈高でわがままになりがちです。特に目下など、**弱い立場の人にきつくなる傾向**が。

人脈と人気が命の宿なので、思い上がったりつまらない見栄を張ったりすると、一気に人が離れて運が急降下します。若いときによい指導を受け、努力をして本物の実力と信頼を作り、**年齢を重ねるほどに謙虚になることが開運のカギ**になるでしょう。

妻子のことを軽く考えていると、大打撃を受ける恐れも。また、些細なことをネチネチ責めたり、グズグズ悩んだりする癖もあり、強運を持つ女性も、その点は注意が必要です。

張宿のライフサイクル

「命」「業」「胎」は約9年に一度巡る、運気の変わり目のときですが、その中の「業」の運気が2018年の張宿に巡っていました。「業」を境に運気のゾーンは「遠距離」から「中距離」に変わり、それまでなんとなく成り行きや人任せにしていた部分に自主的な意思や行動が加わっていくタイミングでもあります。ですから「業」の年には、自ら志を立ててそれを貫くためにこれまでとは違う選択をする人も多いでしょう。具体的には、転職、独立、親元からの自立、離婚、結婚などが起こりやすい年かも。そして翌2019年「親」の年からは、そんな変化を受けて、新たな目標や夢に向けて小さなものを大きくし、上を目指して進む時期となります。その流れに乗っていけば、途中、2021年「壊」の年と2025年「衰」の年にマイナーチェンジや試行錯誤もありそうですが、2026年近距離の「栄」の年には、きっとそれまでの目的を達成、夢を叶え、「なりたかった自分になれているかも」と思えるようになっているはず。運気に勢いがある時期ですが、翌2027年の28年に一度の「命」の年には風向きがまた少し変わります。この「命」の年に今後、自分が担うべき役割や使命を実感するような出来事に遭遇することになるでしょう。

2018	2019	2020	2021	2022	2023	2024	2025	2026	2027	2028
業	中距離の親	中距離の友	中距離の壊	中距離の成	近距離の危	近距離の安	近距離の衰	近距離の栄	命	近距離の親

※2018年～2028年の運気の流れ

★ 張宿との相性 ★

気になる相手の宿との相性をチェックしましょう。宿星の地色は宿と宿がどれくらい離れているかを示しています。■は遠距離、■は中距離、□は近距離です。

関係	宿星	どんな相手？
命	張宿	張宿はとても繊細。傷つけないように踏み込まないので、関係が発展しない
業	箕宿	張宿のためならなんでもしてくれる箕宿だが、思いが強すぎて負担になることも
胎	胃宿	細やかな気配りで胃宿をサポート。気づかれないが、張宿は満足
安	虚宿	虚宿の親切が裏目に出やすい。深入りせず距離を置くほうが無難
	觜宿	協力し合える間柄だが、張宿（特に男性）に権力があると関係が壊れやすい
	角宿	表面的には仲良しだが、緻密すぎる張宿に我慢できない。共同作業もＮＧ
壊	壁宿	控えめな壁宿を軽くみるとスパッと切られる。懐に入り込んでおくと安定する
	房宿	羨ましいと感じる相手だが表面的には良好。次第に嫉妬や妬みが大きくなる
	鬼宿	気が楽になりワクワクする相手だが、鬼宿は束縛を嫌うので寂しい思いをする
栄	斗宿	センスが良く感性に共感。でも見栄を張らないで。斗宿の競争心はかわせる
	昴宿	自然体で接し、本音も言える相手。二人だけの時間を過ごすと、距離が縮まる
	翼宿	安心して付き合え、信頼できる。張宿の細かすぎる性格も理解してくれる
親	婁宿	思い合える関係だが、こだわりにはズレも。張宿が強気で押すと引かれる
	尾宿	同じ目的に向かって進むにはベストコンビ。同じ立場の関係だとぶつかる
	星宿	いろいろと安心して任せられる。星宿の頑張る姿は張宿に力を与える
友	奎宿	相手のことを知るほどに、居心地の良さを実感できる。ゆっくり関係を深めて
	心宿	張宿の心を読みながら接し、気持ちよく付き合える。遊び仲間にも最適
	柳宿	大らかな柳宿は癒やしの存在。遠慮せずに話ができ、パワーももらえる
衰	女宿	物知りの女宿は張宿をフォロー。プライベートでは盛り上がりに欠ける
	畢宿	個性を理解し生かし合える。でも、畢宿を納得させるまでには時間がかかる
	軫宿	気を使わずに付き合えるが、突然意外な行動を取り、がっかりさせられる
危	危宿	細かすぎる態度は危宿の心を遠ざける。細かいことをスルーすれば楽しい
	参宿	構えて接するより、ざっくばらんに本音で話したほうが、話もまとまりやすい
	亢宿	正面突破は無理。気持ちを読みながらチャンスを狙って。上から目線は厳禁
成	室宿	忍耐強さと細やかな気配りが縁を深める。頼もしい味方になる人
	氐宿	リアリストの氐宿は学ぶ点もあるが、対抗心をもたれないよう用心すべき
	井宿	熱い話はできるが、痛いところを突いてくる気の合わない相手。議論も負ける

周囲に引き立てられる華のある人気者だからこそ、周囲に対する細やかな気配りが大切。「栄親」の相手には自分らしく振る舞っても大丈夫。神経質な面もある張宿にとって、数少ない心を許せる相手は「友」の人。「衰」の人ともいい関係を作れますが、少し気を使ったほうがよいでしょう。人間関係を上手に築ける角宿は「安壊」の相手でも、それほど悪運をもたらすことにはなりません。ただ、「危成」の関係は要注意。感性の違いを認め合って味方にすれば発展できるので、人をうまくまとめることを心がけましょう。

♥張宿と恋愛するなら【パートナーとして】

張宿は、自分が洗練されたイメージの人気者なので、才能があって外見も目立つ人を求め、**ダサいと感じる相手には手厳しい**。自分以上に〝華〟がある、人気があるなど何かを〝持っている〟異性を好みます。異性から迫られることも多いが、自分で追って落とさないとダメなタイプ。張宿に追わせるための駆け引きも必要。若いうちは、恋人やパートナーを自分のステイタスのように考えたりする傾向もありますが、常に気持ちが張り詰めている張宿が最終的に落ち着くのは、**リラックスして明るい気持ちになれる相手**。地味だったり、年が離れていたり、一見不釣り合いでも、精神的な支えになれればゴールインできます。

豪快そうに見えて神経質な張宿の男性は、言動にもギャップがあるため、付き合うならそんな**意外性を見守る大きな心がマスト**。結婚後は妻に甘えたがり、さらに手がかかるようになります。〝大きなもうひとりの子供〟ぐらいな気持ちになることもあるかも。

女性は美人が多く、フェロモンたっぷりの肉食系。男を頼らず生きていける強さがあるので、何かあればスパッと縁を切ります。自分の顔色をうかがうような人間は相手にしません。お金や地位がなくても、**好きなことを自由に楽しんでいる人に弱い**でしょう。

モテる張宿は恋のチャンスが多く、軽い気持ちで浮気してしまうことが。特に張宿の男性は、子供が生まれると妻の愛情が半減したような気持ちになり、外に目が向きがち。愛情表現は、少し大げさなくらいがちょうどいいでしょう。

張宿と仕事するなら【同僚や上司として】

状況に合わせて強気に出たり、愛想を振りまいたりと応用力があるので、大勢の前に立つ仕事、目立つ仕事が向いています。教師やアーティスト、政治家などが適職。スポーツやレジャーなど人を喜ばせることは天職。警察など統制のとれた組織でも頭角を現します。

張宿の部下はポジションを与えれば、**立場にふさわしい働き**をします。特に統率がとれた環境で、役割がはっきりしているほうがのびのびと才能を発揮できるので、仕事の流れやルールを明確に。**進行役やチームリーダー、またスピーチをお願い**するなら張宿の上司が適任。ただし、強い引き立て運ゆえにまれに実力以上の評価を受けていて、いざリーダーに引き上げたら中身が空っぽだった、なんてこともあるかも。

張宿の女性は、気配りができる働き者の実力者で、オールマイティーな活躍をしますが、上司としてはシビア。張宿の男性は、几帳面で完璧にやろうとするため計画や予定の変更を嫌がります。自分より地位の高い人に逆らわない分、部下や後輩など弱い立場の人にも甘くなく、ときには意地悪になることも。特に、張宿の上司や先輩がストレスを溜め込んでいるときは要注意。気にしていそうなことは慰めるつもりでも触れないことです。

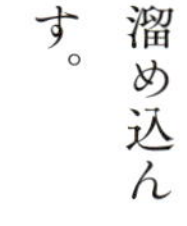

張宿は学歴、職歴、実績に強い自負があるので、そこを否定、あるいはマウンティングするような言動は即死レベル。野心家だが自分を客観視もできるので、見え見えのお世辞もNG。ほめるなら服のセンスや事前の仕込みのよさを。

♫張宿と仲良くするなら【家族や友人として】

人の視線を引きつける魅力と、自意識過剰な面がある張宿。「張」が、弓が張って緊張している状態を示すように、いつも人目を気にして、心が休まることがありません。そのぶん、表には出しませんが、気心の知れた**家族や親友との優しい時間**を常に求めています。心が解放される大好きな趣味や遊び場所があり、それを共有するのが信頼できる友達になれる第一歩。自信がありそうに見えて、どうでもいいことで落ち込んだり引きずったりしているので、定期的に時間を作り、話を聞いてあげましょう。

張宿の緊張を和らげるのは、人の視線が気にならない場所。レストランの個室や秘境などに行くと、心が安らぎます。また、自分の神経質な面を隠したいと思っているので、そんなところを気にしない大らかな人が大好きです。几帳面な努力、周囲への**細やかな気配りに気づいてほめてあげる**と、本音で語り合える深い絆を築けそう。

張宿の子供は、おしゃべりが上手で愛想がいいため、だれからも好かれます。自我が芽ばえると、理想に向かって真面目に努力し、目上の人の助けも得られるので順調に成長。周りが**愛を注ぐほど運が豊かになる**ので、たくさん可愛がってください。

良くも悪くもこだわりが強いので、こちらの過去のミスや失言はずっと忘れません。張宿が古い話を持ち出してきたら、笑い飛ばしてスルーを。開き直ったり無視したりすると、さらに執念深く追い詰めてくるので気をつけて。

翼《よく》宿《しゅく》

【 遠くへ羽ばたくマイペースな完璧主義者 】

特徴

理想が高く妥協しない
永遠の夢追い人

高い視点から客観的に
物事を判断できる

海外も含め遠いところ
との縁が開運の鍵

翼宿の基本性格と運命

「翼」は大きく羽ばたく力を表します。インドの星の名は果実のことで、自分が甘い果実となって、みんなを楽しませようとする人です。知的好奇心が旺盛で、「翼」を使って**海外や遠くの土地に何かを伝える**使命を持ちます。そのため、穏やかそうに見えて実は度胸があり、どんな環境にもなじんで自分らしく人生のベースを築いていきます。

善人で素直。サービス精神があって明るいので、人に好かれます。コミュニケーション能力もあり、**高い視点から物事を客観的に判断**できるうえに、おっとりした風格があるせいか、いつの間にかリーダー的存在になっています。

ただ、**理想が高い完璧主義者**で妥協を許さない面があるため、大きな組織のトップより、プロジェクトのボス的位置で一番力を発揮します。でも、翼宿は27宿の中で一番の**幸運な生まれの星**。家族に恵まれて人にも助けられ、波乱の少ない人生を歩めます。

唯一やや運気が乱れるのが40代。仕事や家庭に変化が起こりやすく、大きく運が落ち込むことはありませんが、どこか依存心が強い翼宿がその翼をどう使うか、本当の意味での志を試される試練のときとなるかもしれません。

【翼宿の有名人】日本の資本主義の父といわれる明治維新の経済人・渋沢栄一。世界を相手にした黒澤明監督と三船敏郎コンビは共に翼宿。他には桑田佳祐、役所広司、豊川悦司、大沢たかお、二宮和也、亀梨和也、真矢ミキ、木村佳乃、長澤まさみ、桐谷美玲、蒼井優。

翼宿の開運ポイント

基本的に真面目で思慮深く、勤勉な翼宿ですが、「翼」を持っているため、特定の場所や立場に縛られるのは大の苦手。束縛の多い環境から逃げ出していつでも飛び立てる自由さと、今いるところとは別の、居心地のいい場所が翼宿には絶対に必要です。遊びでも仕事でも、**好奇心を刺激する止まり木をいくつか持つ**ことで、心のバランスがとれます。

そのため、仕事などは、デスクワークなどではなく、広い世界をあちこち飛び回れる職種が運気を開きます。休日に、遠くに出かけるのもよく、移動し続ける旅よりは、日常を忘れられる特定のお気に入りの土地、場所に出会えたら、そこがラッキースポットにもなるでしょう。でも、その場所が特定の異性のいる〝別宅〟になるのは、逆に運気を乱す元です。

もうひとつ、好奇心の幅が広すぎて**「自分が何をやりたいかわからない」**というのも翼宿の悩み。実現しそうもない夢ばかり追いかけていると、いずれは人生に行き詰まってしまいます。とりあえず表に出て、**今できること、好きなことを掘り下げて**みるべきです。

また自己評価が高く、己の感覚を疑わないため、自分の物差しを他人に押し付けがちですが、人間関係では、相手と同じ目線に立ち、空気を読むことも大切です。

翼宿のライフサイクル

遠距離の「栄」の年の2018年は、仕事やプライベートで長年、努力してきたことにうれしい結果がでることもある年。反面、限界や行き詰まりを感じることもあり、翌2019年の「業」の年には、もっと自分が本当にやりたいことを、自分にしかできないことを……という願望や夢を抱き、それを行動に移すことになる運気です。自分ではコントロールできないような形で周囲が変わっていくこともありますが、2020年「親」の年から運気のゾーンは、それまでの「遠距離」から「中距離」に変わるので、それまで周囲に従うばかりだったスタイルから脱して、自分の想いや個性を活かせる、自分を素直に表に出せることが増えていくでしょう。そんな中、注意が必要なのは「壊」の年の2022年。思い通りにいかないこと、人との不協和音なども起こりやすく、方向転換を余儀なくされるかも。けれど、その対処の仕方によっては、2023年「成」の年には災い転じて福とすることも可能です。翌2024年から運気ゾーンは「中距離」から「近距離」へ変わり、より自分らしく、自分の意思を通せるシーンが増えていくはず。そして2027年近距離の「栄」の年を目的達成、ひとつのゴールと考えておくと夢がかないやすくなるでしょう。

2018	2019	2020	2021	2022	2023	2024	2025	2026	2027	2028
遠距離の栄	業	中距離の親	中距離の友	中距離の壊	中距離の成	近距離の危	近距離の安	近距離の衰	近距離の栄	命

※ 2018年～2028年の運気の流れ

翼宿との相性

気になる相手の宿との相性をチェックしましょう。宿星の地色は宿と宿がどれくらい離れているかを示しています。■は遠距離、■は中距離、□は近距離です。

関係	宿星	どんな相手？
命	翼宿	思い合う優しい面はあるが、頑固でもあるので、二人きりでの行動は避けて
業	斗宿	斗宿の闘争心は刺激になり、行動の後押しに。ずっと一緒だと疲れる
胎	昴宿	すべてを受け入れ高く評価する翼宿の気持ちに応え、昴宿も力を貸す
安	危宿	危宿の無計画な生き方が理解できないが、危宿も違いを感じ離れていく
	参宿	情の厚さに惹かれる。参宿が世話を焼いてくれるので、つい依存してしまう
	亢宿	信念を貫く亢宿に憧れるが、互いに折れずに対立。反面教師的な存在
壊	奎宿	好感は持つが一緒だと行動範囲が狭くなる。隠し事をされる可能性も
	心宿	裏をかかれることも多いが、翼宿の純粋さを知ると傷つけることも少なくなる
	柳宿	献身的に尽くすが、それが嫌とは思わない。でも共同作業には向かない
栄	女宿	女宿の知恵は人生を豊かにしてくれるので、翼宿からも情報を与えて
	畢宿	畢宿の強い気性を受け止めて良い方向へと昇華し、共にレベルアップできる
	軫宿	行動的な二人は共通点も多く、公私ともに良い相手。離れていても信頼できる
親	胃宿	物事の取り組み方が似ていて飾らない関係を築ける。頼もしさも感じられる
	箕宿	翼宿の足りない部分を補い、理想を実現するためのサポートをしてくれる
	張宿	息の合った動きで、緻密な仕事では最強コンビ。張宿に支えられると伸びる
友	婁宿	細やかな仕事をするのでストレスがない。気を使わずに付き合え好相性
	尾宿	頑固で一途な二人だからこそ、確実な信頼関係が築ければ長い縁にも
	星宿	大きな夢を追う者同士で通じ合える。相手の立場を理解し、助け合える
衰	虚宿	ロマンティストで気が合うが、現実的な力はなく、浮世離れしやすい
	觜宿	穏やかな努力家の觜宿はホッとできる。のびのびできるが成長はしにくい
	角宿	翼宿にはない世界観や価値観に大きな影響を受ける。意外に長い縁になるかも
危	室宿	目指すものが違うと割り切り、室宿の実力を認めつつも興味が湧きにくい
	井宿	井宿の考えは、納得はできても共感できない。近い関係だと激しい対立も
	氐宿	現実的な氐宿と理想論者の翼宿は、互いに興味が湧かず、接点もない
成	壁宿	壁宿は気持ちを表に出さないのでわかりにくい。理解するには時間がかかる
	房宿	基本的には無害。距離が近いと、房宿の身勝手さにイライラさせられそう
	鬼宿	翼宿の純真さが鬼宿のツボにはまる。でもこだわりを押し付けると逃げられる

永遠の夢追い人の翼宿の理想を現実にするのに力になってくれるのは「親」の箕宿と張宿。「危成」の人とは距離感をいかに縮められるかが課題になります。マイペースの翼宿も「安壊」の人にはそのペースを崩されますが、良くも悪くも刺激を与えてくれる相手として受け入れます。「友衰」は何の抵抗もなく自分の持ち味を出せる相手。ただ現実的に行動を起こすには弱い関係です。いつも一緒にいたいのが「胎」の昴宿。一緒にいると闘争心が生まれるのは「業」の斗宿。両宿とも飛び立つ方向性を示してくれる相手です。

翼宿と恋愛するなら【パートナーとして】

サービス精神旺盛で場の空気を読み、明るくふるまうことも多い翼宿ですが、実はあまり本当の**喜怒哀楽を見せたがりません**。愛情表現も苦手で、自分から誘えないうえに、とっさの誘いをつい断ってしまったりするので、進展には時間がかかりそう。さりげなく何度か気持ちを伝えてみたりして動きを見守るか、**同じ趣味を楽しむ**などして、徐々に距離を縮めてみて。翼宿の友人や家族と仲良くなり、間を取り持ってもらうのも効果的です。

翼宿の男性はナチュラルな優しさで好感度が高く、妙にモテます。遊びを覚えると悪妻をもらうと言われるので、適齢期にサクッと結婚するのが無難。女性は理想が高く、男性を見る目はシビア。男女とも**尊敬できる人に弱い**ので、得意分野をアピールしましょう。

男女ともに外面はいいけれど、付き合うと、神経質で本音を簡単に明かしません。普段のイメージと素顔のギャップがあるので、**結婚前にある程度の交際期間は絶対に必要**。

翼宿の男性は結婚後もあちこちにヒラヒラ飛びがちなので、家庭を帰りやすい場所にする努力が必要かも。女性は結婚すると良妻賢母になり、働き者で夫の家族からも好感を持たれます。ただ、子供が中心になりすぎる傾向に注意しましょう。

争いを嫌い、ギリギリまで感情を抑えているため、爆発すると攻撃性MAXに。反論すると倍返しにあうので、静かにやり過ごして。また、翼宿が気ままに羽を休められる、いくつかある止まり木を全部把握しようとするのはタブー。

翼宿と仕事するなら【同僚や上司として】

「翼」を広げて遠くの世界に何かを伝えたり、作り上げたりすることが天職。**海外や遠方に縁がある**ので、海外向けの事業や、あちこちを飛び回る仕事が向いています。完璧主義なためか人を使うのが上手ではありません。ビジネスセンスもいまいち、お金より名誉に恵まれる運気なので、起業するよりも組織の一員でいるほうが活躍できたりします。

部下の翼宿は、働き者で仕事に対する姿勢がシビアなので、着実に成果を挙げます。妥協せず完璧な仕上がりを目指すので、クライアントからも厚い信頼を得られるはず。ただクオリティを求めるがゆえに採算を度外視したりするのでそのあたりの指導が大切。**頑固な職人気質ですが、おだてには弱いタイプ**。ほめられると期待に応えようとして、不器用ながらも後輩の育成など、苦手な仕事にも真剣に取り組んでいくでしょう。

翼宿の上司はワンマンでチェックが細かく、失敗も厳しく追及。頑張ってもなかなか認めてもらえないかも。翼宿の志の高さについていくのは大変ですが、それを理解しようとしていれば、少し辛口の翼宿のアドバイスは、自分を磨くヒントになります。**ダメだしされても食らいつく姿勢を見せると、評価が上がりそう**です。

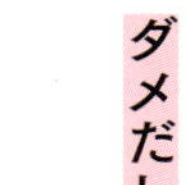

翼宿は、自分の仕事を人に任せるのが嫌いなので、抱えすぎてパンクしやすい。納得するまでやるので予算や納期を守れず、結果、仲間に迷惑をかけることも。そういう状況になる前に、周りが定期的に状況をチェックしてあげましょう。

♫翼宿と仲良くするなら【家族や友人として】

ひとつの場所にとどまることが苦手な翼宿は、プライベートこそ他人に邪魔されず、**自由にのびのび過ごしたい**と願っています。そのため、翼宿の友人関係は、地域限定、期間限定のつきあいのものも多く、深いのか浅いのか、よくわからない関係も多いかも。

でも、翼宿は本来、身内や友人に優しい人。見えすいたお世辞を言ったりしないので、ぶつかることもありますが、すべてをさらけ出して付き合える相手にもなります。だから久々に会っても、すぐに前のように親しいつきあいができるのが翼宿の人です。

翼宿を遊びに誘うなら、**日常を忘れるようなひとときを提供**してあげると喜びます。くつろげる田舎への旅や、乗り物好きなので飛行機、ドライブなど、空を飛ぶような爽快感のある遊びは、ストレス解消だけでなく、運気も整えてくれるでしょう。

子供時代の翼宿はやんちゃで行動的。〝公共心〟を持つよう指導すると大きく成長します。親には従順ですが、若い頃から一家を背負っていくような力を感じさせるはず。夢を追うだけで終わらないようにするには、とりあえずやりたがることはやらせ、**いろいろな経験をさせて**、自分で選択する力をつけてあげましょう。

束縛を嫌う翼宿ですが、なかなか目標が定まらず飛び立てないと、依存心が強くなります。また、翼宿は親との関係がいいので、パラサイトになる可能性も大。どこかのタイミングで、厳しく自立を促すことが必要です。

軫《しん》宿《しゅく》

【優しく器用に人を仕切るプロデューサー】

特徴

甘え上手のいじられキャラなのに
実はすべてを仕切っている
何事も的確でスピーディ
弱そうに見えてしたたか
人と人をつなぐ調整役で
困ったときは女性が味方

軫宿の基本性格と運命

「軫」は、車輪にわたす横木のこと。インドの星の名は手を意味します。横木は2つの車輪をつなぎ、手は握り合うことで人と人をつなぎます。「軫」には、人の様子を見て心配するという意味もあり、軫宿の人が持つ周囲への気配りや優しさを表しています。

そんな軫宿は**社交性があり、抜群の交際上手**。ソフトな雰囲気で、だれにでも合わせられるため、自然と人が集まります。おっとりしていて気がよく、27宿の中で最弱の宿とも言われますが、実際は、いじられキャラ的に一歩引くことで相手に警戒心を与えず、すべてを仕切っているという、**甘え上手でしたたかなプロデューサー**タイプなのです。

弱そうに見えて精神力が強く、人に見せない自分の世界を持っています。行動がスピーディなのも軫宿の特徴。素早い判断力と決断力があるため、何をやらせても的確に処理します。好奇心も旺盛でフットワークもよく、広いフィールドを忙しく動き回ります。**頭の回転が速いだけでなく器用**で、料理や編み物、工作など、手を動かす作業が得意です。

プライドや嫉妬心は人一倍強いけれど、一歩引いたところで、人に利用されているようで**ちゃっかり人を利用して**、抜け目なく運を伸ばすのが軫宿です。

【軫宿の有名人】将棋の羽生善治ほか岸部一徳、大杉漣、小泉孝太郎、赤西仁、桐谷健太、佐藤健、福士蒼汰など男性はソフトなタイプが多く、女性はキリッとした印象の阿川佐和子、天海祐希、松雪泰子、上戸彩、比嘉愛未、多部未華子、木村文乃、水原希子。

軫宿の開運ポイント

「思いついたら即実行」が軫宿の基本なので、**自由に動き回れる環境と、それが許される人間関係を築くことがすべての運のスタート**。ただし、「自分が、自分が」としゃしゃり出ると反感を買って、よりパワフルな人につぶされてしまうので、控えめにしていたほうが吉。自分が本当にやりやすい、目立たないところからしっかり人を観察すると、自分にとって必要な人と着々とよい関係が築けます。そして長年かけて、つないだ人間関係こそが軫宿にさまざまな幸運を運んできます。だから、たとえ年賀状やメールの挨拶だけでも、人脈はしっかりとつないでおきましょう。

親には可愛がられますが、**親元を離れたほうが開運は早まります**。また新しいものや流行りもの、最新情報に触れるのは軫宿の開運アクション。移住にもツキがありますが、住むなら、**田舎より都会**。動けば動くほど運が向いてくるので、旅行も吉。特に海外との縁は大切に。旅を楽しむのはもちろん、旅に関連した仕事をすると活躍できます。

男女ともに軫宿が**困ったときの味方は女性**です。女性の多い職場や環境で運が向き、ファッション、美容、飲食、健康など、女性を相手にする分野でチャンスをつかめます。

軫宿のライフサイクル

2018年はいろいろ新しいことにチャレンジしたくなりますが、遠距離の「衰」の年でもあり、ちょっとパワー不足。でも目の前のことにコツコツしっかり取り組んでいけば、翌2019年「栄」の年には納得のいく結果を出せるはず。そして、2020年の「業」の年は、ここまでの過程で芽生えた新たな夢や目標に向かって、大きく舵を切る、人生の大きなターニングポイントになる可能性があります。この頃生活の拠点を変えたり、仕事のスタイルを変えたりする暗示もありますが、発想の転換、さまざまなテクノロジーの発展があなたの夢の実現の助けになるでしょう。2021年から運気のゾーンはそれまでの「遠距離」から「中距離」に移り、自分自身のために自主的に動ける時間、機会が増えます。その後、2023年の「壊」の年には、うまくいかないこと、修正しなければならないこともありそうですが、それを乗り越えることで運気ゾーンが「近距離」に変わる2025年「危」の年は大きな飛躍の年になります。あなた自身がずっと本当にやりたかったことへの挑戦を始めるなら、少しずつ準備をして2025年から。コツコツと集中力を切らさずに頑張れば、2028年「栄」の年にはきっとなりたかった自分になれているはずです。

2018	2019	2020	2021	2022	2023	2024	2025	2026	2027	2028
遠距離の衰	遠距離の栄	業	中距離の親	中距離の友	中距離の壊	中距離の成	近距離の危	近距離の安	近距離の衰	近距離の栄

※ 2018年～2028年の運気の流れ

★ 軫宿との相性 ★

気になる相手の宿との相性をチェックしましょう。宿星の地色は宿と宿がどれくらい離れているかを示しています。■は遠距離、■は中距離、□は近距離です。

関係	宿星	どんな相手？
命	軫宿	一緒にいると出会いが増えるが、当人同士の関係は薄く、つるむことも少ない
業	女宿	前に進むための知恵を授け、環境を整えてくれる。詮索して、指図することも
胎	畢宿	スピーディーな軫宿とスローな畢宿。テンポは違うが、補い合うのは楽しい
安	室宿	すぐに仲良くなれる。次第に室宿の押し出しの強さに疲れ、距離を置くように
	井宿	議論では負けるが、行動力では軫宿が有利。最終的には対等な関係を築ける
	氐宿	良かれと思ったことが裏目に出て損をする。でも、周囲の同情票は集められる
壊	婁宿	人間観察が得意な二人。慎重な婁宿は、自分とは違う軫宿には近寄らない
	尾宿	軫宿の気配りは尾宿を甘やかし、周囲も振り回される。責任転嫁にも注意
	星宿	働き者の星宿に共感するが、軫宿にパワーがなく、ついていけなくなる
栄	虚宿	傷つけ合うことのない優しい関係。気持ちの面でつながり合い癒やされる
	觜宿	長所を引き出せるベストパートナー。のんびりした気持ちになれる唯一の相手
	角宿	どちらも人気者で一緒にいると楽しく、周囲も明るい。短期で縁が切れることも
親	昴宿	スマートな昴宿は尊敬でき、何かを学ぶ形で、良い付き合いができる
	斗宿	闘争心の強い斗宿だが、軫宿の気配りには礼を尽くす。双方に利益を生む
	翼宿	軫宿の個性を伸ばしてくれる。楽しい時間を過ごせるが、主導権は翼宿に
友	胃宿	自信に満ちた胃宿に憧れるが、軫宿と同じような特別な感情は抱かない
	箕宿	箕宿任せにするなら関係は良好だが、軫宿が自己主張すると壊れやすい
	張宿	同じテンポで動けるので、気楽で気持ちのいい付き合いに。自然体でいられる
衰	危宿	交際上手なので、一緒にいると話も弾む。でも、いざというときに頼りにならない
	参宿	新しい情報やアイデアを教えてくれる。興味を示すと仲良くなるきっかけに
	亢宿	亢宿が仕切ったほうが関係が安定。軫宿もその状況を自然に受け入れられる
危	壁宿	表面的な付き合いはできるが、本心が読めない相手。常に距離を感じてしまう
	鬼宿	勘が鋭い鬼宿は、軫宿の考えていることがわかる。嘘や下心があると離れる
	房宿	仲良くはなれるが、軫宿の優先順位は低め。期待しすぎると悲しい思いをする
成	奎宿	きちんとしていて信頼できるが、型にハマりすぎ、新しいものは生まれにくい
	心宿	普段は楽しい関係だが、急に態度を変えて冷たくされることがあるので要注意
	柳宿	頼れる相談役で一緒にいると安心。柳宿からの依頼も多いので、覚悟を

軫宿は社交性があり、交際上手。人間関係は重要だからこそ、「栄親」は大切な存在になります。中でも「親」の翼宿は才能を引き出してくれるので、一緒に行動したい相手。人あたりがよいので「安壊」の人ともそれなりにうまくやり、影響を与え合います。「友衰」とはいい関係を持つことはできますが、気持ちいいだけの付き合いになってしまいがち。たいていの人間関係はクリアできる軫宿も「危成」の人とは思いもよらない展開となりやすいので、刺激的だけれども、注意も必要。「命」の人と一緒にいると人の輪が広がります。

♥軫宿と恋愛するなら【パートナーとして】

自分の気持ちに素直な軫宿は、恋にも早熟。狙った相手はほとんど落とし、好きになったら即交際スタートで、あっという間に結婚へ。電撃婚が多いものの見切りをつけるのも早いので、すぐ別れることも。軫宿は大のロマンティストで、**常に恋をしていたい**タイプなので、結婚後に男女の関係性が薄れると別の異性を求めます。再婚運も悪くありません。だから、軫宿との恋愛には**ラブラブムードは不可欠**。甘い言葉をかけたり、手をつないでスキンシップをとったり、健康を気遣ったりと、事あるごとに「あなたを気にかけている」と態度で示して。そうすればご機嫌で、献身的に尽くしてくれます。

軫宿の男性はどこか女性的で、女性の気持ちを心得た言動でかなりモテます。女性を見る目も厳しめですが、**自分のために何かをしてくれる人に弱い傾向**があります。

結婚後、男性はあまり家庭を壊す気はありませんが、女性とのかかわりは多めで波乱含み。女性は仕事と家庭を両立して尽くす妻になりますが、相手からの愛情が感じられなくなると子供のために我慢したりせず、あっさりパートナーチェンジするかも。男女ともに恋のツワモノですが、別れるたびに慰謝料を払ったり物を失ったりなどして損をしがち。

異性としての関係性が薄れるのに耐えられないため、「釣った魚に餌はやらない」的な態度は即別れにつながります。また軫宿の女性は嫉妬深く、疑惑を持つとネチネチと責めます。早めに誤解を解かないと、最悪の事態になることも。

軫宿と仕事するなら【同僚や上司として】

軫宿は、器用で頭の回転が速く、手早く物事を処理できるので貴重な戦力。**人の嫌がることも引き受ける**ので、気軽に仕事を頼みやすく、どんな相手にも合わせられるので、重要な席にも安心して連れていけます。どんな業種でも役に立つ存在になるでしょう。

ただ、押しは強くなく、目立たないところで働き、現場好きな傾向もある軫宿は、たくさんの人を率いる大きな組織の**リーダーには向きません**。ポジションが上がっても、周りの意見を聞きながら人や物事を動かすような、小さめのプロジェクトの**調整型のまとめ役**としては最強。軫宿の上司や先輩は威圧感がなく意見しやすいので、みんなが働きやすい環境を作れるはず。上とも下ともうまくやれる軫宿は理想の中間管理職ともいえます。

ひとりでコツコツ進めるよりも、**だれかと一緒に目標達成を目指す仕事**のほうが結果を出せます。豊かな社交性が生かせて、スピードや行動力が必要な旅行や観光業、交通関係、最新のものを追いかけるマスコミ業界、女性がターゲットの仕事で才能を発揮します。

フットワークが軽く、食事や飲み会に誘いやすいのも軫宿のいいところ。気になる人とは積極的に関わりを持とうとするので、仕事以外での付き合いも楽しめそうです。

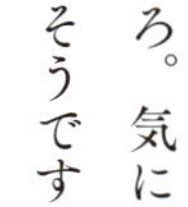

アピールベタな軫宿は地味でも大事な部分の仕事ぶりを認めてもらえないと、次第にやる気が低下するので気を付けて。軫宿自身は仕事が早すぎて、上司のOKをもらう前に話を進めて、後で修正することが結構、多いのでご用心。

♫軫宿と仲良くするなら【家族や友人として】

人と人とをつなぐのが得意で交際上手な軫宿は、人と一緒に行動するのが大好き。どんなことにも興味を持ってくれるので、いろいろなことに誘ってみて。異動や引っ越しなどで離れても、たまに連絡するだけで長く付き合えて、軫宿もそんなつながりを喜びます。

周囲がつい**かまいたくなるいじられキャラ**ですが、それは逆らわず相手を立てるほうが自分の希望を通しやすいと軫宿がわかっているから。本人もそのポジションが安心するので、**愛のあるダメ出しを喜びそう**。甘え上手だけれど本当は尽くすのも好きなので、頼ってお願いすると張り切って、大変なことでも、あれこれ世話を焼いてくれるでしょう。

活発によく動き回りますが、実はあまり体が丈夫ではありません。家族なら**健康に気を配り、精神だけでなく体もしっかり休めるように気遣って**。レジャー好きですが、気のおけない家族や親友と行くなら、温泉やスパなど、体をメンテナンスできる旅がおすすめ。

軫宿は子供時代から調子が良く、おしゃべりもうまいので人気者になれます。ややそそっかしいところがあるので、ひとつひとつを丁寧にやる習慣をつけさせましょう。体調管理だけでなく、スピードの出るものに縁があるので、交通事故などに気をつけてあげて。

軫宿は決して人に強く出ないので、思ってもいないことに賛同したり、お世辞を言うことも。そんな軫宿の優しさに甘え、無理強いを続けたり、無視したりしていると、ある日突然あっさり関係を断ち切られたりするので気をつけて。

角《かく》宿《しゅく》

【 好感度バツグンでスリルを求める人気者 】

特徴

爽やかな優等生に見えるが
意外と奔放な一面も

脇の甘さもあり
よきアドバイザーが必要

センスが良く手先が器用で
アレンジするのが得意

角宿の基本性格と運命

「角」は、動物のツノやとがった「かど」のことで、インドの星の名は鮮やかな装飾の意味。かつて、ツノは細工を施されて、飾りや武器に使われました。**爽やかな優等生**に見える角宿ですが、内面に人と調和しきれない、鋭い「かど」を秘めていることを表します。

明るく知的で好感度が高く、人気運は27宿中トップクラス。人とは違う素敵なことをしそうな期待を持たれ、多くの人を引きつけます。でも本質は**真面目そうに見えて、実は遊びも大好き**。芸術からサブカルまで、お気楽に手を出します。ギャンブル的な勝負もするし、恋愛なども奔放なタイプ。熱くなると人の意見を聞かずに危ない橋を渡ったりします。

でも、このキャパシティの広さが、堅苦しかったり、パッとしないものを、独自のセンスで楽しく分かりやすいものにアレンジできる能力を生み出します。だれが何と言おうと、好きなことはやり遂げる**大胆さと強引さが最大の魅力**であり、武器です。

実はかなり好き嫌いが激しいので、親しくなると、表面的な印象と言動のギャップに驚かれるかもしれません。とても慕われる一方で、自分自身は人との間に**境界線を作ろうとする**傾向もあり、それも角宿の心の中にある「かど」のひとつなのでしょう。

【角宿の有名人】独特のセンスがあり、北大路魯山人、小津安二郎、周防正行など文化人、貴乃花親方、伊達公子などスポーツ界にも多い。芸能界では武田鉄矢、オダギリジョー、要潤、加瀬亮、鈴木亮平、広末涼子、山田優、神田沙也加、山本美月、松岡茉優。

角宿の開運ポイント

最高の人気運を持つ角宿ですが、開運には、人間関係のよさと社交性が不可欠。自分の感覚に自信があり、選り好みが激しいところが玉にキズ。好きな人にはまめで甘いのに、嫌いな人とは徹底的に距離をおき、表面上でも合わせようとしない傾向があります。

度が過ぎると活躍の場を狭めたり、脇が甘くなって利用されたりするので、**嫌いな人や物も少しは受け入れる態度を見せて、大人の対応をすべき**でしょう。

そんな角宿のとがった感情を抑えるために、**よきアドバイザーの存在がとても大切**です。率直に意見してくれる相手は、バランスのいい社交性を身につけるための貴重なヒントをくれるはず。耳が痛いことを言われても反発せず、感謝して素直に聞き入れましょう。

27宿の中で一番器用なので、**手先を使う作業がおすすめ**。運気が上がり、ストレス発散に有効なのが、料理、手芸、書道、楽器の演奏などの趣味。スポーツもよいけれど美的感覚もあるので、好きな分野で技術を磨き、職人的な道にチャレンジを。難解なものを簡単にして広め、古いものに新たな価値を与えてアレンジすることで、角宿の才能が開花。仕事にならなくても人付き合い、人間関係でもプラスになります。

角宿のライフサイクル

遠距離の「安」の年である2018年は少し活動の幅を縮小してでも家族や今、手の中にあるもの、現在の環境を大事にすべきとき。そうして再発見、つかみ直したものを大事にするようにすれば2020年の「栄」の年には、こじれた問題や状況を修正することができるはず。それを踏まえて、2021年「業」の年は大きな方向転換の年になります。むしろ、ここで、それまでと同じようなことを続けていると、その後、苦しくなることも多いので、仕事でもプライベートでも、何か新しい挑戦をしてみましょう。ここで、あなたがどんな選択をするかで、その後、2024年にやってくる「壊」の年の変化があなたの望むような飛躍となるのか、そうでない不本意な形になるのかが決まります。いずれにしても2025年「成」の年は、そんな変化を受けとめる形で過去の問題に決着をつけ、翌2026年「危」の年には、新しくいろいろなチャレンジ、決断をしてリスタートするとよい運気となります。2026年にあなたが、その時点で何歳になっていても、ささやかなことでいいから以前からやりたいと思っていたことを実行してみましょう。秘められた意外な才能、技能が覚醒することがあるかもしれません。

2018	2019	2020	2021	2022	2023	2024	2025	2026	2027	2028
遠距離の安	遠距離の衰	遠距離の栄	業	中距離の親	中距離の友	中距離の壊	中距離の成	近距離の危	近距離の安	近距離の衰

※2018年〜2028年の運気の流れ

角宿との相性

気になる相手の宿との相性をチェックしましょう。宿星の地色は宿と宿がどれくらい離れているかを示しています。■は遠距離、▒は中距離、□は近距離です。

関係	宿星	どんな相手？
命	角宿	楽しく遊ぶにはいい関係。相手の雑な部分も見えるので信頼はしない
業	虚宿	精神面を支えてくれる虚宿だが、ときに角宿を拘束、過干渉気味に
胎	觜宿	世話を焼きたいと思わせる相手。觜宿がそれを当然と思うと、心を閉ざす
安	壁宿	遊び好きな二人は仲良くなるが、気を抜くとバランスが崩れ、腐れ縁に
	鬼宿	ユニークな鬼宿を下に見がち。支配下に置こうとして距離ができる
	房宿	自分本位な角宿が感謝の気持ちを忘れると、関係を維持できなくなる
壊	胃宿	痛いところを突き、手強い。角宿の魅力も胃宿には効かず、なす術がない
	箕宿	面倒見のいい箕宿だが、身勝手な角宿にキレることも。傷を負う前に逃げて
	張宿	張宿の神経質な面にうんざり。遊びに関したことでつながっていると厄介
栄	危宿	一緒にいると楽しめる好相性。だが面倒事からは逃げてしまい現実面は停滞
	参宿	行動力がパワーアップし、大きなことにも挑戦できる。いい案も浮かびやすい
	亢宿	目的達成のために協力でき、好成績を残せる。意見が合わないときはスルー
親	畢宿	しっかり者の畢宿は気を引き締めてくれる。補い合いながら楽しく過ごせる
	女宿	多芸多才な二人はいろいろと気が合い、女宿は生き方の軌道修正をする
	軫宿	人間関係を広げ、チャンスを作る存在。角宿がリードしたほうがうまくいく
友	昴宿	相手を労れる関係。若い頃や短時間では実感しにくいが長く付き合える
	斗宿	互いの利点を活用して自分を高められる。勤勉さはいい刺激になるはず
	翼宿	信念を通す翼宿は尊敬できる存在。角宿のことも認め、自由にしてくれる
衰	室宿	気を使わずいつもの自分でいられる。どんな時も素直な気持ちで助け合える
	井宿	論理的に物事をとらえる井宿は適当さが苦手。気を抜くと猛烈なダメ出しが
	氐宿	底力のある氐宿に頼もしさを感じるが、考え方が現実的すぎるので平行線
危	奎宿	角宿の雑さが我慢できない。無駄な争いはしないので無視されそう
	柳宿	欲望が強くぶつかることも多いが、柳宿には敵わず悔しい思いをすることに
	心宿	人当たりのいい心宿だが、安心できない。気を抜くとチャンスを奪われる
成	婁宿	すべてをさらけ出すと対立する相手。割り切れば穏やかな関係を維持できる
	尾宿	一緒にいると手がかかり面倒。敵対関係になると苦労するので慎重に
	星宿	物事の取り組み方は似ているが、本質は違う。チームプレイには向かない

明るく好感度の高い角宿は人気者。「友」の斗宿と翼宿とは相手を素直に認め、お互いにいいところをいかし合える最も相性のいい関係です。何かを成し遂げるために必要なのは「栄親」の人。相手は明るくなり、角宿も現実を動かす行動を起こせるようになります。「安壊」は意識的に気を使わなくてはならなかったり、気を使ったりしたほうがいい人。「危成」の相手は一見似ているようで全く違うことを考えていることが多く、「安壊」の相手以上に手強いこともあります。「業・胎」の人はどこかわかり合えて本音を言える相手です。

角宿と恋愛するなら【パートナーとして】

爽やかで知的、抜群の好感度でモテモテの角宿。一見ガードが堅そうな印象を受けますが、意外と奔放なので、**カジュアルな恋愛**を楽しみます。恋の経験値が高いので、好きになればストレートに告白し、好意を寄せてくれる相手とはとりあえず付き合うので、交際まではスムーズ。キツい一面も、好きな人の前ではあまり出しません。

角宿は遊んでいても結婚運はよく、家庭を持つと遊び好きでラフな面が抑えられ、**責任感のある明るい家庭人**として、落ち着いた人生を送れます。男性はしっかり者の妻に恵まれ子煩悩な父親に、女性は良妻賢母になります。若いうちに勢いですぐに結婚なんてこともありそうなので、**感動できる共通体験を増やしていきましょう**。

男女とも適齢期を過ぎると迷いが出て、結婚へと踏み切れなくなり、恋愛遍歴ばかりが増えてしまいます。情熱が冷めないうちに、結婚へと話を進めたほうがいいでしょう。女性は特に不倫などにはまらないよう注意。女子力を磨いて婚活すればちゃんと幸せに。とはいえ、基本的に感情を優先するタイプなので**条件よりも直感を優先**して。本気で好きな相手と結婚しないと、波乱の人生を送ることになりがちです。

角宿の恋愛は、心から好きと思える人と結ばれることが重要。そうでないと、恵まれた環境にいても心が満たされなくなり、縁が壊れることも。結婚前に、「この人こそ運命の人だ！」と思ってもらえる演出も一度は必要かも。

角宿と仕事するなら【同僚や上司として】

清潔感があって人気者の角宿は、飲食やファッション、広告、マスコミ、意外に教え上手なので教職も適職。目上には礼儀正しく、目下にはフランクに接するので、**社内外の評価が高いはず**。角宿の部下や後輩には、**好感度と社交性を生かせる業務**を任せると、力を発揮するでしょう。手先が器用なので、技術的な仕事も向いています。

興味の持てない分野では仕事が粗くて使えませんが、興味のある分野だと周りが止めてもやり遂げます。リスキーなことにも手を出して、スルリとやってのける大胆さはあるものの戦略に緻密さはなく、大金を動かすビジネスにはあまり向きません。角宿が勢いづいていたら、周りが**ブレーキをかけてあげる**ことも必要です。

自分のやりたい仕事は強引に進める傾向があり、難しい案件も断らずに引き受けるので喜ばれますが、一人で突っ走らないこと。仕事上のよい相談相手は常に必要です。特に、角宿の上司は難しいことをわかりやすく伝えられるので、部下の**やる気と能力を引き出してくれる頼りになる存在**。ただ脇が甘いので、部下のほうがそこをフォローしなくては、と思うことも。部下を成長させるという意味で、理想の上司と言えるかもしれません。

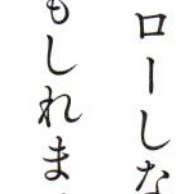

角宿は好きな仕事でないと身が入りません。ムラっ気があるので、小さなミスも許されない医療や、堅苦しい事務職は不向き。仕事が荒っぽくなり、周りが大迷惑するかも。やりがいを与えるなど、気持ちを変えさせる工夫をしてみて。

♫角宿と仲良くするなら【家族や友人として】

角宿は多趣味で、**仲のいい人と一緒に盛り上がる時間が大好き**。声をかけられると喜ぶので、休みの日は角宿が好きそうなレジャーやイベントを探して、どんどん誘いましょう。運動神経がいいので、対戦型で勝敗をつけるスポーツもストレス発散になります。

親しくなると、ギャンブルや恋愛など、意外と奔放な一面も見えてきます。想像していたイメージとのギャップに裏切られたような気持ちになるかもしれませんが、角宿は本来、シビアな話は苦手で気のおけない相手とくだらないことで笑ったり、ダラダラ過ごしたりするのが好き。角宿を笑顔にしたいなら、**明るく大らかに接する**のが一番です。

角宿の〝かど〟を一番、まともに受け止めるのは家族です。角宿は「え？ そんなところ？」と思うことに傷ついていることがあるので、小さくもらした不満にも、すぐに対処して。

角宿は、根が楽天的でわがままなので、子供時代に甘やかされて好き放題できてしまうと、遊び好きのグータラ人間になる危険が大きくなります。幼い頃に金銭面で苦労したり、物の価値を教えられたりしたほうが大成します。心のブレーキを踏むことを覚えれば、器用な働き者になり、堅実に貯蓄して穏やかな幸せをつかめるでしょう。

さわやかな角宿ですが、こじらせたら面倒くさいという意味では№１。心を閉ざして、とりつくしまもなく、人気者とは別の人間関係になり没交渉に。そうなる前に関係修復を。強く言って、正面から関わってくれる父親的な人に弱い。

亢《こう》宿《しゅく》

【 筋を通して反抗する革新的なファイター 】

特徴

権威や組織に逆らっても
絶対に主張を曲げない
逆風により個性を磨き
新しい世界を切り開く
人とは違う金銭感覚が
トラブルの元に

亢宿の基本性格と運命

「亢」にはたかぶる、きわめる、立ち向かうという意味があります。インドの星の名も、自我や独立、戦争を示し、それぞれが亢宿の性格をよく表しています。

亢宿には、大人しそうに見えても自分なりの価値基準を持ち、どんな状況やどんな相手にも、絶対にその信念を曲げません。**27宿中最も強固で妥協のない人**と言えるでしょう。愛想もないので、若いうちは生意気で苦労することもあります。

しかし亢宿は、**人とぶつかって個性を磨く**ファイター。波風の立たない穏やかな場所にいるよりは、既存の概念や権威に反抗し、新しい世界を切り開いていきます。抑えつけられたり、人と競争したりと、少し**逆風を受けたほうが生き生き**できるのです。あえてハードな環境を好むせいか、年齢を重ねても若々しくカッコいい雰囲気をまとうタイプです。

亢宿は、不利になったとしても自分を貫くので、変人扱いされることも。しかし、その主張は高い問題意識から生まれたもので、大局的に見ればまさに正論であることも多い。**まともすぎておかしい**、と思われがちなタイプが亢宿なのです。でも、筋を通す生き方に共感してついてくる人も多いので、**トップに立つ器の持ち主**と言えるでしょう。

【亢宿の有名人】三浦知良、イチロー、作家の佐藤愛子など年齢に"抗って"活躍する人が多い。大隈重信、三島由紀夫、角川春樹、小泉純一郎、加藤一二三、唐沢寿明、福山雅治、松岡昌宏、長谷川博己、堂本剛、山﨑賢人、浅野温子、椎名林檎、竹内結子も。

亢宿の開運ポイント

競争や勝負に強い亢宿は、一対一の戦いでは負け知らず。とはいえ、リーダーとなって人を率いるためには、信念の強さと理屈を語る力だけでは足りません。

成長の条件として、世間の事情や相手の立場をふまえ、**人の気持ちを理解する知性が必須**。学校の勉強や仕事だけにとらわれず、さまざまな見聞を広め、多様な価値観に触れましょう。**否定するだけでなく認める**ことが、人生の大きな課題です。終わったことの勝ち負けにこだわりすぎないこと。たまには得意でないことにも触れてみることが運気を活性化させます。

意外なトラブルの原因になりやすいのが、金銭感覚。亢宿は物やお金に対する欲があまりなく、お金をかけるところとケチるところの感覚が人と違うので、そのことで損をしたり誤解されたりして、悪く言われることも。冠婚葬祭で渡すお金の相場や、贈り物の金額の目安など、若いうちから**金銭に関する世間の常識を学ぶ必要がある**でしょう。自分の損得勘定のために動いたり、大きすぎる野望を抱いたりすると、失敗しがち。自分の価値観を信じるあまりに視野が狭くなり、**話をよく聞かずだまされやすい**傾向にも注意しましょう。

亢宿のライフサイクル

遠距離の「危」の年である2018年は、いろいろなチャレンジをする年ですが、運気ゾーンは「遠距離」なのでその挑戦も周囲から求められたり、成り行きのような形で取り組むことになるかもしれません。うまくいくか否かも、周囲の人との人間関係がポイントになるのでむやみに敵を作らないように。あなた自身の意思で始めたことも2018年は焦らず、粘り強く進めてみましょう。頑張ったことには、2021年「栄」の年の頃に必ずそれなりのうれしい成果や〝ごほうび〟があるはず。そして翌2022年「業」の年は、運気の流れが変わるタイミングです。あなた自身の意思で始めること、やめることもある年ですが、いずれにしても2023年「親」の年から、運気ゾーンは、それまでの「遠距離」から「中距離」に変わり、あなた自身の個性を発揮できる機会、自分の意思で動ける場面が増えていくはずです。そんな中で注意が必要なのは中距離の「壊」の年となる2025年。ここで今後、本当に闘うべきもの、乗り越えなければならないものが何かを知ることがあります。2026年「成」の年には目的がクリアに絞られ、それを目指して2028年「安」の年までは、ゆっくり実力を磨きながら成長・前進する時期を過ごすことになるでしょう。

2018	2019	2020	2021	2022	2023	2024	2025	2026	2027	2028
遠距離の危	遠距離の安	遠距離の衰	遠距離の栄	業	中距離の親	中距離の友	中距離の壊	中距離の成	近距離の危	近距離の安

※2018年～2028年の運気の流れ

亢宿との相性

気になる相手の宿との相性をチェックしましょう。宿星の地色は宿と宿がどれくらい離れているかを示しています。■は遠距離、■は中距離、□は近距離です。

関係	宿星	どんな相手？
命	亢宿	相手の気持ちや立場は理解できるが、頑固で妥協できないため近づけない
業	危宿	ホッとできて、元気がないときに会うと癒やされる。亢宿のわがままも許してくれる
胎	参宿	参宿の役に立つことで、行動的になり、世界を広げるきっかけが摑める
安	奎宿	亢宿のすべてを肯定し、一途に尽くしてくれる。人間関係の潤滑油にも
	柳宿	柳宿の柔軟さにいらだつ。争うと最初は亢宿が優勢、長引くと逆襲にあうことも
	心宿	空気を読んで頻繁に考えを変える心宿は信頼できない。亢宿が見切りをつける
壊	昴宿	亢宿の性格の偏りを正してくれる相手だが、昴宿からは距離を置かれがち
	斗宿	自分にないものを持つ斗宿は向上心を刺激する。だが異性や友人だとケンカに
	翼宿	クリーンな関係を築けるが、行動範囲の広い翼宿についていけず寂しくなる
栄	室宿	お互いの我の強さが、いい影響を与え合う。付き合うほどなくてはならない人に
	井宿	納得しないと動かない二人は共感でき、強力な仲間に。可能性も広がる
	氐宿	きちんと向き合えば分かり合える間柄。氐宿と関わることで視野が大きく広がる
親	觜宿	付き合いが長くなるほどいい縁に。亢宿をニュートラルな状態にしてくれる
	虚宿	互いの不安定な面を支え合える優しい関係。亢宿が上の立場になると落ち着く
	角宿	コンビを組むと物事が発展しやすい。亢宿は世界が広がって、自信もつく
友	畢宿	気が強い畢宿が味方だと最高のサポーターだが、敵に回すと長い戦いになる
	女宿	自分を磨いて目標を達成しようとするので、目指すものが違っても仲良くなれる
	軫宿	新しい縁をもたらし、未知の場所に連れて行ってくれる。近くにいて情報収集を
衰	壁宿	亢宿は協調性が高まり、壁宿は前向きに。でも、壁宿のマニアックさは理解不能
	鬼宿	鬼宿の純粋さは癒やしや信頼感を与え、亢宿も頼りにされるのがうれしい
	房宿	肩の力が抜け気持ちを和らげてくれる。新たな解決法を授けてくれることも
危	婁宿	力業で押し通そうとするほど、冷静でクールな婁宿は心を閉ざし、距離を置く
	星宿	どんなに打ち崩そうとしても星宿の思いは変えられない。ライバルだと手強い
	尾宿	我が道を行く二人はソリが合わない。興味がないか、思い切りぶつかり合うかに
成	胃宿	性格は似ているが行動パターンは真逆。一緒に何かをするならリサーチを
	箕宿	意地を張りやすく親しくなるきっかけが摑みにくいが、サポートに回ると頼もしい
	張宿	現実的な利益のために割り切るならいい関係に。張宿の感情論は無視して

妥協のない亢宿は人との関わりで運勢が変わります。「栄親」の人は視野を広げてくれる存在。特に室宿や氐宿との交際はプラスになります。「友衰」の中でも軫宿と房宿は心優しい性格で、亢宿のかたくなな気持ちや態度を和らげ新しい人間関係や情報をもたらしてくれます。さまざまな方向から揺さぶりをかけてくる「安壊」の人ですが、信念をつらぬく亢宿の人にとっては、人間性や経験の幅を広げるために必要な相手になることも。「命」とは信念が同じでもあまり近づきませんが「業・胎」とは助け合える関係になります。

♥亢宿と恋愛するなら【パートナーとして】

相手に合わせず、**気になる相手とも競ってしまう**亢宿は、恋愛スイッチが入りにくいタイプ。手応えのない相手にはときめかないため、ちょっとだけ痛いところを突くような、**インパクトのあるアプローチ**のほうが気に留めてもらえそう。

好きになった人には一途で、ピンときた相手とはすぐに付き合い、結婚まで突っ走ることも。付き合い出すと最初こそ尽くしますが、基本は**〝かまってちゃん〟**。結局は、尽くしてもらえる相手でないとうまくいかないようです。

結婚は、早婚か晩婚か極端な傾向も。**結婚という形式に縛られたくない**と事実婚、別居婚なども多いかも。日々のことでも妥協できないので、結婚前の交際が浅いと離婚率も高いほうです。それでも結婚して生活が安定すれば、仲良し夫婦に。ピュアで、うそをついてもすぐバレるので、安心です。亢宿の男性はひとりの女性を愛し抜くし、まめではないので浮気もしません。**もめるとしたら金銭感覚**の問題くらいかも。女性は家庭的で、むだ遣いせずに貯蓄を増やします。家庭に収まるより、仕事や趣味で忙しいほうがストレスも溜まらず、安定しそう。

亢宿はほれた相手にはひたむきで、付き合い始めは愛を猛アピールしますが、同レベルの愛情が相手から返ってこないと不満で、不安になります。生活の細部にもこだわるので、小さなケンカが絶えないけれどケンカするうちは大丈夫。

亢宿と仕事するなら【同僚や上司として】

亢宿は、反骨精神が旺盛なので、組織の中では浮いたり、人間関係では苦労しがちです。でも自分が正しいと思えば、**ひとりになっても気にしません**。それは亢宿が、激しいデッドヒートのある逆境で勝ち抜くことに、生きがいを感じるから。派閥争いに巻き込まれやすいので、**年功序列ではなく実力主義**の職場に向きます。正義感や信念の強さを生かすなら法曹関係や警察官、医療関係、妥協しない姿勢で製造業や研究職などもぴったり。

穏やかな環境では、無意識のうちに仮想ライバルを見つけ出すので、亢宿の部下や後輩には、やや**キツめに接して高い目標を与える**と、俄然やる気を出すでしょう。

亢宿の上司は、交渉術に優れ、ビジネスセンスもある頼もしい存在です。他の人がやりたがらない、**レアな仕事に使命感を持つ**ことも。責任感も強く、面倒見がよく弱い立場の人には優しいので、リーダーに向いていますが、ごまかしを嫌い、ズルさが見えた相手はスパッと切るので気を抜かずに。ただし、立場や状況を気にせず戦い、会社の意向に反することもあり、そんなときはついていくべきか悩むことも。もし、ついていけなくても筋さえ通せば亢宿は理解し、許してくれます。

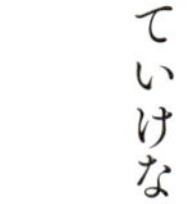

亢宿は有能ですが反骨精神が強いため、サービス業や人に頭を下げる商売に向かず、トラブルメーカーになりがち。上下関係が厳しすぎるとか、規則ずくめの部署で力を発揮できていなければ、配置替えを提案してあげるといいかも。

♫亢宿と仲良くするなら【家族や友人として】

人の好き嫌いがはっきりしている亢宿ですが、人付き合いは嫌いではなく、自分のことをわかってくれる友人・仲間を求めています。ライバルでも話せるのでひとりでいたら、さりげなく話しかけてあげて。外で闘っているときは、**家族がシェルター**です。

身近な人にやたらと反抗的な態度になったら、それはイライラが溜まっている証拠。燃えるものがないと気が滅入るので、**熱中できるものを提案して**みて。勝敗や成績を競うスポーツやゲームを見たりやったりすると、元気を回復します。格闘技やちょっと過激なファッションに挑戦するのも、ストレス発散に効果的です。

自分で自分を追い詰め、**人に弱みを見せられない**のも特徴。ひとりの時間をリラックスして過ごせるように、好きな音楽やアロマグッズなどをプレゼントすると喜ばれます。

亢宿は、**子供時代の教育が人生を左右**します。幼い頃から理屈っぽく親に逆らい、反抗期もキツいはず。でも、その感情を抑えつけると、偏屈で自分勝手な価値観に凝り固まり、ただのケンカっ早い問題児になってしまいます。学校以外の勉強を通じて、若いうちから見聞を広めさせ、大局的に物事を見る目を育ててあげることが大切です。

亢宿から誘ってきたり、近づいてきたりすることはめったにないので、こちらから声をかけないと、縁が切れてしまいます。口ゲンカになってもいいので、かまい続けて。金銭感覚の違いは大目に見つつ、さりげなくアドバイスを。

氐《てい》宿《しゅく》

【 虎のようにタフでわがままな現実主義者 】

特徴

人当たり良く底力があり
現実的な欲望も強い
ドライで自己中な面もあり
一発大きく当てたがる
欲望をコントロールして
大きな存在に

氐宿の基本性格と運命

「氐」は根底や基本、インドの星の名は、熊手のように分かれた物の根元を意味します。氐宿は底力があり、**物事の根本を押さえる知恵や度量**の持ち主。利害に敏感で、物欲、色欲、名誉欲など現実的な欲望も強いので、心の中に**ドライでわがままな虎**を一匹飼っているようなところがあると言われます。

ソフトな振る舞いと物事をうまくさばく知恵で、ほしいものを手に入れていく氐宿。人当たりが良く頼りにされますが、**大切なのは、人間関係より目的**。そのためには、手段を選ばず身近な人をバッサリ切り捨て、嫌いな人とも手を組めます。良く言えば、清濁あわせのむ器の大きさがあり、悪く言えば裏表のある自己中心的な一面を秘めたタイプ。

気性の激しさと**欲望の強さをコントロール**する術を身につけることで氐宿は大きなものを支え、役立つ存在になることができます。若くして家族を養うのに十分な聡明さと力を持つとされ、特に女性のほうが気は強く、自然と一家の柱になるようです。

特に注意すべきなのが異性問題。欲望のままに手を出し、交際を続けてしまうと、運気が乱れて波乱万丈な人生を送ることになるでしょう。

【氐宿の有名人】北大路欣也、美輪明宏、野村萬斎、市川海老蔵、片岡愛之助、藤木直人、太田光など男性は大物感、女性は寺島しのぶ、柴咲コウ、壇蜜、石原さとみ、戸田恵梨香、黒木メイサ、佐々木希、渡辺直美、趣里、杉咲花など独特の艶っぽさの持ち主。

氐宿の開運ポイント

大きな成功運を秘めている氐宿ですが、**一生に一度どん底に突き落とされる**経験をすると言われます。それが若いうちのつらい下積み、修業時代という場合もありますが、欲望のままに思い上がってやりたい放題した結果であることも多いでしょう。

でも氐宿は、もともと勤勉で底力のある人。苦境を**他人のせいにせず反省すれば**、必ずそれまで以上の幸せをつかめます。「この試練は、よりよく生き直すために天が与えてくれたチャンス」と思い、このときこそ欲望をコントロールする術を学びましょう。

氐宿は勝負強く、調子がいいと慢心しがち。コツコツ努力するより、**一発大きく当てようと**したがる傾向があります。一番気をつけたいのが、思い通りにしたい、手に入れたいという執着が強まり、バレなければ何をしてもいいという、ダークな一面が強くなったとき。大切な人やそれまでに築いた財産をすべて失い、たくさんの敵を作る事態もあり得ます。どんなときも**周りへの思いやりや理性を失ってはいけません**。

パワーの強い氐宿は、狭い世界ではマイナス面ばかりが目立つことも。タフで度胸もあるので、実力をつけたら、**大きな世界を相手に**したほうが成功するでしょう。

氏宿のライフサイクル

遠距離の「成」の年の２０１８年は、前年の「壊」の年に思いがけない変化を受け止めた人ほど予想外の出会い、めぐり合わせで新たな一歩を踏みだすことになります。ただ運気はまだ「遠距離」ゾーンなので、あなた自身がコントロールしきれないこと、周囲の状況に合わせて進まねばならないことも多く、小さなことは２０１９年「危」の年に決められても、大きなことは２０２２年の「栄」の年までじっくり時間をかけて詰めていくことになりそう。それでも「業」の年を迎える２０２３年には、それまでとは違う生活、環境、人間関係の中に身を置くようになる可能性が高いでしょう。逆にいえば「業」の年には、あなたの中には追い求めるべき新たな夢、課題が生まれ、それに向かって飛び立つことになるはず。そのためのよき協力者やパートナーが出現するかも。そして２０２４年「親」の年から運気ゾーンは「遠距離」から「中距離」に変わり、あなた自身が自分のやり方で動けたり、個性や主義主張を出せる機会、状況が増えてきます。その後、２０２６年「壊」の年は、狭い門をくぐるような厳しい試練もありそうですが、そこでの選択があなたの次の夢の実現への扉になるでしょう。

2018	2019	2020	2021	2022	2023	2024	2025	2026	2027	2028
遠距離の成	遠距離の危	遠距離の安	遠距離の衰	遠距離の栄	業	中距離の親	中距離の友	中距離の壊	中距離の成	近距離の危

※ 2018 年～ 2028 年の運気の流れ

★ 氏宿との相性 ★

気になる相手の宿との相性をチェックしましょう。宿星の地色は宿と宿がどれくらい離れているかを示しています。■は遠距離、□は中距離、□は近距離です。

関係	宿星	どんな相手？
命	氏宿	気は強いが相手に合わせる柔軟性もあり、同じ性格の相手とも仲良くなれる
業	室宿	気にかけて世話を焼いてくれるが、室宿の親切は自分本位。縁も深まりにくい
胎	井宿	井宿の夢の実現のために、氏宿の知恵とパワーが役立つ。押し付けは禁止
安	婁宿	婁宿は役立つが、徐々に理屈っぽくて煩わしく感じる。最後は決裂しそう
	星宿	最初は尽くす星宿だが、次第に氏宿のくせの強さに違和感を持ち離れていく
	尾宿	尾宿のプライドを傷つけやすく、それが原因で衝突。金銭感覚の違いにも注意
壊	畢宿	どちらかが損をすると大もめ。畢宿は粘るので、勝っても負けても疲弊する
	女宿	主導権争いが起こりやすい。勝負がついても女宿の嫌がらせが続きそう
	軫宿	気がつくと軫宿に利用されていることも。軫宿への嫉妬や束縛が縁の崩壊に
栄	壁宿	貪欲なリアリスト同士。まず自分から包容力を持つことで、支え合える関係に
	鬼宿	頼られるとやる気が出る相手。鬼宿の純粋な心を理解するといい縁に育つ
	房宿	豊かな生活のために協力すると、深く結びつく。欲深くなりすぎないように注意
親	参宿	安心して付き合える関係。大きなことにも挑戦できる怖いものなしのコンビ
	危宿	公私共に仲良くなれる。危宿の一発勝負的な部分は気になるが、刺激にも
	亢宿	困ったときに最も頼りになる。信頼でき、利益を共有するパートナーにもいい
友	觜宿	精神的な部分を支え合う優しい関係。觜宿の洞察力には学ぶことが多い
	虚宿	氏宿にはない繊細な感性は刺激的でタメになる。虚宿を傷つけないように注意
	角宿	好き嫌いが激しく、お互いにわかりやすい。友達以上の関係には不向き
衰	奎宿	互いに外柔内剛なので、意外なところで手応えを感じる奎宿は面白い
	柳宿	気を使わずにすむが、互いに欲が深く、遠慮を忘れると派手にぶつかり合う
	心宿	啓発し合えるいい関係。ときに氏宿への嫉妬心が高まって面倒なことも
危	胃宿	気が強い者同士で常に緊張関係が続く。争いはできるだけ避けたほうが
	張宿	学ぶことが多く、張宿も面倒をみてくれるが、関わりすぎると離れなくなり負担
	箕宿	意見が合わず、距離を置きがち。氏宿が理解度を高めればうまくいくことも
成	昴宿	話は面白くて引き込まれるが、期待をするとがっかり。距離があれば問題なし
	斗宿	良きライバルだが、必要以上に関わると、敵対心を持たれ、微妙な関係に
	翼宿	氏宿の強さに反発し、思い通りにしようとする。氏宿が大人になるとうまくいく

底力があり、パワフルな氏宿は、人それぞれ考え方が違うということを知ることが大切です。「安壊」の人とは厳しい争いをすることもあり、勝っても負けても消耗するので要注意。気持ちを分かち合えるのは「親」「命」「胎」の人。「栄」の人とは相手をよく見て付き合えば、魅力が伝わります。「友衰」の人は持っていないものを持っていることが多く、刺激されて近づいても、深く付き合うと食い違いが目立つように。ソフトなふるまいで人に苦手意識を持たない氏宿が気を付けたほうがいいのが「危成」の張宿と斗宿。手強い相手です。

♥氐宿と恋愛するなら【パートナーとして】

遊びの恋もするけれど、**本気になると激しく熱く相手を求める**氐宿。思いの強さゆえに、愛が激しい憎悪に変わることもあります。人生のすべてを引き換えにするほど真剣になるので、氐宿とはいい加減な気持ちで付き合うと相当痛い目にあいます。

リアリストなので、現実的な恩恵を与えてくれる人に恋をします。他人からは打算的に見えても、本人はまるで無意識。一緒に協力して働けたり、教えられるものがあったり、ステイタスが上がったり、**自分にとってプラスになる関係**を求めているので、意中の氐宿を落としたければ、**氐宿のために自分ができることをアピールする**と、急接近できそう。

氐宿の女性は、サバサバして見えて、恋愛では女子力全開。若い頃は、自分より力のある相手を好きになります。のめり込めば略奪もするし、浮気や不倫など不道徳な恋でも突き進みます。年齢を重ねると自分が主導権を握れる年下の男性を選びます。

男性は、そこまでリスキーな恋はしませんが、モテるので油断はできません。パートナーに選ぶのは、**自分が主導権を握れて**、しっかり家庭を守って尽くしてくれる人。男女とも子煩悩で、子供中心の家庭を築くのが理想です。再婚で、幸せをつかむ運もあります。

氐宿は、一度深く関わった相手とは簡単に縁が切れない傾向が。別れた後も心のどこかで思い続けたり、連絡を取ったりすることも。過去の縁を無理に切らせようとすると、今の縁のほうを切りかねないので、時間が解決するのを待って。

氏宿と仕事するなら【同僚や上司として】

ソフトに見えても、内面は強心臓な外柔内剛タイプの氏宿。**精神力も体力もある**ので、他の人が音をあげるようなハードな仕事や過酷な環境でもやり通します。人を使うことがうまくてまとめる力もあり、リーダーを任せても安心です。

キャッチーなものを勘で探り当てるので、販売やマーケティング、マスコミなど、大衆を相手にした仕事は適職。現場主義で、体力を使う仕事でも結果を出すでしょう。力量がありすぎるし世渡り上手ですが、少し口が悪いので、若いうちは**目上から煙たがられる存在**かも。でも、不思議と憎めないタイプで、人間関係は悪くありません。

氏宿の部下は、仕事で大きなミスをせず、何をやってもそれなりの成功を収めます。起業もOK。努力を積み重ねれば、会社や業界の屋台骨を支えるような大きな役割も担いそう。ただし、出世して、**慢心すると手抜きをします**。そんなときは、氏宿の働きが多くの人に喜ばれ、会社を支えていることを再認識させると、本来の実直さが戻るでしょう。

上司になると、働き者で頭もよく、**精神的にもタフな親分肌**なので、仕事をする上でプラスになる面がいっぱい。気前もいいので、部下や後輩から慕われます。

利害に敏感なので、計画性のない仕事ぶりを嫌います。自分が巻き込まれると激高し、職場でイライラを撒き散らして全体の士気を下げることに。素直に謝罪して誠意を見せれば、すんなりフォローしてくれるので、早めの対応を。

♫氐宿と仲良くするなら【家族や友人として】

口が悪く、言いたい放題しているようで、意外に本心は見えにくい氐宿。実は情が深く、**甘えるより甘えられたい**タイプです。相手が年上でも頼られると嬉しいし、自分にできることはやってあげたいと思います。ただある関係に深入りすると、それまでの関係が切れる傾向が強いので、続けたいときはこちらからマメに連絡を。

タフなぶん体力を過信して、**大変なことになるまで不調を放置**していたりするので、体調管理は家族や周囲も気をつけて。時々、大きな休養をとらせましょう。自分より〝大きなもの〟に向き合える大自然に触れる旅、ライブやスポーツ観戦で大衆の〝気〟に触れることに誘うとよいでしょう。また**初心に戻れる習い事はデトックス**効果があるので、一緒に楽しむと心も近づきます。

子供の頃は、気性が激しくわがまま。すねると手がつけられません。経済的に恵まれたしつけの厳しい家庭に育つと、その気性も抑えられます。逆に、何でも子供の思い通りにさせてしまうと、欲望を抑えられなくなり、将来本人が苦労することになりそうです。貧しい環境も欲望を肥大させますが、賢いので教育次第で、それをバネにできます。

心を許した相手に裏切られたり反撃されたりすると、性格のきつさを爆発させ、かなり怖い存在に。氐宿は抜け目がないので、話し合いをするときは「そのほうが得」と思わせれば、気に入らないことでも我慢して許してくれるはず。

房《ぼう》宿《しゅく》

【容姿とお金と才能に恵まれたマドンナ】

特徴

生まれつき財運が最強
恋愛でもモテまくる
柔和で常識があり
駆け引きが得意
がむしゃらになれず
何事も中途半端になりがち

房宿の基本性格と運命

「房」は母屋のかたわらにある小さな部屋を表し、インドの星の名は恩恵が近くにあることを意味し、房宿が運に恵まれることを示しています。特に金運は27宿中一番で、お金のほうから転がり込んできて、**苦労せずに豊かな生活を送れる**幸運な星の生まれです。

男女ともに容姿と才能に恵まれ、しかも冷たい感じがしないので、子供の頃から周囲の愛を受け、引き立てられて成長します。親や配偶者などから財産を、先輩や指導者から技や教えなど、だれかから価値あるものを譲り受けたり託される運を持つといわれます。

房宿は穏やかで勉強家で、常識もわきまえているため、人に不快感を与えません。交渉上手で人をその気にさせるのがうまく、高望みしなければ仕事でも良いポジションを得ます。また房宿の女性には玉の輿運もあり、どんな人生でも、**生まれたときより裕福になる**という、いわゆる〝持っている人〟です。

そんな房宿も、**中年以降は孤独運に見舞われやすい**とされています。ラッキーなせいで、自分や家族ぐらいしか大事にせず、実は情が薄く、クールな面を秘めているためかも。自分に向けられた愛やその裏返しの嫉妬が、思わぬトラブルを招くこともあります。

【房宿の有名人】才能や美貌などに恵まれるタイプが多く、織田信長、徳川慶喜、伊藤博文から王貞治、明石家さんま、藤井フミヤ、熊川哲也、白鵬、富司純子、沢口靖子、小雪、森泉、黒木華。海外ではオーランド・ブルーム、ジャスティン・ビーバーも。

房宿の開運ポイント

房宿の幸運を支えているのは、房宿が常日頃重視している、人と調和する努力や、**批判を免れる用心深さ**です。人間関係を築くのも巧みですが、うぬぼれて慎重さを欠いたり、人をコントロールしすぎたりすると運気は低下します。

恵まれているがゆえに、自分の限界に挑戦しようとせず、何事も**中途半端に終わりやすい**傾向もあります。生まれ持った素質に甘えず、もう一歩踏み出してみて。幼い頃からよくほめられた点や**得意なことを磨いていく**と、隠れていた才能が花開くでしょう。

中年以降に訪れる波乱は、心から相手のことを考えられず、自分や家族ぐらいにしか関心を持たなかったツケかもしれません。晩年に心安らかな生活を送るためにも、友人など、**他人との深い絆を大切に**。またひとりで打ち込めるものを持ちましょう。与えられることに慣れず、与える気持ちを忘れないことが、最後まで幸福でいる秘訣です。

個人的にぜいたくをするより、多くの人のためにお金を使うと、財運や名誉がさらに高まります。相続問題には注意して。また房宿にとって、容姿は重要。**若々しい美しさやスタイルのキープが運気を高める**ので、エイジングケアと健康診断はしっかり。

房宿のライフサイクル

遠距離の「壊」の年である2018年は自分ではコントロールしきれない変化に見舞われやすい運気のとき。あなた自身が甘く考えていた部分が大きな力で修正されるようなことがあったり、逆に予想もしない発展的な変化があったり、いずれにしても思い描いていた未来予想図を大きく描き変えることになるはず。そして2019年「成」の年は、そんな変化を受けて、新たな生活スタイル、目指すべき目標を再構築していくときになり、「危」の年の2020年は新たなチャレンジを始めることになるかも。運気ゾーンは、ずっと「遠距離」なので、周囲から求められること、与えられることに従わねばならないことが続きますが、それによって成長や発展も見込まれるので、謙虚さを忘れずに。2023年の「栄」の年には、そんな形で積み重ねてきたことに結果が出て、2024年の「業」の年が大きな夢と希望をもってのターニングポイントになりそう。意外な協力者やパートナーも出現する暗示が強いときです。また翌2025年「親」の年から運気ゾーンは「中距離」に変わり、自分の意思や希望を通せる機会が増えていくはずですが、2027年「壊」の年には、そのころ、目指す夢や目標に軌道修正が必要になるかもしれません。

2018	2019	2020	2021	2022	2023	2024	2025	2026	2027	2028
遠距離の壊	遠距離の成	遠距離の危	遠距離の安	遠距離の衰	遠距離の栄	業	中距離の親	中距離の友	中距離の壊	中距離の成

※ 2018 年～ 2028 年の運気の流れ

★ 房宿との相性 ★

気になる相手の宿との相性をチェックしましょう。宿星の地色は宿と宿がどれくらい離れているかを示しています。■は遠距離、▒は中距離、□は近距離です。

関係	宿星	どんな相手？
命	房宿	恵まれた運を持つ者同士で、相手を理解しにくい。特に恋愛関係では消耗
業	壁宿	現実的にも精神的にも房宿を支えてくれる相手。特別な絆で結ばれることも
胎	鬼宿	房宿にプラスになるものを与えてくれる。鬼宿を束縛しようとすると縁は壊れる
安	胃宿	よく尽くしてくれる。だが胃宿を利用したり、下に見たりすると、大きな恨みを買う
	張宿	互いの短所が目に付く。特に同性同士、房宿女性×張宿男性の相性が悪い
	箕宿	ズバズバ言う箕宿に心惹かれる。一緒にいると波乱に巻き込まれるが刺激にも
壊	觜宿	觜宿に勝とうとすると運が荒れ、学ぼうと思えば運が上がる。金銭面はクリアに
	虚宿	根本的な部分が違うため理解し合えない。学ぶものはあるが頼りにできない
	角宿	第一印象はいいが、嫉妬し合うように。期待を裏切られて落ち込むことも
栄	奎宿	心地いい距離を保てる。だが離れていると、互いに秘密を持ちやすくなる
	柳宿	人から優しくされる、最強のサポート運を持つコンビ。しなやかに物事を動かせる
	心宿	あうんの呼吸で会話ができる楽な相手。甘えてわがままになりやすいので注意
親	井宿	能力を認め合い、節度を持って付き合える。欠けている部分をフォローし合う
	室宿	室宿の豪快さは魅力。表向きは立てて、房宿が実権を握る関係を築けばベスト
	氐宿	最強のビジネス相手。手を組めば利益を生むが、それ以上の縁にはなりにくい
友	参宿	衝動的に行動する参宿と用心深い房宿は、欠点を補うバランスのいい関係
	危宿	一緒にいると楽しく、いい友人関係を築ける。だが利害が絡むとすれ違う
	亢宿	亢宿の頑固さを理解できず、金銭感覚も異なるが、表向きは合わせられる
衰	婁宿	節度のある者同士で表向きは仲良くできるが、金銭感覚の違いで争うと長引く
	星宿	目標のために頑張り続ける星宿は憧れ。心からのエールを送ると絆も深まる
	尾宿	尾宿の真面目さに合わせて。その場しのぎの対応、気休めな言葉は控えること
危	昴宿	スマートな昴宿は憧れ。近づきたいが、接点がないため、どちらも近寄らない
	翼宿	気になるが、互いに自分の世界を守るので、頑固な翼宿には近づけない
	斗宿	恵まれた房宿を、勝手に敵対視しそう。争いたくなければ、あまり近づかないで
成	畢宿	畢宿の能力は認めるが、考え方が違うので側にいると消耗。穏便な対応を
	女宿	女宿を立てて付き合えば問題はなく、得るものも。プライドを傷つけないように
	軫宿	軫宿の軽いノリが苦手で信頼関係も築きにくい。でも軫宿はそう感じていない

生まれつき愛される房宿ですが、自らアクションを起こし関わっていくのが「安壊」の人。現実的な利益や結果を考えずに関わっていくと、人生の大切なことを学べます。「業・胎」の人は癒やしてくれる存在。「命」の房宿が実は一番手強い相手になるかもしれません。「栄」は一緒にいて楽しい相手、「親」の室宿や氐宿とは手を組むと大きなことができますが、なぜか深い関係にはなりにくいかも。「友衰」とはお金のトラブルで関係が変わってしまうので要注意。「危成」の人とは異質な者同士なので、なかなか踏み込めないでしょう。

♥房宿と恋愛するなら【パートナーとして】

華やかな外見とフェロモンで、モテモテの房宿。あちこちから好意を寄せられ、相手は選び放題。自分のペースで恋愛を進められます。人から優しくされるのがあたり前なので、マニュアル通りのアプローチでは気を引けません。最初はそっけない態度で接したり、サプライズ的なアピールで興味を引いたりと、**ひと癖ある作戦が有効**でしょう。

「愛があればお金なんて」とはならず、房宿自身も容姿も経済力も才能もそろったハイクラスな相手を求めます。かなり**自分をレベルアップさせて挑まないと難しそう**です。

房宿の女性は、納得するまで理想の人を探すため、モテるわりに交際に発展することが少ない傾向も。**人への依存度が高い**ので、公私ともにサポートしてくれて、「私の人生になくてはならない人」と思える相手を選びます。男性は、結婚と遊びの相手をきっちり分け、そつなく遊び、結局なんでもこなす有能な女性と結婚します。

結婚すると、男女ともに家庭は大事にしますが、「夫婦仲がいいと相手を剋《こく》す（傷める）」という暗示があり、**少し距離がある夫婦関係**のほうが落ち着きます。子育てには熱心で、自分の分身のように愛を注ぎますが、子供は思い通りにならないことがほとんどです。

庶民派なようでいて、基本はゴージャス好き。射止めるまでは、ケチケチしたデートはしないこと。結婚後はやや割り切った関係になったとしても、房宿が理想とする一心同体の関係を崩さないで。家庭不和の原因になります。

房宿と仕事するなら【同僚や上司として】

愛想が良くスマートなので、お気楽そうに見えますが、**仕事ぶりは熱心で緻密**。警戒心が強く、何事もリスクのない方法を選ぶので、医療や金融、研究職など、細やかさを生かした仕事向き。またサービス業など**人前に立つ仕事**では美貌と好感度を生かせます。

人の援助やスポンサーに恵まれ、その業界のトップや一流どころを狙えます。その場の空気に敏感で、**駆け引きも得意**です。組織の中では受けがよく、同僚としても、上司や先輩としても、安心して仕事ができる関係を築けます。起業するのもよく、特に何かを受け継ぎたい、伝えたいと思うものがあれば、そこにアプローチしましょう。

やる気のない房宿に対しては、得意分野や昔から**好きなもののリサーチ**を。それらに関連した仕事を任せれば、何らかの資質に恵まれているので、必ず伸びます。肩書にも弱いので、リーダーなど特別な役割を任せると、さらにモチベーションがアップ。

とはいえ、がむしゃらに働かないタイプなので、何事もそこそこで終わりやすい面も。小さくまとまらないために、**定期的な励ましは必要**です。注意するときはこっそり、ほめるときは人前でわかりやすくすると、さらにやる気を出すでしょう。

社会的に高い評価を求める房宿は、認められなかったり、ほめてもらえなかったりすると、やる気も自信も失います。反面、人の力を使うのがうまいので、気がついたら房宿にうまく利用されていた、なんてことのないように。

♫房宿と仲良くするなら【家族や友人として】

柔和な雰囲気で、人からのウケがいい房宿。でも、**本質的にはドライで臆病**です。この二面性は、普段は心の奥に封じ込めているもの。付き合いの浅い人はもちろん、長い付き合いでも、よくよく観察しないと気づかないかもしれません。本人は悟られたくないと思っている部分なので、そんな一面に気づいても、ツッコんだりしないこと。

房宿が友人に**望むのはギブ&テイクの関係**で、耳寄りな情報交換が大好きです。美容や健康の話題は盛り上がるはず。**ゴージャスで華やかなことも好き**なので、少しぜいたくをしたり、一流のものに触れたりするレジャーも吉。でも、そこにこだわりすぎると、友人が同じような経済的レベルの人に次第に絞られ、付き合いが狭くなってしまいます。

子供時代の房宿は、聞き分けが良く、だれからも愛されるタイプ。順風満帆な将来に向けて、しっかり**知性を磨いてあげれば、どんどん才能が伸びていく**はず。

房宿は家族への思いが強く、親やパートナーを大事にして頼りにします。中でも子供には過剰な期待をかける傾向が。房宿の子供は親の希望通りに進まないことがほとんどなので、望むものが多いほど、中年期以降の苦しみが増えます。子育ても、理性的に。

相談やグチを笑顔で聞いてくれる房宿ですが、実はドライなので、親身になってアドバイスしたり、本気で援助したりするのは苦手。さらりと痛いところを突いた冷静な意見を言ってくれるので、それ以上を望むと気まずくなりがち。

心《しん》宿《しゅく》

【 仮面をつけて人の心を魅了するアクター 】

特徴

人の心を巧みに読んで
有利な環境を築く
いいとこ取りをして
人間関係をかき回す
素顔はナイーブで臆病
セラピスト的存在が必要

心宿の基本性格と運命

「心」は精神、インドの星の名は「最年長者」を意味します。これは、心宿が最も経験を積んだ長老のような深い心、**成熟した知恵の持ち主**であることを示しています。

心宿は、頭の回転が速くてチャーミング。人の心を察して、**相手の理想像を演じられる**ので、何事もそつがありません。どんな相手とも話が合わせられるムードメーカーで、上からの引き立てもばっちり。表向きだけ見れば、とても楽しく付き合いやすい人です。

ただ深く踏み込むと、普段の陽気さがうそのような顔を見せます。家ではむっつりしていたり、親しい人の前では不機嫌だったり。人に合わせる反面、干渉を拒絶する二面性を持っています。本人ですら、どちらが本当の自分か分からないのです。

本質的には、ナイーブで臆病。ジェラシーも強く、心の底では**人を信用していません**。そんな裏の顔をほとんどの人に気づかせないほど、心宿は天性のアクターなのです。

人の心を操って**自分に有利な状況を作ります**が、要領よく立ち回りすぎると、晩年運が落ちます。複雑な心の奥底にあるのは、**人からの評価を気にする弱さ**。相手の心を読んで演じるのではなく、素の自分を出しながらも人も自分も裏切らないことが人生の課題です。

【心宿の有名人】人の心のつかみ方を知っていそうなタイプ。笑福亭鶴瓶、郷ひろみ、阿部寛、YOSHIKI、反町隆史、北川悠仁、ムロツヨシ、瑛太、星野源、常盤貴子、菅野美穂、吉岡里帆、芳根京子。古くはピカソ、チャップリン、渥美清。そしてレディー・ガガ。

心宿の開運ポイント

人の心を読んで巧みに操る心宿は、話を盛ったり社交辞令を言ったりして、**人間関係をかき回しがち**。耳に心地好い言葉は人を魅了もしますが、結果的に人を傷つけたり、自分の首を絞めてしまうことも。それを本能的にやってしまうのが、心宿の危ういところ。

いいとこ取りしてでも負けたくないという野心が行きすぎると、一度に多くのものを失う恐れが。**マルチな才能は、ルールに則った正しい行いのために**使いましょう。

あれこれ戦略を練りすぎて、頭の中が煮詰まって迷走することも。そんな心宿には、本音を話せる**セラピスト的存在が必要**です。家族や友人、プロのカウンセラー、あるいは行きつけのお店で気心の知れた店員さんと話すもよし。混乱した心を整理して、自分を客観的に見る目を失わなければ、気持ちが落ち着き運も安定するはずです。

ビジネス的な〝嗅覚〟にすぐれている一方で、妙に慎重な心宿はお金を扱うときは十分すぎるほど注意が必要。人に頼ったり、巻き込んだりして周囲に迷惑をかけることもありがち。人付き合いでは常に**真心を忘れずに**。人の心を読む技を、自分だけでなく、お互いのメリットのために使えばウィンウィンとなり、本当の幸福と成功を手に入れるでしょう。

心宿のライフサイクル

遠距離の「友」の年の2018年は少し気を引き締めて過ごすべきとき。それは2019年にいろいろな変化をもたらす「壊」の年が控えているから。あなた自身が密かに溜め込んでいるネガティブなものが思わぬ形で噴出したり、大事な人との関係が変化したり、自分ではコントロールできない出来事に翻弄されやすい運気が訪れます。でも、それを乗り越えることで2020年「成」の年には新しい出会いがあり、2021年「危」の年からは次の挑戦が始まります。思いがけない相手と協力し合ったり、パートナーシップが生まれるかも。ただ運気ゾーンはずっと「遠距離」なので、運気的には受け身で、周囲があなたに求めてくるものを受け入れながら進むことも多い時期。でも、そんな形で訪れた発展や前進が、2024年「栄」の年にはひとつ実を結ぶはずです。そして2025年「業」の年は、それまでの束縛やしがらみから解放され、次の夢や目標に向かって羽ばたくターニングポイントの年になります。翌2026年「親」の年から、運気ゾーンは「中距離」に変わるので、よりあなたらしい個性を出せたり、主義主張を通せる機会が増えていきますが、2028年「壊」の年には強引になりすぎないように。行く道に少し軌道修正も必要となるでしょう。

2018	2019	2020	2021	2022	2023	2024	2025	2026	2027	2028
遠距離の友	遠距離の壊	遠距離の成	遠距離の危	遠距離の安	遠距離の衰	遠距離の栄	業	中距離の親	中距離の友	中距離の壊

※ 2018年～2028年の運気の流れ

★ 心宿との相性 ★

気になる相手の宿との相性をチェックしましょう。宿星の地色は宿と宿がどれくらい離れているかを示しています。■は遠距離、▨は中距離、□は近距離です。

関係	宿星	どんな相手？
命	心宿	自分の心を読まれているように感じ、居心地が悪く、自然に距離をおく
業	奎宿	奎宿が細やかな気配りをするので、言いたいことがあっても我慢してしまう
胎	柳宿	柳宿は引き立てたくなるが､心を見透かされているようでドキッとすることも
安	昴宿	豊富な知識を心宿に与えて、良くも悪くも、変わるきっかけを作ってくれる
	翼宿	最初は心宿が翼宿をコントロール。気を抜くと、翼宿が流れを変えて優位に
	斗宿	親しくなるほど心宿を振り回し、恨みを買うことも。一度もめると長引く
壊	参宿	安心して本音を見せられる。一緒だと参宿に食われるが、心宿は満足
	危宿	楽しく付き合えるが、危宿を利用しているように思われ、評価を落としやすい
	亢宿	心宿の中にあるズル賢さを見抜く。付き合いにくく、ときには厄介になる
栄	婁宿	心宿が心を読めない唯一の相手。本音で付き合えるので、ホッとできる
	星宿	他人に惑わされない星宿とは、変に気を回さずに付き合える。理解する努力を
	尾宿	一途な性格の尾宿は信頼できる。心宿から歩み寄ることがポイント
親	鬼宿	ピュアな鬼宿といると落ち着く。心宿がフォローをすると、関係が安定
	壁宿	打ち明け話など、心の中も見せて付き合え、特別な絆が。いい遊び友達にも
	房宿	考え方が似ていて息もピッタリ。一緒にいると互いの運を伸ばし合える
友	井宿	井宿の客観性や冷静さは、気持ちを落ち着かせてくれる。大事な友人になれる
	室宿	勇気のある室宿には神経を使わずに済むが、心宿の繊細さにも気づかない
	氐宿	率直な意見を言う氐宿は安心できる。欲が深い者同士でぶつかることも
衰	胃宿	現実的に動かす力がある胃宿は頼れる。心宿の二面性にも興味を示す
	張宿	用心深い者同士、駆け引き合戦になり疲弊。緻密な共同作業には最適
	箕宿	大胆な箕宿の無遠慮さは苦手。互いの足りないところを補い合うことも
危	畢宿	違いすぎて、気になるが、深く関わることはない相手。表面的な付き合いに
	軫宿	いい関係を築ける相手だが、心宿は無意識にお人好しの軫宿を利用する
	女宿	充実しているときの女宿はやさしいが､不満を溜めていると心宿には近づかない
成	觜宿	慎重な二人は、常に相手の出方を探り合っているので、距離が縮まらない
	虚宿	共に、よくわからないところに惹きつけられるが、結局わからずじまいになる
	角宿	心宿にとってわかりやすい相手。舐めてかかると対立し、心宿が損をする

表向きは愛嬌があり、付き合いやすいですが、違う顔がいくつかあり自分でもどれが本物かわからない心宿。そんな心宿が使い分けせず、ひとつの顔しか見せないのが「壊」の人。「安」の人には使い分けしすぎて、自分が困る結果に。二面性に疲れてしまう心宿を安心させてくれるのは「栄親」の人。異質で振り回され、ストレスになってしまう「危成」とは表面的な付き合いにしたほうがよさそう。心をのぞきこむ心宿同士の「命」は、かえってぎこちない間柄に。「胎」は持ち上げてくれ「業」は優しいけれど、心配は尽きないかも。

♥心宿と恋愛するなら【パートナーとして】

心宿は、絶妙に異性の心のツボを押さえる恋愛上手。意外な面を小出しにする小悪魔テクで相手を落としますが、傷つくのが怖いので、**本命には超奥手**。キープくんには大胆にふるまえるのに、本気で好きな人には、フラれないと確信するまで接近できません。

複雑な心を持っているので、裏表のない態度やストレートな言葉をぶつけられると、一瞬で恋に落ちることも。だから、心宿への**告白やプロポーズは直球**が正解。

両思いになると、心宿は自分のすべてを理解してほしいと願い、精神的な強い結びつきを求めます。それを相手が「重い」と感じてしまうと、隠したつもりでも敏感に察して、心を閉ざしてしまう可能性が。ヘタに隠すよりも、**ざっくばらんに本音を伝える**ほうが、多少もめても結果的に絆を深められるでしょう。

どこまでも自分の心をのぞき込む心宿は、年を重ねるほど恋愛や結婚に懐疑的に。恋愛も長くなると、結婚の踏ん切りがつかなくなりがち。パートナーを好き嫌いだけでなく現実的なメリット重視で選べば**スピード婚もOK**。結婚すれば男女とも家庭を大事にし、子煩悩な親になります。ただし、多少の浮気はあるかも。

顔で笑っていても、内心怒っていたり、不安だったりする心宿。言葉や態度をそのまま受け取るのではなく、踏み込んで気持ちを考えないと本心を見誤りそう。気に入らないことがあると、話さなくなるので、そうならないように、話しかけて。

心宿と仕事するなら【同僚や上司として】

心宿は心理的な駆け引きがうまく、サービスや販売などの接客業や、コンサルタント、マーケティングや広告などの戦略的な仕事、慎重さを生かせる医者や弁護士などで活躍します。人の**ニーズを掘り当てる**嗅覚も鋭いので、大衆にアピールする芸術や芸能関係も吉。心宿の部下は、上司に指示される前に察知して動き、緻密な仕事ぶりで心強い戦力に。ただ悪気はないものの、心宿の立ち回りのうまさに翻弄されやすい、同僚や身内よりクライアントや他部署の人など、少し距離のある人から信頼を得られます。

心宿は仕事でも人にどう思われるか気にしすぎて、うまく能力を発揮できないことがあります。新しい仕事を任せるときは、**乗り越えるべき課題を先に伝えましょう**。目標やルールを明確にしてあげると、のびのび働いてくれるはず。その場の空気を読んでうまく立ち回るので、裏がありそうな言動を見逃さず、ときにはチェックを入れておくと心宿も安心します。

心宿の上司は何事も器用にこなしますが、**野心家な面があるので、緊張感を持って接したほうがいい**でしょう。仕事のポリシーより目先の利益に敏感に反応するので柔軟性はありますが、ついていくのは大変です。

人の動きを常に意識している心宿は何かと比較される人を意識します。同僚などと比べるのは関係がこじれやすいのでNG。優秀なライバル会社の同年代の人などと比べれば、その人を超えようとして、実力をつけてくれるかも。

♫心宿と仲良くするなら【家族や友人として】

繊細でサービス精神旺盛な心宿は、外では腹が立っても顔に出しません。二面性を最も出しやすいのが、家族や親しい友人に対して。外ではニコニコしていたのに、家に着いたとたん不機嫌になることも。普段は自分が気を使っているぶん、**身近な人に気を使わせる**のです。でも、それは心を許している証拠。気のおけない親しい人との時間は、心宿にとって大切なデトックスタイム。ただのんびり一緒に過ごしましょう。話をしてくれたらじっくり聞きましょう。いきなり批判的なことを言うと何も話してくれなくなるので気をつけて。

心宿と遊ぶときは、楽しみながら気が晴れる駆け引きを楽しめる**ゲーム性のあるスポーツ**がおすすめ。それ以外にも、神社仏閣や伝統芸能鑑賞など、先人の知恵や思いを感じられる場所に出かけたり、美術館や博物館で**古き良きものに触れる**と、心が安らぎます。

心宿の子供は、向学心があって友達からも好かれ、手がかかりません。落ち着いた環境で愛情深く育てられると、聡明で敏感なところが長所となり、大らかで優しい性格になります。逆に、プレッシャーをかけられて育つと、心の不安定さが表に出やすくなります。平気でうそをついたり、ズルをしたりする子になる可能性が増します。

心宿に過度な期待を示すのはタブー。それに応えようと、心に大きな負荷をかけて無理をします。「なんとかなる」「きっと大丈夫」など、お気楽な励ましも逆効果。エールを送るなら、心宿の心に響く気持ちのこもった言葉を。

尾《び》宿《しゅく》

【根気よく戦って最後に勝つソルジャー】

特徴

プライドが高く負けず嫌い
ピンチでも絶対引かない
世の中の仕組みに従順で
序列やブランドを重視
スロースターターだけど
終わらせ方はうまい

尾宿の基本性格と運命

「尾」は最後尾、インドの星の名は根を表し、退却しながら最後尾を守る軍人のように、尾宿が**ピンチのときに絶対引かない**強さを発揮することを意味します。土の中にしっかりと根を張るように、一度決めたことは最後までやり抜くタイプです。

尾宿は飾り気がなくさっぱりしていますが、**闘争心と集中力、その継続力は27宿中トップクラス**。プライドが高く負けず嫌い、持久戦に持ち込んで、執念深く勝利をつかみます。でも、尾宿が戦うのは敵やライバルのみ。目上の人や**世の中の仕組みに従順**で、権力体制を壊して新しい価値観を求めるような闘争はしません。上下関係に厳しく序列には敏感で、その中で登りつめようとします。学歴や世間体、ブランドも重視。

尾宿には一途な情熱の指針が絶対に必要。人間関係も含めて受け身で、何かあっても**ぎりぎりまで我慢する**スロースターターですが、いざとなれば並外れた集中力を発揮。意義を感じれば、人のやりたがらない〝火中の栗を拾う〟ようなこともやってのけます。

お金儲けにあまり興味はないけれど、将来に備えすぎてがめつくなることがあります。こつこつマイペースに自分の道を探し、**何かを締めくくりトリを務める**使命があります。

【尾宿の有名人】侍っぽい凄みを内に秘めたタイプとされ、片岡仁左衛門、小田和正、松重豊、阿部サダヲ、小澤征悦、ディーン・フジオカ、田中圭、内村航平、山下智久、山田涼介、小林幸子、坂本冬美、大地真央、木村多江、伊調馨、有村架純、マライア・キャリー。

尾宿の開運ポイント

尾宿は、目標が定まらない間は目立たず、若いうちは悩み事が多いかも。でも、一生懸命になれるものに出会ってから、**粘り強さと集中力**でリベンジを果たせる人です。

表面的なステイタスを気にして本気でやりたいことや居場所を見つけられないと、**夢のハンターとしてさまよう**だけの人生になる恐れも。目指すべきは、長距離ランナーとしての勝利。焦ったり短期決戦を挑むと長所を生かせず、負けたり、大事なものを失ったりするので、時間をかけて自分の〝戦場〟を探し、**自分の〝武器〟を磨くことが大切**です。

そんな尾宿の長きにわたる闘いを支えるのは、**基礎体力とスタミナ**。スポーツなどで持久力をつけたり、スタミナ源の食事に気を配ったりすると、運気がアップします。とはいえ、トレーニングやダイエットは、やりすぎてしまう傾向があるので気をつけて。

目的達成のためには熱心な優等生になるので、**尊敬できる理解者との出会い**が、人生をガラリと変えることも多いはず。信頼できるメンターに助言をもらうと、自分がやりたいことより望まれている方向性が分かり、道が開けそうです。また尾宿は引っ越し運があり、引っ越すたびに幸運に恵まれ、その場所を栄えさせるとも言われます。

尾宿のライフサイクル

遠距離の「親」の年の2018年はさまざまな変化にやや翻弄され気味だった生活が少しずつ落ち着いて、新たなペースができるとき。でも2020年には大きな変化運の「壊」の年が訪れます。その変化は、溜め込んだネガティブなものが噴出する形でくることもあれば、大きな飛躍という形で来ることもありますが、それまでにやりすぎたこと、やらなさすぎたことの修正、補正をされるときです。そこを経て2021年「成」の年には、仕事でもプライベートでも素敵な出会いに恵まれ、2022年の「危」の年には新たな世界、環境に飛び込むような経験もするかも。2024年「衰」の年には健康運が低下するので注意が必要ですが、2025年「栄」の年には、そこまで時間をかけて積み重ねてきたものが実を結ぶ、成果をあげることができます。ただし運気的には翌年2026年の「業」の年がターニングポイント。それまでと同じことを続けていると、物足りなさや「これじゃない」と感じることが多くなるかも。周囲の環境が変化する暗示もあり、そこで新たな夢や目的に向かってリスタートすることで、翌2027年の中距離の「親」の年から、自分らしい個性を出せたり、本当にやりたかったことにつながる道をみつけられそうです。

2018	2019	2020	2021	2022	2023	2024	2025	2026	2027	2028
遠距離の親	遠距離の友	遠距離の壊	遠距離の成	遠距離の危	遠距離の安	遠距離の衰	遠距離の栄	業	中距離の親	中距離の友

※ 2018年～2028年の運気の流れ

★ 尾宿との相性 ★

気になる相手の宿との相性をチェックしましょう。宿星の地色は宿と宿がどれくらい離れているかを示しています。■は遠距離、■は中距離、□は近距離です。

関係	宿星	どんな相手？
命	尾宿	気が強くて負けず嫌いな尾宿は、似た相手にもライバル心をむき出しにする
業	婁宿	聡明な婁宿のサポートは頼りになる。尾宿に感謝の気持ちがないと続かない
胎	星宿	星宿が尾宿を支えてくれているようだが、実は尾宿を頼っていることが多い
安	畢宿	テンポの合わない二人。ぶつかると不毛な戦いを続けるので距離を置いて
	軫宿	軫宿の人間関係の良さは羨ましいが、生活感に違いがあり、金銭面でもめる
	女宿	女宿の支配欲はイライラのもと。衝突して、互いの陰湿な面を引き出してしまう
壊	井宿	井宿の知性は魅力。最後は尾宿がすべての後始末をする役割になるので損
	室宿	大胆な室宿といると、コンプレックスが刺激され近づかない。関わると争いに
	氐宿	最初は気が合うが、共に自分のやり方を譲歩しないため、わかり合えない
栄	胃宿	協力し合ってことにあたれる好相性。互いを尊重し最後は別の道を選ぶことも
	張宿	共に慎重で時間はかかるが、強い信頼関係を築ける。目的があると急接近
	箕宿	裏表のない箕宿は信頼できる。歯向かうと返り討ちにあい、勝てない
親	柳宿	縁を繋ぎ、心を明るくしてくれる。心変わりしやすく期待を裏切ることも
	奎宿	互いに正義感が強く、強力な味方に。より妥協しない奎宿に主導権を委ねて
	心宿	複雑な心の心宿だが協力的。闘争心をむき出しにすると心宿は逃げる
友	鬼宿	尾宿の努力を認め、困ったときに手を差し伸べてくれる。感謝を忘れずに
	壁宿	価値観が違う二人だが、意外にしっくり合う。遊び好きな壁宿はいい刺激に
	房宿	求めるものが似ていて気が合う。尾宿のマイナス面も受け止めてくれる
衰	昴宿	あこがれの存在だが、尾宿と世界観が異なりすぎる。相談相手に最適
	翼宿	似ていて一緒にいると楽。翼宿の方がスケール感があり、得るものも多い
	斗宿	自分の知らない世界を見せてくれ、学びが多い。敵にすると怖いので注意
危	觜宿	一度怒ると復縁が難しく、長くライバル関係になりやすい。マナー違反に注意
	角宿	ノリが良く楽しく、尾宿は期待が膨らむが、角宿にはそこまでの信頼はない
	虚宿	自分の世界に生きる者同士で、理解できない。虚宿を見下すと痛い目に
成	参宿	物事へのアプローチが異なり共同作業には不向き。近づきすぎず関係を維持
	危宿	軽やかな危宿は刺激的。意見を押し付けたり束縛したりすると逃げられる
	亢宿	互いに我が道を行くタイプなので何かと衝突しやすい。尾宿の反抗心を煽る

質実剛健な尾宿ですが、人間関係は器用とは言えません。「栄親」の関係でも打ちとけるまでに時間がかかります。その中で「栄」の胃宿と張宿は、視野を広げてくれる相手になっていきます。「友衰」の人のほうが、ピュアな人間関係を築き、しっくりくることが多いかもしれません。持久戦になるとほとんどの相手に勝ちますが、「安壊」とは決着はつかなかったりします。また駆け引きができないので、ぶつかって疲れてしまうことも。「危成」は刺激的な相手。何かあっても関係をバッサリ切ると人脈を狭くするので少し寛大な気持ちで付き合って。

♥尾宿と恋愛するなら【パートナーとして】

恋には受け身でこだわりが強い尾宿は、若い頃は特に相手の容姿やステイタス、自分との釣り合いなどを気にします。なかなか恋愛モードにならず**晩婚になりがち**ですが、自分を理解し、**情熱的にリードしてくれる相手には、素直に従う**傾向があります。

尾宿の男性は、毅然とした男っぽさや仕事への情熱が魅力。堅そうに見えるし、本人も遊んでいるつもりがなくても、モテます。振り向かせるにはストレートなアタックしかありません。女性は、男性を見る目が厳しいうえに、**ガードが固くて甘え下手**。自分から軽く動けないので、最初はグループデートに誘って、徐々に距離を縮めるのがおすすめ。

男女とも恋愛に幻想を抱かないので、最終的には仕事仲間や同級生、同郷の人など、安心できて、**共通点が多い相手**に落ち着きます。信頼できる人の紹介や、お見合いなども吉。ただし早すぎる結婚では、後にもっと好きな相手に出会って苦しむことがあるかも。

結婚すると、女性は堅実な妻となり、男性は**27宿中最もいい家庭人**になります。妻の言うことをよく聞き、子供の面倒も見てくれる満点パパぶり。男女とも、身内を大事にします。パートナーが互いの目標を理解していれば、夫婦円満です。

忍耐強い尾宿は、不満を口にしないで、強いストレスを溜め込みます。きちんと問題を解決せずに放置しておくと、ある日突然大爆発して、まさかの別離も。交際中でもより強く求愛されると尾宿はそちらに傾く恐れあり。油断は禁物。

尾宿と仕事するなら【同僚や上司として】

ブランド好きな尾宿は、大企業や公務員に向いています。何かと戦う警察官や法曹関係、土に触れる農業、林業や建築関係、最終過程を担う使命がある清掃や、高齢者向けの仕事も吉。正直者で無愛想なため、サービス業や接客業には向かないかも。

尾宿が仕事に求めるのは達成感とステイタス。**お金よりもやりがいを優先**したほうが、成功するでしょう。意義のある居場所を見出せば、何歳になっても緻密でハイレベルな仕事を維持します。最初は地味な存在ですが、**出世レースで最後に笑う**タイプです。

尾宿が部下や後輩の場合、自尊心が満たされない若いうちは悩みも多そう。職場や職種をころころと変えることも。目に見える結果を示したり、尊敬できる人と一緒に仕事をさせれば、だれもやりたがらない仕事にも取り組みます。伸び悩んでいるときは、資格、技能、専門知識など、**仕事の役に立つ武器を持つようにアドバイス**してあげて。

上司としては、柔軟性に乏しく、新しいことの取り組みは遅め。**目標がないと一本調子**な采配をしがち。実直なので信頼はできますが、自分より立場が上の人には逆らわないため、助け舟を出したりするフォローは期待できないかも。

プライドが高く、ミスをすると反省よりも言いわけが多くなる尾宿。注意するのは二人だけのときに。序列を気にするので人と比較するのはタブー。自分は節約を苦にしないため、人のお金の使い方や経費にうるさくなりがち。

♫尾宿と仲良くするなら【家族や友人として】

尾宿は、とっつきにくい面もあり、友達は多くありません。自分から**積極的に仲間を作るのは苦手**ですが、頑張っていることや場所を通して自然に親しくなれるはず。すべてを仕切られると不機嫌になる面倒くさいタイプなので、尾宿がしたいことを一緒に楽しんだり、密かな**こだわりに気づいてほめたり**すると、だんだん信頼関係が深まります。一度仲良くなると尾宿はとても長いお付き合いができます。

生活が単調になりやすいため、気分転換がとても下手。落ち込んだり、煮詰まっているときは、家族や友人の力が必要かも。一緒に日常から離れた場所に行き、リフレッシュを。旅なら**目的達成型の休み方**、レジャーが向いています。そうして体を動かすことで諦めきれないことを諦めてくれたりします。

尾宿の子供は、無口で我慢強く目立ちませんが、規則は守るので親に心配をかけません。やがて自分が一生懸命になれる場所でトップを目指し始めるので、勉強でもスポーツでも、やりたいことを全力でサポートしてあげましょう。**個性を理解してくれる師との出会い**が、人生を大きく変える暗示もあります。習い事などの教室選びは慎重に。

持久戦で勝負したら、尾宿に勝てる人はいません。不本意でも、口げんかのうちにこちらから謝罪するか、折れて早めに和解したほうがよいでしょう。長引いて深刻になる前に解決したほうが、お互いダメージが軽くて済むはずです。

箕《き》宿《しゅく》

【嵐を巻き起こす大胆な仕切り屋】

特徴

度胸満点で判断力がある
勝たなくても負けない
誰に対しても態度はフラット
生意気と思われることも
人のサポートで本領発揮
相手の運気も伸ばす

箕宿の基本性格と運命

「箕」は風の神、インドの星の名は支配されないものを示します。隣の宿の斗宿が、人を征服しようとする気持ちが強いのに対し、箕宿は**勝たなくても負けない**ことを重視します。

一見おとなしそうな雰囲気でも、その行動は強気で過激。怖いもの知らずで、行く先々で嵐を巻き起こし、人の心をざわつかせるタイプです。どこにいても目立ち、場を盛り上げてコントロールしないと気がすまない、**天性の仕切り屋**でもあります。

隣の宿の尾宿と同じ闘う星ですが、緻密で執念深い尾宿に対して、箕宿はカラッとして、**心の中が丸見え**のわかりやすい陽性の宿。どんな相手にもずけずけと本音を言う、大胆で裏表のないところが魅力です。**偉そうでも意地悪ではない**ため、友人や仲間が多い。面倒見がいいのでボス的存在になれるし、目上の人にも可愛がられるでしょう。

だれにでもニュートラルに接して度胸満点ですが、**お世辞や社交辞令も言わない**ため誤解されやすく、態度の大きさで目をつけられたりして、敵を作りやすいところも。

でも、箕宿は、自分の大事な場所以外でどう思われても平気だし、それで目立つほうがおいしいと思うくらいなのです。男女ともお酒好きが多いので、飲み過ぎには注意を。

【箕宿の有名人】親分肌、姉御肌的タイプが多く、橋下徹、林修、中居正広、矢部浩之、EXILE HIRO、玉木宏、濱田岳、玉森裕太、優香、上野樹里、榮倉奈々、浅田真央、ブルゾンちえみ。夏目三久、生野陽子など女子アナも多い。アメリカのトランプ大統領も。

箕宿の開運ポイント

箕宿は、アバウトに見えて人間関係のツボは押さえており、きめ細かく人の世話も焼ける親分肌です。目立ちたがり屋ですが、自分がトップに立つより、**だれかをサポート**することで自己実現するほうが向いています。尊敬できて、手を貸したいと思える人を補佐するとき、最大限に本領を発揮。箕宿にサポートされた人も、大きく運気を伸ばします。

基本的には商売上手ですが、別名「無財宿」と言われ、自分のためにはお金を稼ぎません。箕宿は蓄財への執着心が薄いのですが、会社や家族、地域のためにと目的が明確になると、財運と商才が冴えます。開運ポイントは**〝人との出会い〟**。なるべく多くの人と触れ合い、自分らしい活躍の場を見つけることで、仕切り能力を発揮できるでしょう。

ただし、人の言うことを聞かず何でも自己流にやるので、特に**中年以降はマンネリ**で行き詰まりがち。また、自分で仕切りたいのに、逆に人から仕切られるストレスの強い状況だと、生活が荒れやすくなります。素直にアドバイスを聞ける、**ブレーンや思慮深い友人がいる**かいないかが、箕宿の運の分かれ道。それまでの行いを見直すきっかけをくれるはずなので若いうちからそんな相手を探しておくことも、晩年まで運を落とさない秘訣です。

箕宿のライフサイクル

運気の大きなターニングポイントである「胎」の年の2018年には、今後の人生に大きな影響を与える出来事、経験に遭遇。家族や生活環境に変化がありそうです。それを踏まえて、遠距離の「親」の年になる2019年は長期的な視野をもっていろいろな選択をしながら新たな一歩を踏み出す年になります。ただ2019年から8年間は「遠距離」の運気ゾーンなので、やや受け身な生き方になりやすい時期。周囲から求められることや与えられることを優先しなければならないことも多いかも。でも、それにむやみに反発しないほうが得るものが大きいときであることも確か。遠距離の運気の中でも2021年「壊」の年はコントロールしにくい、不本意な変化もあるときなので、その前からネガティブな感情を溜めこむと自爆する恐れも。また2025年「衰」の年は体調面の変化に注意が必要。そこを乗り越えた2026年「栄」の年に、時間をかけて積み重ねてきたものが大きく花開くでしょう。2027年の「業」の年は、次の運気に向けての大きな切り替えどき。ここは自分が本当にやりたいこと、自分らしい生き方を見つめるタイミング。そのとき、あなたが何歳でも、そんな気持ちに正直になってその先を考えてみるようにしましょう。

2018	2019	2020	2021	2022	2023	2024	2025	2026	2027	2028
胎	遠距離の親	遠距離の友	遠距離の壊	遠距離の成	遠距離の危	遠距離の安	遠距離の衰	遠距離の栄	業	中距離の親

※ 2018年～2028年の運気の流れ

箕宿との相性

気になる相手の宿との相性をチェックしましょう。宿星の地色は宿と宿がどれくらい離れているかを示しています。■は遠距離、■は中距離、□は近距離です。

関係	宿星	どんな相手？
命	箕宿	大らかで、自分と同じ強さを持つ相手でも平気。面白いと感じて仲良しに
業	胃宿	箕宿の悩みを吹き飛ばしてくれる。胃宿は世話を焼いてくれるが、得もする
胎	張宿	張宿が気になって、面倒をみてしまう。甘やかすと張宿のマイナスに
安	觜宿	自分にない視点を持つ觜宿は魅力的。親しくなると振り回してしまうので注意
	角宿	ざっくばらんさに角宿はイライラする。でもそんな変化に箕宿は気づかない
	虚宿	虚宿は人の下につくのが嫌いなので、箕宿が一方的に指示する関係になると不満
壊	鬼宿	個性的な鬼宿は憎めず、かまってしまうがうんざりされる。距離を置いて
	壁宿	何も言わず支えてくれる壁宿。一緒だとマニアックになりすぎ運が上がらない
	房宿	惹かれて支え合うが、房宿の存在は何かと波乱を招く。異性同士は危険
栄	昴宿	互いの長所を高め合い、ブラッシュアップできる。昴宿の知性を存分に吸収
	翼宿	物事に動じない二人は、コンビを組めば活躍。翼宿の気が変わると解消も
	斗宿	付き合いやすいが、支えているのは箕宿。それでも味方につけておきたい
親	星宿	一緒だと安心でき、相談相手として最適。だが接点が少なく、出会いにくい
	婁宿	几帳面な二人は補い合えるいい相性。利害が絡む争いは婁宿に負ける
	尾宿	互いの強さをパワーアップさせる。箕宿が目立つが、主導権は尾宿が握る
友	柳宿	情熱的な柳宿は興味をそそるが、鬱陶しくなり、箕宿が距離を置くことに
	奎宿	大雑把な箕宿と几帳面な奎宿。味方なら頼もしいが、ライバルだと手強い
	心宿	チャレンジできる環境を整えてくれるが、傷つけると陰湿な恨みを買う
衰	畢宿	気を使わずに付き合えるが、畢宿は気が強くしつこいので敵にしないように
	軫宿	テキパキと動く軫宿はありがたい存在。箕宿が利用する関係になりがち
	女宿	女宿の知恵は役に立つ。サポートを当然と思うようになると逆襲にあう
危	参宿	気の強さとアクの強さは五分五分。互いにハッキリした性格で意外に仲良し
	亢宿	共にトップを目指し争いやすいが、距離を置けば得るものもある
	危宿	ユニークな危宿は魅力的だが、予想外のことをするので甘くみてはいけない
成	井宿	箕宿の暴走を止めてくれる存在。井宿に説得されると納得してしまう
	室宿	力がある室宿とはぶつかることもあるが認め合える。似た性格で気が合う
	氐宿	立場が上の氐宿は長所を引き出してくれるが、下だと警戒される

アバウトで、行動力があるために軽率なトラブルをおこしがちな箕宿にとって、「栄親」の人は相談相手におすすめです。特に斗宿は味方につけて。「安壊」の人とは一定の距離を保てばいい関係になれることもありますが、深入りしすぎないことが大切。どこか通じ合うものがあり、仲良くなれるのが「危成」の人。ただ、縁が薄いので関わる努力が必要です。「友衰」の中でも心宿と女宿は、箕宿の明るさに惹かれ、頼りにされるので、誠意をもって付き合って。「命・業・胎」の人とは大らかさを理解してくれるので、いい関係を結べます。

♥箕宿と恋愛するなら【パートナーとして】

箕宿の男性は、頼りがいと可愛げがあってモテます。**ちやほやされるのが好き**で、強がっていても世話を焼いてくれたりほめてくれたり、**まさかの難題も受け入れてくれる**とことん尽くしてくれる女性に落ちます。ただし、ほれた相手と結ばれても、若いときは浮気もするし、強気に出るほうなので、素直についていく覚悟を。

女性は男勝りの姉御肌で、自分から追いかけて落としたいタイプ。面倒見がいいので、年下男に好かれたりしますが、見かけだけで近寄ってくる男は相手にしません。

その反面、どこか頼りなくても、**世間の枠から外れた世界に生きているような男性に引かれがち**で、平凡な相手では満足できないところも。気を引きたければ、人とは少し違う個性的な面をアピールしたり、弱みもチラ見せすると、意外に心に刺さるかも。

結婚すると、箕宿の男性は**亭主関白**に。妻には外で見せない弱気な面も見せるので、それも受け入れたうえで立ててあげると円満に。父親になると、子供と一緒に妻に甘えそう。

箕宿の女性は、ほれた相手にとことん尽くす働き者で、夫の家族の面倒もしっかり見る**世話女房**に。夫のやる気を引き出す〝あげまん〟として、内助の功を発揮します。

箕宿は恋愛でも自分なりの筋を通したいので、愛情への見返りがないと猛反発。面倒でも感謝の気持ちを伝えることで、さらに尽くしてくれます。一方、フラれた悔しさを忘れない執念深さもあるため、別れ話には誠意を見せて。

箕宿と仕事するなら【同僚や上司として】

代行や助言がうまく、ジャーナリストやマスコミ、弁護士、会計士、コンサルタント業などは適職。目立ちたがりを生かし、アナウンサーやリポーター。緊迫した場面で動じないため警察や消防関係も。ほかにも臨機応変に仕切れて、触れ合いが多い職種に向きます。

箕宿は度胸満点で、普通ならビビってしまう状況でも、平常心でいられるのは長所。ただ経験のない若いうちは、**根拠のない自信を振りかざす**、生意気な人間と思われがちです。常に本音で、上司や先輩に暴言を吐いて敬遠されても、同僚からは一目おかれる存在。出世レースではトップを狙うより、人にトップを取らせる位置につくのがベスト。

箕宿の部下には、**胸を張れる資格や技術の取得を勧め**たり、現場での経験を積ませたりして、威勢のよさだけではない真の実力を身につけさせましょう。ステップアップさせてくれた会社に感謝して、判断力とサポート力を発揮し、献身的に働いてくれるはず。

箕宿の上司は、威張っていそうでも観察眼が鋭く、人をよく見ています。注目を集めるのが好きなので、**過去の武勇伝を聞いたりする**と、ノリノリで話してくれ、信頼関係が深まります。お酒好きで面倒見がいいので、食事に誘えばおごってくれる確率が高そう。

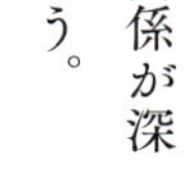

だれかの補佐に回るようなポジションを任せると才能を発揮しますが、あまりにも自分が目立たなかったり、感謝されなかったりすると士気が低下。箕宿の秀でたサポート力は、人前での賞賛があってこそ、ということを忘れずに。

♫箕宿と仲良くするなら【家族や友人として】

ずけずけと本音で物を言い、ふてぶてしい印象を与えますが、付き合っていくと、箕宿が**だれにでも公平な正直者**とわかるはず。年齢や立場が違う相手にも、自分と同じように本音で接してくれることを望むので、懐に飛び込んでしまったほうが仲良くなれます。

箕宿は注目を浴びるのが好きなので、歌が上手ならカラオケを、スポーツが得意ならギャラリーの前での試合など、一芸を披露できる**〝発表会〟的なイベント**を企画してあげて。その後に温泉やスパで汗をかき、一緒にのんびりすると、一気に距離が縮まります。

天性の仕切り屋体質のため、ホームパーティーや飲み会の幹事をお願いするのもいいでしょう。一対一で自分の話をするよりも、**大勢の中で自分を出せる**ほうが人にも喜ばれ、本人もスッキリします。SNSの「いいね！」やコメントも待っているタイプ。ひとりで勝手に動くのに、家族や友達の間で仲間はずれにされると、傷つくのでフォローを。

箕宿の子供は、**負けず嫌いできかん坊**ですが、純真なので扱いやすいはず。カラッと明るいので、友達にも好かれます。スポーツや勉強など得意なことをアピールしてきたら、思いきりほめて伸ばしましょう。独立心が旺盛で、早めに自分の道を求めて歩き出します。

箕宿は仕切りたがりなので、仕切らせてもらえなかったり、人に仕切られたりする状況は、家族や友人などの親しい間柄であってもかなりストレスです。一方、本音を言わない相手には、攻撃的になることもあるので気をつけて。

斗《と》宿《しゅく》

【直感力が鋭く志の高い努力家】

特徴

物静かで穏やかだが
負けず嫌いで野心的
ハイレベルな人に恵まれ
カリスマ的存在へ
人生初期の苦難を乗り越え
高い目標を見つける

斗宿の基本性格と運命

「斗」は杓《ひしゃく》の意味、インドの星の名は敗れざる者の意味で、広い世界から知恵を集める好奇心の強さと賢さを表します。そしてそれを武器に、斗宿は自ら高い目標を掲げ、**完璧な勝利を求める**緻密さと野心を秘めています。

斗宿は、目的を持つことがすべての始まり。物静かに見えますが、実は猛烈な負けず嫌いです。病気や家庭問題など**人生の初期に苦難**があると言われ、それを乗り越えると心が強靱になり、他人だけでなく自分との闘いにも強い斗宿ならではの個性が培われます。

昴宿、翼宿と並んで27宿の中でも**幸運な生まれですが、努力型**なのが特徴。よき指導者や先輩に恵まれ、憧れの存在に不思議と近づける縁もあります。有能で情のある人々に出会い、導かれて、才能を開花。頑張れば、何かの分野で**カリスマ的存在**になることも。

人の影響を強く受けるため、付き合う相手次第で運が変わります。だめな人と関わると、運気が停滞。努力家で常に正論を言うため、人とぶつかることも。でも、**鋭い直感力の持ち主**なので、危険を察知してトラブルを回避できます。美的センスが良く、おしゃれが大好きですが、内面が充実していないときほど派手に着飾る傾向もあります。

【斗宿の有名人】徳川家康は斗宿。浜田雅功、内村光良、玉山鉄二、森田剛、中山美穂、大久保佳代子、檀れい、安室奈美恵、貫地谷しほり、藤田ニコル。上原浩治、ダルビッシュ有、小平奈緒などスポーツ選手の他、海外ではジョニー・デップ、エマ・ワトソンなど。

斗宿の開運ポイント

向上心が強い斗宿にとって欠かせないのが、**よき指導者やライバル**の存在。「ついていきたい」「負けたくない」と思える人によって、天職に導かれることが多いのです。競い合った相手とは、不思議とウィンウィンの関係になれます。ハイレベルな人と出会うことで運気を伸ばすので、そんな環境に身をおけるよう、**向上心を持って自分に投資**しましょう。

自分が努力家なだけに、自分の思うように動かない相手にはかなり厳しく、周囲がビビるほどの冷酷さをむき出しにすることも。そのシビアさは周囲の信頼を損ねてしまいます。**身近な人とのつまらない戦いは、人を遠ざけ、金運にもダメージ**を与えます。旺盛な闘争心は、大きな志やライバル、不正と堂々と闘うときに発揮しましょう。

開運のために一番重要なのは、**ストレスのコントロール**です。目的を見失って緊張感がなくなったり、人間関係にイラついたりしたら危険信号。特効薬は精神面の充実です。特定の宗教を信仰していなくても、神社仏閣や教会、パワースポットなどのスピリチュアルな場所を訪ねてみて。伝統芸能など、古いものに触れるのも吉。人一倍高いところを目指す斗宿には、**〝大いなるもの〟と向き合う**清浄な時間が必要なのです。

斗宿のライフサイクル

中距離の「栄」の年である2018年は、これまで時間をかけて積み重ねてきたことが大きな実を結ぶ運気のとき。ひとつゴールを決めることで次の一手、展開が必要になり、翌2019年「胎」の年には仕事や生活の方向性が大きく変わる可能性があります。逆に言うと、ここで何も変化がないと、物足りなさや閉塞感も覚えるので小さなことでも新しいこと、未知の経験を求めるとよいときです。ただ2020年「親」の年から8年間、運気は「遠距離」のゾーンに突入。自分中心ではなく、周囲から求められるもの、与えられるものに従っていく運気の時期となります。でも、そうしてやや受け身な形で過ごすほうが、よい出会いやチャンスにも恵まれるはず。そんな中、注意が必要なのは身の回りに変化が多い2022年の「壊」の年。ここで何も変えたくないと頑なになると、不本意な形で変化を受け入れることになる恐れも。逆に、少し勇気が必要なチャレンジができるタイミングと考えれば変化でよい運を呼び込むこともできます。また2026年「衰」の年は体調面やアクシデントに気をつけて。そこを無難に切り抜けると、2028年「業」の年にはあなたの個性を生かせる場所や生き方にたどりつく、みつけることができるはずです。

2018	2019	2020	2021	2022	2023	2024	2025	2026	2027	2028
中距離の栄	胎	遠距離の親	遠距離の友	遠距離の壊	遠距離の成	遠距離の危	遠距離の安	遠距離の衰	遠距離の栄	業

※ 2018年～2028年の運気の流れ

斗宿との相性

気になる相手の宿との相性をチェックしましょう。宿星の地色は宿と宿がどれくらい離れているかを示しています。■は遠距離、■は中距離、□は近距離です。

関係	宿星	どんな相手？
命	斗宿	強い闘争心を持つ斗宿は、仲間になれば心強いが、敵になると相当手強い
業	昴宿	昴宿の生き方には学ぶものがたくさんある。素直に相手の言葉に耳を傾けて
胎	翼宿	自分の夢に向かう翼宿のためにひと肌脱ぐ役割。自らが盾になることもある
安	参宿	人のいいなりにならないのでぶつかる。斗宿が優勢だがやりすぎると双方傷つく
	亢宿	気になり、近づくともめる。斗宿が年上だと喧嘩するほど仲がいい関係に
	危宿	一緒にいると大胆なことに挑戦できる関係。危宿が年上だと落ち着かない
壊	柳宿	共に周囲の助けで運を得るので人脈の奪い合いに。年下の柳宿は要注意
	奎宿	大切なものが違い、徐々に気持ちがすれ違う。奎宿のイライラに振り回される
	心宿	すぐに仲良くなり、恋愛相手にもなるが、対立関係に。腐れ縁になる可能性も
栄	畢宿	良きライバルになって、互いの能力を引き出す存在。勝負すると引き分けに
	軫宿	献身的に尽くしてくれるが、斗宿が別の目的を持つと寂しくなって距離を置く
	女宿	信頼関係を築きやすく、公私にわたり仲良し。斗宿が主導権をとると、安定
親	張宿	斗宿の苦手なことをフォローしてくれる。無理に同じ目的を持たないこと
	胃宿	気の強い者同士だが、認め、譲歩できる間柄。恋愛関係だと時間がかかる
	箕宿	誰よりも斗宿の力を認めてくれる。素直に頼れば、期待以上の働きも
友	星宿	学ぶことが好きなので共感も刺激も多い。同時にライバル心も芽生える
	婁宿	婁宿の的確な指摘や細やかさに助けられるが、斗宿から距離は縮めない
	尾宿	強い意志を持つ尾宿は気になる。いざというときのために良好な関係をキープ
衰	觜宿	フランクな対応をする觜宿のことは好きだが、互いに自分からは近寄らない
	角宿	角宿の好感度の高さには斗宿もかなわない。見習うべきところがたくさんある
	虚宿	興味の対象が似ていて話も合う。だが、他の人と仲良くすると関係が乱れる
危	井宿	議論になれば井宿が勝ち、本音も見えにくい相手。でも冷静に語りあえる
	氐宿	氐宿は闘争心を軽く受け流して衝突を避けてくれるが、斗宿は居心地が悪い
	室宿	室宿の真っすぐさと大胆さに、ペースを乱される。深入りしないほうが安心
成	鬼宿	自分にないものを持つ鬼宿は気になる。羨ましく思っても、理解はできない
	壁宿	考えていることがわからない相手。そんな思いを壁宿が感じ取り、縁遠くなる
	房宿	房宿は本音を見せず、心の中で斗宿ががっかりすることを考えていることも

穏やかそうに見えて、実は負けず嫌いなのが斗宿。「安壊」の相手とは勝っても負けても傷つくので、争いは避けたい。カリスマ性のある斗宿は「栄親」が味方につくと本領が発揮できます。穏やかさと賢さに一目置いてくれるので大切にしたい関係。「命・業」は助けてくれる存在に。「危成」の相手とは面と向かって対立せず、いざとなると負けないが、冷静に向きあえば、感覚が違う相手だけに得るものもあります。「友衰」の相手とは、情でつながりまったりした関係になり物足りず、惹かれても、なぜか深い関係になりません。

斗宿と恋愛するなら【パートナーとして】

頭が切れるけれど穏やかな印象の斗宿は、まさに理想の恋人。でも、付き合ってみると実は猛烈な負けず嫌いで強いこだわりもあり、「こんな人だったとは」と驚くことが多そう。向上心が強いので、パートナーにも刺激し合って成長できる関係を求めます。同じ環境にいる、**精神的に通じ合える**、異性と恋をすることが多いでしょう。

斗宿は、**憧れや尊敬の気持ちが恋に変わりやすく**、自分を引き上げてくれそうな相手に惹かれます。どんなことでもいいので、「この人はスゴイ」と思わせることができたら恋愛にも有利。斗宿に何かを教えてあげることから、恋愛が生まれることも。同級生や仕事仲間、対等な友人関係よりも、**年齢や立場に差があったほうがうまくいく**でしょう。特に斗宿の男性は、自分が引き上げたい、支えたい相手を選ぶことも。

仕事熱心で、仕事と恋愛を天秤にかければ仕事を選びがちなので、結婚は遅めになります。斗宿が仕事にハマると、ゴールインは遠いかも。家庭への思い入れは強いものの、時には家族を犠牲にすることもあるので、**高い目標のサポーター**になれるかどうかがポイント。特に、斗宿の女性は家庭の中に収まりきれないので、家庭的な妻を期待しないほうがよさそう。

想像以上に家族との精神的な結びつきを重んじるので、それぞれの親兄弟への気配りは、斗宿とのパートナーシップを強めるための絶対条件。父の日や母の日、誕生日のお祝いなど、家族イベントでの挨拶は怠らないように気をつけて。

斗宿と仕事するなら【同僚や上司として】

仕事に強い思い入れがあり、スケールの大小はともかく、その分野で**カリスマ的存在**になる可能性が。美的センスに優れ、ファッションやアート、文筆業などで才能が開花。スポーツや政治、法律関係など戦いのある世界も吉。向上心を生かせる仕事に向きます。

志が高く理想が高く、目的達成のためなら**弱音を吐かない**斗宿は、上司や先輩にいたらちょっと怖いけれど尊敬の対象に。部下にいれば、つい目をかけたくなる有能な存在です。自ら動き回って結果を出すし、**教わり上手の教え上手**で目上に対するサポート力も十分。ビジネスセンスに優れているので、それを生かせば大きな実績を出します。

味方になれば心強いですが、闘争心が強すぎて、社内での人間関係がギクシャクすることも。どんなところでも正論を押し通したり、仕事ぶりに不満がある相手にきつく当たったりします。斗宿の対応が冷たいときは、しっかり理由を考えたほうがいいでしょう。

相当な努力と情熱をもって目標を達成するので、一度手にした権力やポジションはなかなか手放さず、闘ってでも守ろうとします。斗宿の仕事を引き継ぐときは、事前に周囲への根回しをして、攻撃されない態勢を整えておいて。

斗宿は初対面の対応がとても重要。礼節を重んじるので、フランクな態度は好まないし、タメ語も禁物です。挨拶はしっかりしましょう。自分にも人にも厳しく、向上心のない人を嫌うので、やる気を表に出して見せることも大切。

♫斗宿と仲良くするなら【家族や友人として】

自分なりのスタイルを持ち、プライドが高い斗宿。自分を絶対に否定しないような相手にしか近づきません。こちらからのアクションが必須ですが、斗宿が**大事にする理念をけなしてしまったら一大事**。心の扉をかたく閉め、二度と許してもらえない恐れも。最初から踏み込んだ話題は避け、まずは斗宿が何を目指しているか、何をリスペクトしているかを知りましょう。それが理解できないと、距離を縮めるのは難しそう。興味が持てるものなら、教え上手な斗宿に**レクチャーしてもらう**といいかも。

斗宿が何より必要としているのが、精神面が満たされること。それを共有すれば、深い絆を結ぶことができます。スピリチュアルなものや伝統的なものへの興味が強いので、神社仏閣に行ったり、古典芸能などに触れるイベントに誘ってみて。**知的で学ぶことも好き**なので、読書や習い事の話、美術館や史跡巡りをするのもいいでしょう。

幸運な生まれの斗宿ですが、**幼少期から青年期が最も苦労**するといわれています。斗宿の子供は成績はよいのに、その他の不思議なことで迷走もしますがその経験を乗り越えることで、人生の目的を見出します。温かい目で見守り、根気強く支えて。

斗宿のスピリチュアル好きは筋金入り。それをバカにしたり、「ついていけない」的な態度は、友情や信頼に大きな溝を作ります。特定の宗教を信心していることも多いので、宗教がらみ、政治がらみのネガティブ発言はなるべくしないように。まさに地雷を踏みます。

女《じょ》宿《しゅく》

【地道にトップを目指すリアリスト】

特徴

上昇志向が強く
礼儀や常識にうるさい
メリットのない
人や物を切り捨てる
組織の頂点を目標とする
シビアな戦略家

女宿の基本性格と運命

「女」は、陰の力の象徴。インドの星の名は聞くこと、学ぶことという意味があります。社会について見聞を広めながら、与えられた役割を忠実にこなす女宿が最終的に目指すのは、組織やヒエラルキーの頂点。**地道にステップアップしていく、真面目な努力家**です。

男女で性格が異なり、女性のほうがしっかり者。男性は少し線が弱く、ずっと少年っぽい。無口で大人しい印象の人と気配りができて明るくユーモアのある女宿がいますが、素顔はどちらも緻密でシビアな戦略家。人には**めったに努力する姿を見せません**。

27宿中で**最も強い上昇志向**を持ち、礼儀や常識にうるさいでしょう。秘めた野心を実現するための計画や根回しを用意周到にして、実力をコツコツ磨き上げます。

力がある人に弱く、立場の弱い人には強気に出ることも。気配り上手で面倒見もいい。ただ人にも自分にも厳しく、現実的な**メリットのない人や物を切り捨てることも**。

自分が自由にできる城を築き、そこを守る生き方を好みます。自分を慕う人が集まると、小さな権力者となってワンマンで陰険な面が出ることも。立場や肩書に縛られてしまうと、解放されたくて**酒や異性でつまずきやすく**なります。

【女宿の有名人】謹厳実直なのにお笑い界に多く、六代目桂文枝、加藤茶、ビートたけし、設楽統など。他に中井貴一、本木雅弘、井ノ原快彦、松坂桃李、和田アキ子、風吹ジュン、水川あさみ、大島優子、門脇麦。スポーツ界では松岡修造、長友佑都、デビッド・ベッカム。

女宿の開運ポイント

女宿は上昇志向をむき出しにはせず、スタイリッシュにトップを目指します。裏から周到に手を回したり、見えないところで力を振るったりするので、**人を裏切るような結果に**なりやすい面も。自分をオープンにしないため、誤解が深まることも少なくありません。**真面目で思い込みが強い**ので、柔軟性ときめ細やかな配慮を忘れないようにしましょう。自分を枠にはめてストイックに努力するのは、コンプレックスの裏返しかも。何事も慎重になりすぎないほうが、本来の**多趣味で庶民的な魅力**が引き立つはずです。

陰の力を持つ女宿は、嫌なことがあると、じめじめくよくよと思いつめやすいところも。特に、恋愛では暗さが出やすいかもしれません。そんなときは、一歩引いて人の意見を聞き、視野を広げてみましょう。**現実的な判断を下すのが得意**な女宿は、「冷静に考えたら、意外とたいしたことじゃないのかも」と気持ちを入れ替えられるはず。

今いる場所でのトップを目指すなら、一匹狼には向かないので、**良い仲間ができる場所を作る**よう心がけて。ストレスの発散でお酒や異性に走るのは危険。特に男性は、〝女難〟の傾向があり、女性問題は運を落とすので気をつけましょう。

女宿のライフサイクル

中距離の「衰」の年である2018年は弱い部分が表面化するようなことが多いので、頑張りすぎないほうがよいとき。パワーをチャージしながら、丁寧に目の前のことと向き合えば翌2019年の「栄」の年に時間をかけて頑張ってきたことでひとつのうれしい結果、成果をつかむことができます。そして2020年は大きなターニングポイントになる「胎」の年。それまでとは少し違う方向に興味が向いたり、そんなきっかけになる経験をすることになるかも。ただ2021年から8年間は、運気ゾーンが「遠距離」の期間に突入するため、自分のやりたいことができるというよりは、人まかせ、あるいは人から求められることに応えるような過ごし方になりそう。やや受け身でも周囲を信じて、柔軟に合わせていくほうが良い出会いにも恵まれ、大きなパワーを発揮できます。また、この「遠距離」の運気ゾーンは、女宿が本来持っている表に出ない形での活躍、プロデューサー的な能力に磨きがかかる時期。2023年「壊」の年と2027年「衰」の年は根回しや駆け引きで〝策士、策に溺れる〟的なこともありがちですが、柔軟に人を支える、人と協調することで2028年「栄」の年に大きな才能を開花させることができるでしょう。

2018	2019	2020	2021	2022	2023	2024	2025	2026	2027	2028
中距離の衰	中距離の栄	胎	遠距離の親	遠距離の友	遠距離の壊	遠距離の成	遠距離の危	遠距離の安	遠距離の衰	遠距離の栄

※ 2018 年～ 2028 年の運気の流れ

女宿との相性

気になる相手の宿との相性をチェックしましょう。宿星の地色は宿と宿がどれくらい離れているかを示しています。■は遠距離、■は中距離、□は近距離です。

関係	宿星	どんな相手？
命	女宿	自尊心が強く、同じ女宿のことはとても大事に思う。プラスになる関係
業	畢宿	女宿の役に立ちたい願望が強く、何かと引き立てたり支えたりしてくれる
胎	軫宿	女宿の知恵や現実主義な考えは軫宿の役に立つことが多い。影響力あり
安	井宿	似た者同士で、名声を求めると争う。勝者は井宿だが利益は女宿に
	氐宿	求める世界が違い何かと衝突。氐宿に振り回されても、ダメージは少ない
	室宿	真逆な二人。自分との違いに興味を持つが、室宿の雑さには耐えられない
壊	星宿	星宿が主導権を握れば安泰。逆の立場だと女宿を排除しようとする
	婁宿	認めつつも、些細なことが気になり始めて嫌味合戦に。女宿が一歩引いて
	尾宿	歩み寄る努力をしても陰湿なバトルに。敗者は女宿なので早めに撤退を
栄	觜宿	互いにとっていい距離感を保てるので、対等の立場で長い付き合いに。
	角宿	明るく楽しい気分になれる角宿は、ずっと一緒にいられる最高の遊び友達
	虚宿	表に出にくい虚宿のユニークさを理解し、引き出すことで、女宿の運も上がる
親	翼宿	夢のために努力する翼宿に共感。ゴールを目指しながら優しい関係を築く
	昴宿	高い理想を持つ昴宿は憧れ。一緒にいると向上心が刺激され、やる気に
	斗宿	背中を押し合い、上を目指すきっかけを作れる。女宿が斗宿のサポートを
友	張宿	緻密で用心深い張宿と一緒だと、安心して行動できる。頼れるいい仲間
	胃宿	強引だが底力もある胃宿は頼りになる。世の中の常識にはめないで
	箕宿	強気の箕宿だが、優しくされると穏やかに。女宿がコントロールしやすくなる
衰	参宿	参宿は会話も楽しく一緒にいると刺激的。相手のリードに任せたほうが安泰
	亢宿	女宿の言うことを聞かない亢宿だが、そんなところに惹かれてしまう
	危宿	人生に求める優先順位は異なるが、助け合える。でも長期間は関われない
危	鬼宿	自由人の鬼宿は、女宿の仕切りにとらわれたくなくて近づいてこない
	房宿	本心ではわからないが、表向きは女宿に合わせる。可もなく不可もない
	壁宿	淡々とした関係だが何かあると助けてくれる。共通点の少なさが新鮮
成	柳宿	振り向かせて認めさせたいと思うが、そうならないと、寂しい思いをする
	奎宿	仲間を大事にするので気が合うが、考え方のズレを感じて息苦しくなる
	心宿	心宿はおだて上手。乗せられてその気になるが、サポートは期待できない

真面目で努力家の女宿にとって「親」の翼宿と昴宿は理想の方向性が似ていて学ぶものがあります。斗宿は力を貸す相手。「命」は他の宿よりも分身のように感じ、深く関わります。「壊」の相手には警戒心が強く、損はしたくないので必要以上に近づきません。慎重に接してくれるのは「安」の人。「友」の人は性格が違っても力になってくれますが、「衰」は女宿の仕切りにハマらない傾向が。「危成」の鬼宿、柳宿、房宿、奎宿の人には的外れな接し方をしてしまいがちなので気をつけましょう。

♥女宿と恋愛するなら【パートナーとして】

恋をすると、**深読みや悪い想像**をして、うじうじ悩みがちな女宿。本気になるほど相手のささいな言動が気になって、嫉妬したり、ばっさり縁を切ったりしがちです。

女宿の男性は、見かけよりも女好き。細やかな配慮ができるし、優しいのでモテます。ところが、人もうらやむような**最高レベルの相手を求め、簡単には妥協しません**。女宿の男性を振り向かせたければ、女磨きはもちろん、何か特別なステイタスがあると有利。彼が望むものを与えるように努力を。結婚すると、浮気の心配はありますが、家事や育児も手伝ってくれる穏やかないい夫になります。

女性は、サバサバして見えても**フェロモン全開**で、高望みな恋をして一途なアタックで相手をゲット。重いくらい尽くすタイプですが、結婚後は良妻賢母に。ただ自分が仕切れる家庭を築こうとして態度がガラリと変わり、主導権を渡さない男性とはうまく行きません。

女宿は男女とも、**育った環境や親の影響を強く受け**ていて、異性の親とよく似ているか、まったく正反対のタイプの相手を選びやすいと言われています。異性の親とどんな関係かを観察すると、女宿が結婚相手に求めているものを推測できるかもしれません。

結婚話が進まなければ、女宿の家庭環境をチェックして。子供に甘い親で、実家の居心地がいいなら危険信号です。自分中心になれる家庭にいる女宿は、こちらから働きかけて早めにゴールインしないと、どんどん縁遠くなる恐れが。

女宿と仕事するなら【同僚や上司として】

官僚、公務員、教師などのパブリックな世界や、きめ細やかさを生かせる経理や税理士などが適職。**本物を見る目がある**ので、アンティークや伝統芸能、食品や衣料品関連の仕事も向きますが、専業主婦（主夫）も悪くない選択。特に男性は、女性の感性を理解して共鳴できるので、**女性の多い職場や女性相手の仕事で成功**できるでしょう。

実質的に物事を動かす力量があるため、女宿の同僚や部下には、安心して仕事を任せられます。**他人にも自分にも厳しい**ものの、細かいことに気づいて手助けしてくれるので、上司としても後輩から慕われる存在になります。ただし、女宿はしかられると根に持つため、ほめて育てて、**早めに責任ある地位を与えたほうが本領を発揮**しそうです。

とはいえ、女宿は**〝官僚の星〟**と言われ、予習済みのことは得意なのに、想定外のことに弱い傾向が。秩序と常識やルールを重視するあまり、年齢がいくほど物事を杓子定規に考えやすく、自制心が強くなります。リーダーの資質はありますが、大人数の組織より、**小さなチームを率いるほうがうまくやれそう**。仕事でトラブルがあった相手には厳しく、表立って争わなくても簡単には和解できなくなります。

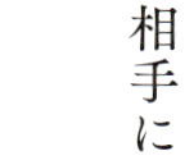

礼儀や常識を重んじる女宿は、年功序列や秩序を守り人と丁寧に接するので、仕事関係でそれができない人に対しては厳しい評価が。また女宿は意外にキレイ好き。デスクが乱雑、整理整頓ができない相手には辛口の評価かも。

♫女宿と仲良くするなら【家族や友人として】

警戒心が強いわりに気楽そうに見えるなど、本性がわかりづらい女宿。実は、常に目的と結果に向かって努力しているので、**スキルアップのための勉強などの自分磨き**にはお金を使います。同じ方向に向上心を持てれば、一緒に楽しんだり協力したりして仲良くなれそう。そこが一致しない場合はスルーして。へたに否定的なことを言うと、ネチっこく反論される恐れがあります。思い込みが強い女宿とのケンカは長くなるので、避けましょう。

表には出しませんが、女宿は**コンプレックスが強く**、よく落ち込みます。プライベートでも仕事の役職や立場を背負い自分自身を枠にはめているので、フラットに接してそこから**心を解放してあげる**と喜びます。一緒に園芸、登山などはよいかも。

伝統文化や一流のものを好む一方で、**オタク度が高い**ものも大好き。

女宿は、大人になってからも幼い頃の教育が大きく影響するのが特徴です。子供は親に反発しない**優等生的な存在**で、その時期に吸収した教えをずっと守ります。勉強だけでなく、基本的な世の中の常識やマナーもしっかり教えてあげることが大切です。

現実的にメリットがない相手を切り捨てる傾向があり、距離が近い人に対するほどストレートに結論を出しがちです。そんな非情さをいさめられるのも親しい存在の人だけなので、女宿を刺激しないよう、やんわりと伝えてあげて。

虚《きょ》宿《しゅく》

【複雑な心を持ったロマンティスト】

特徴

人一倍感受性が鋭く
つかみどころがない
夢見がちで協調性がなく
心を閉ざすことも
試練を乗り越えて
人に希望や理想を与える

虚宿の基本性格と運命

「虚」はむなしいの意味。一方、インドの星の名は財宝を示し、豊かでありながらむなしいという名を与えられた虚宿は、**〝形のない宝〟を探し求める**複雑な心の持ち主です。すっきりした知的な雰囲気と、ゆったりした大らかさで好感を持たれますが、子供のときから大人も驚くほど深いことを考えていて、**人一倍感受性が鋭い**のです。

本来は人徳があって幸運な生まれですが、さっきまで楽しそうだったのに急に不機嫌になったり、強い上昇志向をストレートに出せず屈折した行動をとったりと、**つかみどころがない人**という印象を与えがちです。それは虚宿が、人と同じことをしたくない信念の強さと、周囲からの評価をとても気にしてしまう脆さを併せもっているから。

本質的には**ロマンティックな夢追い人**で、他の人とはひと味違う、大きな理想を抱いています。ただし、プライドが高く不安感が強いため、自分の心を持てあまし気味なところも。

そんな自分の理想と現実のギャップに葛藤しながら努力して、**試練を乗り越える力**を身につけていくと言われます。やがて、個性的な、だれにも真似できない〝宝〟のようなレベルに到達し、スケールの大きな活躍をすることが、虚宿の人生のテーマなのです。

【虚宿の有名人】明治維新の立て役者、大久保利通が虚宿。仲村トオル、浅野忠信、高橋一生、新田真剣佑、樋口可南子、浅野ゆう子、賀来千香子、倉科カナ、高橋みなみ。脚本家で作家の宮藤官九郎、又吉直樹も。海外ではジョージ・クルーニー、ブラッド・ピット。

虚宿の開運ポイント

虚宿は、**10代後半と30代後半に運気が落ちやすい**と言われます。大人になって親元を離れたり、結婚や出産などで新たな人生の基盤を築いたりする時期に、**現実の厳しさを思い知る試練**やアクシデントに見舞われがちです。

そんなときこそ苦しみから逃げ出さず、世の中のことや**人の心についてじっくり考えてみる**ことが大切。それを通じて、人生を支える軸を作れます。反対に、甘えて人を責めたり悪意を抱いたりすると、不安定な人生を歩むことになるので注意しましょう。

既成概念にとらわれず夢見がちなので、協調性はイマイチ。思い通りにならないことが続くと、人と関わらず、殻に閉じこもろうとしますが、それでは運の扉は開きません。理想と現実のギャップを埋めるには、何らかの**知識や技能、学問などの習得が必須**です。

精神性が強く、どこか浮き世離れしている虚宿には、自分とは正反対の、地に足を付けた現実主義者のパートナーが欠かせません。家族や友人、スタッフなど、お金や時間、健康面で生活を管理してくれる人が身近にいたら、スケールの大きな理想を実現できるでしょう。そんな**味方を作りながら夢に近づく**のが、虚宿の成功の秘訣です。

虚宿のライフサイクル

中距離の「安」の年である2018年は、刺激は少なめですが、文字通り安定した運気で過ごせる時期。ただ、あまりのんき気に過ごしてしまうと、翌2019年の「衰」の年にマンネリや焦りを感じて、暴走する恐れが出てくるので、上手な気分転換やパワーチャージを心がけて。そうすれば2020年の「栄」の年に、望んでいたような成果やゴールを迎えられたり、新たな出会いや気づきを得られます。そして、2021年には人生の大きなターニングポイントになる「胎」の年がやってきます。ここは、それまでの自分から脱皮できるような経験や挑戦ができるタイミング。仕事や家族、プライベートな人間関係にも変化が起こりそうな予感が。何の変化もなく、ここを通り過ぎるよりは、思い切ってそれまでとは違う夢や目標、生活スタイルを求めたほうが、むしろ楽になり、発展的な運気にもつながるでしょう。「胎」の年に変化がないと、2024年の「壊」の年に不本意な変化を呼び込む恐れもあるので、少しずつ生活を変えていきましょう。また2022年「親」の年から8年間、運気ゾーンは「遠距離」の時期になるので、人があなたに求めることに敏感に応え、柔軟に身近な人に合わせるよう心がけると運気は上がっていきます。

2018	2019	2020	2021	2022	2023	2024	2025	2026	2027	2028
中距離の安	中距離の衰	中距離の栄	胎	遠距離の親	遠距離の友	遠距離の壊	遠距離の成	遠距離の危	遠距離の安	遠距離の衰

※ 2018年～2028年の運気の流れ

★ 虚宿との相性 ★

気になる相手の宿との相性をチェックしましょう。宿星の地色は宿と宿がどれくらい離れているかを示しています。▩は遠距離、▨は中距離、□は近距離です。

関係	宿星	どんな相手？
命	虚宿	なかなか自分を好きになれないため、自分と同じタイプの人は苦手
業	觜宿	一緒にいると心が軽くなり安らげる觜宿は、大事にしたい
胎	角宿	心から献身的に尽くせる。角宿からのうれしいお返しもあり、いい関係に
安	鬼宿	鬼宿のピュアさは虚宿の心のガードを外してくれる。近づきすぎると負担に
	房宿	慕ってくれるが、虚宿の本質を理解できず、話していてもピンとこない
	壁宿	頼りになるが、長く付き合っても壁宿の本音が見えてこないので不安に
壊	張宿	似たところがあり、心を許すが、勘違いとわかり失望。張宿が虚宿にあたる
	胃宿	パワフルな胃宿は魅力的だが、虚宿の複雑な心を理解できず、心乱される
	箕宿	面倒なことになるとわかっていても頼ってしまう。言いなりにならないように
栄	参宿	強引だが裏表がないので信頼できる。参宿のペースに乗ればチャンスも
	亢宿	正義感の強い亢宿とは安心して付き合える。虚宿の不安定な部分も修正
	危宿	危宿の軽さは虚宿には心地いい。ユニークな面を引き出し合えるいい関係
親	軫宿	気になる情報を運んできてくれる。でも動きも考えも早すぎてついていけない
	畢宿	たくましい畢宿には一目置く。思うようにならなくても仕方ないと納得
	女宿	虚宿の考えを理解し、代弁してくれる。関係を維持するための努力を
友	翼宿	マイペースで夢を追う翼宿に憧れるが、近づこうとしても距離が縮まりにくい
	昴宿	精神的にわかり合え安心して話ができる。現実的に何かを生み出すのは苦手
	斗宿	言葉以外で感じ取れるものがあって楽しいが、常に斗宿のリードで進む
衰	井宿	井宿とは相いれないと考えがちだが、話してみると実は強力な理解者
	氐宿	ドライな氐宿は苦手。でも現実的な氐宿と関わるのは、虚宿のためになる
	室宿	室宿の適当さが気になり共同作業には向かない。友人・恋人なら楽しめる
危	柳宿	強く惹かれ合っても、すぐに冷める。その後は距離を置いたままの付き合いに
	心宿	話を合わせる心宿とは表面的には穏やか。根本的には合わない
	奎宿	奎宿は世間のしきたりを尊重し、自分の世界の中で生きる虚宿を不安にする
成	星宿	個性的な才能は魅力だが、マイルールを守る星宿は知るほどに疑問が増える
	婁宿	緻密な婁宿の指摘やアドバイスは、ためにはなるが、大きなプレッシャーにも
	尾宿	尾宿の強すぎるこだわりを理解できない。一緒にいるとトラブルに

人一倍感受性が強く、つかみどころがないのが虚宿。「安壊」の相手はそんなあなたの心バリアもかいくぐり、関わりが深くなり、注意すればいい関係を築くこともできます。ただし、房宿は珍しく自分から追いかけ苦しむことも。「業」の觜宿、「胎」の角宿はそばにいるだけで安心な存在。「栄親」はありのままを受けとめてくれ、プライドを傷つけず、上手に立ててくれます。楽しい関係を築けるのが「友衰」の相手。「危成」の人とは異質な者同士なので、お互い相いれないことも多く、必要なエリア以外で無理に関わらなくてもよいでしょう。

虚宿と恋愛するなら【パートナーとして】

根がロマンティストなので、思春期は**青春ドラマに登場しそうな異性**を求めて、片思いをしていることも多そう。そんな理想の相手とうまく行けば、素敵な青春時代を過ごせますが、早い時期の恋愛や電撃結婚は、夢と現実とのギャップに疲れて破局となりがちです。

虚宿の理想は、自分に夢を見せたままにしてくれる相手なので、アプローチするときは、できるだけ**ドラマティックな演出をする**と成功しやすいでしょう。デートのプランも虚宿はノータッチで、予約や下見など、面倒くさいことを請け負うと喜んでくれます。

パートナーには、貧しくても何らかの夢を持っている人や、配偶者というより保護者のように、**生活面でサポートしてくれる**人を求めます。ただし、マンネリで潤いのない生活だと愛情が目減りし、浮気したり、不倫などに走ったりする恐れがあるので気をつけて。

虚宿の男性は、妻が子育てに夢中などで、**ときめかなくなると浮気しやすい**ので注意。女性は、形にこだわらない恋もしますが、生活面は主導権を握りたがります。古風で面倒見がいいので、任せたほうが円満。親になると、子供を守ろうという意識が強く、過保護になる傾向が。子供に自我が芽ばえてきたら、虚宿が子離れできるように仕向けましょう。

自分でも自分の気持ちがよくわからない虚宿は、異性には理解しがたく、30歳前後は波乱含み。30代後半からのほうが落ち着いた関係を築けそう。ただし、男女とも生活面を支えるべき家族などがいると、縁遠くなりがちなので注意。

虚宿と仕事するなら【同僚や上司として】

虚宿は生涯を通じて、**夢を見たり妄想したり**することが生きる力になります。その最大の使命は、他の人たちに希望やアイディア、仕組みなど、形のない大きなものを与えること。協調性がなく、人に頭を下げられないので、商売やサービス業は向きません。理想を語れる仕事で力を発揮。**知識や経験、技を伝える**のがうまいので、教育関係や研究職のほかに、保険や旅行業界、マスコミ、広告業界、政治家などもよいでしょう。

虚宿は、**お金に執着がない**ため、大きくもうけたら大きく失うようなところもあり、ビジネスセンスはいまひとつですが、向上心があって試行錯誤を嫌がりません。

そんな虚宿の信頼を得るポイントは、その夢の**ビジョンに興味を示す**こと。どんなに突拍子なくてもからかったり否定したりすると、心を閉ざして二度と出てこないので気をつけて。険悪になると、扱いにくい部下やライバル、上司なら怖い存在になってしまいます。

人と同じことをしたくなくて迷走しているときは、背中を押すより虚宿にできることを任せてあげれば、落ちつきと自信を取り戻します。実は**自分のセンスに自信がある**ので、リアルな業績よりも、志の高さや感性をほめてあげると、やる気を出してくれます。

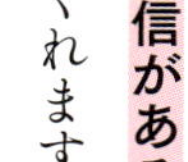

プライドが高い虚宿は、追いつめられていても、つい格好をつけてしまう傾向が。気に入らない相手からのむちゃぶりには、無理とわかっていても挑もうとします。ストレスで暴走してすべてを投げ出す前に、助け舟を出してあげて。

♫虚宿と仲良くするなら【家族や友人として】

だれよりも強い感受性を持ち、気分屋でもある虚宿は、なかなか周りに理解されづらいところも。でも、じっくり話すと**深い視点からの大きな夢**を思い描いていて、それを人に伝える能力もあるなど、ユニークな美点をいろいろ持った人でもあります。

心を許した人にしかそういう面を見せないので、家族や友人など近い存在の人が、隠れた**熱い想いを引き出す手助けをしてあげて**。悩んでいるときは、虚宿の能力や立場を踏まえて、みんなのために何ができるか一緒に考えてあげると、解決策が浮かびそうです。

パワフルな大物に見えて、実は**気力で支えている**タイプです。心のデトックスとチャージが必要で、虚宿の場合、それに効果があるのが〝心地いい音〟。好きそうなアーティストのCDを贈るとか、コンサートや自然の音を聞くレジャーに誘ってみて。

虚宿の子供は、**人と同じことをしたがりません**。ある程度の年齢になるまで、自分でも自分のことを好きになれないし、周りからナルシストと思われたり、生活が荒れたりすることも。その**精神的な苦悩を理解**し、得意なことを伸ばしながら大きな心で見守って。ただし、甘やかしすぎると運のスケールを小さくしてしまうので、ほどほどに。

自分のことを理解してくれる家族や友人に、強い思い入れを持つ虚宿。そんな虚宿の家族や仲間のことを悪く言ったりすると、けっして許してもらえません。逆に仲良くするなら、親しい仲間や家族と交流して外堀から埋めて。

危《き》宿《しゅく》

【人生丸ごと遊ぶエンターテイナー】

特徴

自分の感情に素直で
思いきった行動をとる
行き当たりばったりで
好きなことしかやらない
ときめきが最優先
遊んでいるようですべて本気

危宿の基本性格と運命

「危」は、**危ないこともやってのける**大胆さと軽さを表します。インドの星の名は、百の恐怖、脅威を意味します。スイッチが入るとブレーキがきかずに突進し、デッドラインを踏み越え、意外性のある思いきった行動や決断で、周囲を驚かせる人です。

危うい大胆さの理由は、**自分の感情にあまりにも素直**だから。しっかり者に見えて感情に流されやすく、楽しいことが大好きで、27宿中**最も遊び好き**と言われます。ピンとくるものに出会うと、素晴らしい発想力と瞬発力でスピーディに反応します。

プライベートも仕事も人間関係も、好きな遊びの中から見つけて、**人生丸ごと遊ぶような生き方**。好きなことしかやりたがらず、それ以外はほとんど役に立たないという弱点も。興味をなくすと〝スイッチ〟が切れ、何もかも**中途半端なままやり散らかし**ていきます。

本人は熟慮の末に行動したつもりでも、実はそのときの感情や気分が最優先で、長い間ひとつのことを持続して行うのが大の苦手。同情心が強く、頼られると危ない橋を渡ることもありますが、普段は明るく周囲を和ませる穏やかなタイプで、サービス精神も旺盛。人に迷惑をかけても、なぜか憎めない人気者が多いという不思議な魅力を持っています。

【危宿の有名人】情感豊かに正直に生きるタイプで、芸能界では高倉健、沢田研二、平井堅、長瀬智也、速水もこみち、岡田将生、萬田久子、高島礼子、大塚寧々、森高千里。スポーツ界では武豊、錦織圭、高橋尚子。海外ではジョン・レノン、マリリン・モンロー。

危宿の開運ポイント

危宿は、別名「百毒宿《ひゃくどくしゅく》」、毒と薬は紙一重。それを飲んでしまう軽さと同時に、薬を与えるために病人に近づくような癒やしにも似た**あっけらかんとした純粋さ**を持つ宿とされています。自分に正直で、思い込みも激しいので、結果的に人を傷つけたり迷惑をかけたりしますが、多くの場合、それ以上に自分が傷つき、損もしています。でも、危宿の使命は**人を癒やして喜ばせること**。リスクを恐れず飛び込むほうが、チャンスを得ることにつながりそう。無難な道を選んでしまうと、運気が下がります。

そんな危なっかしい人生の助けとなるのが、**幅広い社交性**です。柔和で裏表のない危宿は、人に警戒心やプレッシャーを与えません。だれとでも気軽に接し、好感度が高いので、老若男女さまざまな人と付き合えるのが大きな長所。**明るく巧みに交際する**ことで人生が切り開かれ、ピンチのときにだれかに助けられることに。

好きなことさえできれば、出世や名誉、お金にもあまり執着しません。サッパリした無欲なところも魅力ですが、人生は楽しくなくてもやらなければいけないことが多くあります。楽しさばかり優先してルールを無視すると、**ただのいい加減な人になるので要注意**。

危宿のライフサイクル

中距離の「危」の年の2018年は、時間、体力、気力、お金など何かギリギリのところで闘う年になりそう。危宿は、いざとなると現実を無視して気持ちで突っ走り、危ないところにも突っ込んでいくので、特に体力とスケジュールに関しては慎重に見極めるべきです。2018年に新たに踏み出したことは、紆余曲折はあっても少しずつ現実を変えていきます。ここでの無理や強引な決断は、2020年の「衰」の年に思わぬブレーキとして発動する恐れがあります。そこをうまく乗り越えれば、2021年「栄」の年には納得のいく結果、成果にたどりつけます。そして翌2022年は人生のターニングポイントの「胎」の年になります。この年には仕事やプライベートでの人間関係や環境に変化がある暗示が。でも、逆にここで何も変化がないと、あなた自身がストレスやいらだちを溜めこみ、それが2025年の「壊」の年に自爆気味で無謀な行動を引き起こす恐れが。もともと柔軟で変化に強い危宿は、日々、小さな息抜きや遊びなどを生活に取り入れると、2022年や2025年の運気の切り替えどきを比較的、無難に乗り越えられるでしょう。

2018	2019	2020	2021	2022	2023	2024	2025	2026	2027	2028
中距離の危	中距離の安	中距離の衰	中距離の栄	胎	遠距離の親	遠距離の友	遠距離の壊	遠距離の成	遠距離の危	遠距離の安

※ 2018年～2028年の運気の流れ

★ 危宿との相性 ★

気になる相手の宿との相性をチェックしましょう。宿星の地色は宿と宿がどれくらい離れているかを示しています。■は遠距離、■は中距離、□は近距離です。

関係	宿星	どんな相手？
命	危宿	遊び友達に最適だが、関係が深まると距離を置く。敵対心も持ちやすい
業	参宿	大胆で明るい参宿は、頼りになり刺激的。ありのままでいられる大切な存在
胎	亢宿	遠慮せずに接し、頼ってくる亢宿には気を使わない。亢宿を支えることも
安	柳宿	最初は感じのいい柳宿だが、徐々に下に見るように。危宿から関係を解消
	心宿	心宿の本音を見抜くが表向きは安泰。互いに嫉妬心がありわかり合えない
	奎宿	奎宿の遊び心の少なさが息苦しい。我慢できず雑な態度をとると縁が切れる
壊	翼宿	穏やかな翼宿に惹かれるが、危宿の気持ちを気にしないので、傷つくことに
	昴宿	心から尊敬できる。敬う気持ちを持てば穏やかな縁に。遊び仲間にもなる
	斗宿	力を合わせて上を目指せる。学びも多いが、仕切ろうとするとコンビ解消に
栄	井宿	クリーンなイメージの井宿はホッとできる。長く付き合うほどいい関係に
	氐宿	危宿の個性を輝かせてくれる。公私にわたりいい相手だが、暴走に注意
	室宿	頼れる存在だが、互いに振り回されていると感じる。でも不思議と仲良し
親	角宿	最高の遊び相手。楽しいことが大好きで、現実的なことは後回しになりがち
	觜宿	ワクワク感は少ないが、觜宿は心を落ち着かせ、必要なものを与えてくれる
	虚宿	感情優先の優しくぬるま湯的な関係。先に意思を示した方がリーダーに
友	軫宿	共に人付き合いが上手なので相手を気遣える。危宿から接点を持つように
	畢宿	危宿の気配りに気づかない畢宿だが、そんなマイペースが気持ちを楽にする
	女宿	女宿の慎重さやミステリアスさは興味を引く。軽率すぎると軽蔑の対象に
衰	鬼宿	鬼宿の純粋さに元気になるが、頼りなさも感じて守ってあげたくなる
	房宿	穏やかな房宿に安心できるが、危宿に苦手意識があり、平行線のまま
	壁宿	楽しい遊び相手。自由すぎる危宿にイラつきながらも、サポートしてくれる
危	星宿	自分の世界を持つ星宿からは学ぶことが多い。未知の分野でも耳を傾けて
	尾宿	長所を活かしきれない関係。わかりあえないことがストレスになりそう
	婁宿	トラブルが起こりにくい関係だが、婁宿は危宿の調子の良さに違和感を持つ
成	張宿	華のある張宿は憧れ。でも細かな追求も多く、一緒にいると常に緊張する
	胃宿	胃宿のスケールの大きな行動は楽しいが、強引すぎてついていけない
	箕宿	共感するが、本質的にはマッチしていない。箕宿の言葉の強さに時々びっくり

明るく人付き合いのよい危宿。「安壊」の人とはうまくいかなくても、人生を方向づけるキーパーソンに。「栄」の人はひらめきで生きる危宿の人生に意義を与えてくれます。「親」の人とはセンスや波長は合うけれど、現実的な行動を共にするのには向きません。思い合える関係が結べるのは「友衰」の人。「危成」の人は危宿の弱点をいろいろな角度で補ってくれる人が多いはず。「友衰」「危成」との関係を大切にしたいのなら、こまめに接点を。共有するものがないと近づかない「命」、逆に近づきたいと思うのが「業・胎」の関係です。

♥危宿と恋愛するなら【パートナーとして】

危宿は、軽く見えても**遊びの恋はせず常に本気**。ロマンティストでうっとりするような演出に弱く、**強く迫られると案外受け入れてしまう**ので、交際までのハードルは低いかも。問題はその後。恋人がいても結婚していても、**ときめきが最優先**。関係が安定してしまうとよそ見をするので、ときには情熱的に、恋人気分を盛り上げることを忘れずに。

実はとても情が深い危宿はほれた相手がだめ人間とわかっていても、冷たく断ち切れずに引きずってしまう傾向が。人生の中で、何度か恋愛がらみの波乱がありそうです。

一度好きになると、すぐ結婚を考えるようなせっかちなところも。危宿との結婚を考えているなら、その流れに乗ってしまうほうが案外幸せです。タイミングを逃すとズルズル同棲を続けてしまうなど、**腐れ縁のような関係になりやすい**ので気をつけましょう。

結婚すると、パートナーに優しく尽くすので、夫婦仲は安泰。危宿の男性は、妻の愛に応え、子供も可愛がりますが、基本は遊び人で、**他の女性との関係も同時進行**できるタイプ。妻子と一緒に楽しめるレジャーや趣味があれば、浮気心を抑えられそう。女性は一緒に遊んで楽しい男性を求めるので、パートナーに経済的な余裕がないとつらくなるかも。

恋愛も人生もときめき重視。パートナーがいても、自分を強く求めてくれる相手がいれば突っ走ります。危宿の浮気心を阻止するには、常にときめきを提供すること。甘い言葉、ささやかな贈り物など、ベタな演出で気を引き続けて。

危宿と仕事するなら【同僚や上司として】

興味のある分野では人と違ったアイディアを発揮し、センスが良く人付き合いもうまい危宿は、マスコミや芸能、アート、料理や飲食、サービス業、スポーツ関係など、**多くの人と接したり創意工夫ができる職業**で高い人気と成果を得られます。短期集中で一回一回結果が出ることなら、持続力のなさをカバーできるはず。興味の持てる分野なら仕事ぶりは緻密です。**癒やしパワーもあり**、健康関係の仕事も向いています。フットワークが軽く、追い詰められたギリギリの状況で不思議なパワーを発揮します。

危宿の部下は、好きなもの以外では頑張りがきかず、ほとんど使えないことも。まずは、**小さな目標をいくつか達成させて、モチベーションを上げましょう**。やる気スイッチさえ入れば、危宿はチーム内で思いがけない刺激を与える存在になってくれるはず。それでもやる気が出ないようなら、部署や担当替えを検討したほうがいいかもしれません。

危宿の上司や先輩は、やさしく話しやすいので、相談相手にはぴったり。ただし実力主義で出てきたものへの評価は辛口。また重要な案件でも、その場のノリで結論を出すので、一度ゴーサインが出ても、**報告やフォローをまめに入れて念押し**するのを忘れずに。

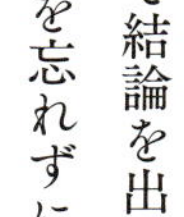

ムラっ気がある危宿は、コツコツ積み上げる仕事や、やり直しがきかない仕事には不向き。特に、経理関係は苦手なので任せないように。行き当たりばったりのところもあるので、業務計画や進行状況はまめにチェックしましょう。

♫危宿と仲良くするなら【家族や友人として】

かなりの気分屋で、乗っているときと乗らないときで雲泥の差がある危宿。内心、自分でもそこに困っていることも多いので、**やる気スイッチを押してくれる人**は信頼するし、大好き。危宿のアイディアを一緒に面白がったり、反対に冷静な態度で心をフラットに戻したり、心のツボを刺激してあげれば、かけがえのない存在になれるでしょう。

危宿は、食費を削ってでも**趣味やオシャレにお金をかける**ので、同じ話題を楽しむと親近感を持たれそう。健康オタクなので体にいい情報も喜びますが、中途半端で続かないことも。

普段は好奇心旺盛で忙しく動き回るため、ストレスを溜めてしまいがち。体は、読書や映画など心を遊ばせることで、心は、スポーツやエクササイズで汗をかくことでデトックスできるので、体調に合わせたレジャーの提案を。時間があると**目いっぱい予定を入れたがる**ので、時々、何もしないプランの旅に誘うのも結果的に喜ばれます。

危宿の子供は、将来を期待したくなる光るものを持っています。でも、成長すると必ず遊び好きな面が出てきて、**勉強が後回しになりがち**。親は勤勉さを身につけさせるよう心がけて。遊びや趣味に散財しやすいので、お小遣いを与えすぎないように。

好きなことには常識を超えるほど没頭する危宿。何事もやりすぎる傾向があるので、近くにいる人が引き戻してあげて。お気楽そうに見えても、本人は思慮深いつもりでいるので、「いいよね、いつも楽しそうで」はNGワード。

室《しつ》宿《しゅく》

【 無邪気で大胆なトップランナー 】

特徴

ここ一番で勝負強い
エネルギッシュな自信家
学歴と違う頭の良さや
目配りで人を動かす
強引になりすぎると
晩年に運が急降下

室宿の基本性格と運命

「室」は、家の一番奥にある部屋、インドの星の名は輝くほうへ踏み出すという意味で、**大きな仕事をする豊かなパワー**の持ち主。前の危宿が精神的な満足を追求するのに比べ、室宿は物質的な満足を求め、周囲を巻き込みながら現実をダイナミックに動かします。**エネルギー過多な自信家**で、自己中心的。信じた道をブルドーザーのような勢いで突き進みます。好き勝手していそうで、結果的に、**その分野や人への献身、貢献**につながることも少なくありません。ありのままの欲求に忠実で、好きなことにはとことん情熱的。楽天的で度胸もあるため、ここ一番で能力を発揮できる勝負強さもあります。

放り込まれた環境に順応しやすく、**学歴とは違った頭の良さ**を感じさせるタイプ。実践的に学ぶ場が増えるほど、人の見ていないところで人のやらない努力をして実力を磨き、一代で財を築いたり、名声を獲得したりすることも多いでしょう。

自己顕示欲が強く、怒りっぽくて人にキツい一方で、無邪気で律儀なところもあり、アクが強いわりに**意外と人に憎まれません**。室宿の成功運は、ただ力業で勝ちとるものではなく、細かい目配りができ、周囲に協調できるという長所によるものも大きいのです。

【室宿の有名人】各界のレジェンドが揃う宿。政界では田中角栄、芸術では岡本太郎、藤沢周平。スポーツ界では長嶋茂雄、星野仙一、松井秀喜、羽生結弦。芸能界ではタモリ、木村拓哉、草彅剛、堂本光一、櫻井翔、黒柳徹子、中島みゆき、篠原涼子、仲間由紀恵。

室宿の開運ポイント

基本的に自分以外にあまり興味がなく、**せっかちでドライ**。人間関係の見切りも早く、ささいなことで大事な相手を断ち切ってしまうことも。いつも人に囲まれて友人が多いようで、**深く付き合う相手は少ない**ほうかも。強引になりすぎたり、本当に心を許せる人とのつながりを築いたりしておかないと、晩年に運が急降下するので注意して。

支えとなるのが、立場や肩書を離れて語り合える**利害関係のない友人**です。室宿は、目的のためなら手段を選ばないところがあるので、親以外で、人としての生き方や哲学的な思想をたたき込んでくれる、**人生の師と呼べる相手に出会えるかどうか**も重要。そんな人間関係を自ら求め、つながりを保てれば、人生の最後まで豊かでいられるでしょう。

人を頼ったり任せたりせず、自分が率先して動くことで人もついてきます。ただし、調子がいいと自信過剰になり、目上の人や周囲へのリスペクトを忘れると失敗します。

自分の欲望に執着しすぎると、流れを読み違えて、ただの強引で身勝手な人になってしまうのでご用心。最大の長所である、**緻密さと配慮を常に忘れずに**。ささやかでも、寄付やボランティアにお金を使うと金運がアップします。

室宿のライフサイクル

「成」の年である2018年は、「いつかは……」と長年、追いかけていた夢や目標がかなうことがある星回り。ただしゴールは同時に次のスタートのとき。翌2019年の「危」の年は、新たな体験をすることも多く、あなた自身もいろいろな挑戦をすることに。ただし2019年から運気ゾーンは「近距離」から「中距離」に変わります。ここからは、それまでの比較的〝自分ファースト〟な生き方が、自分以外の誰かのことを優先させたり、周囲との連携、協調を強く意識する過ごし方に変わることになりそう。そんなふうに人に〝もまれ〟ながら切磋琢磨することで、2022年の「栄」の年には努力が報われる出来事もあるでしょう。そして2023年には運気の大きなターニングポイントの「胎」の年を迎えます。ここは、少しシビアな現実を受け入れ、ひとつ〝大人〟へと脱皮をするようなタイミング。また翌2024年「親」の年からは、運気ゾーンは「遠距離」へと変わり、自分が何をしたいか以上に、相手や周囲があなたに求めること、望むことを意識して、それに合わせていくことが必要な時期となります。そこまでに人から望まれ、認められる技能や知識を持ち、磨きをかけておくことが、その先の幸運の鍵に。

2018	2019	2020	2021	2022	2023	2024	2025	2026	2027	2028
近距離の成	中距離の危	中距離の安	中距離の衰	中距離の栄	胎	遠距離の親	遠距離の友	遠距離の壊	遠距離の成	遠距離の危

※2018年～2028年の運気の流れ

★ 室宿との相性 ★

気になる相手の宿との相性をチェックしましょう。宿星の地色は宿と宿がどれくらい離れているかを示しています。▇は遠距離、▒は中距離、□は近距離です。

関係	宿星	どんな相手？
命	室宿	相手の能力は認めつつも、負けまいと張り合い続け、強力なライバルになる
業	井宿	クールなキレ者の井宿には、そばにいてほしい。自己中心的になると離れる
胎	氐宿	何事にもタフな氐宿は魅力的だが、関係性に幅がなく、付き合いは短期間に
安	星宿	努力型の二人は、協力し合えば効果絶大。だがトップ争いとなり絆にも亀裂が
	尾宿	受け身の尾宿は、室宿の奔放さにストレスを溜める。敵対視され、面倒に
	婁宿	綿密な婁宿には頭が上がらない。争えば勝負には勝つが失うものも大きい
壊	軫宿	優しい軫宿はわがままをきいてくれるが、度がすぎると逆襲されて痛い目に
	畢宿	共にパワーは強いが、畢宿の粘る力にはかなわない。室宿がキレて離れる
	女宿	補い合える関係だが、女宿がいつの間にか仕切る。陰湿な面も共感できない
栄	鬼宿	長所も短所も受け入れ、励まし合える優しい関係。長く付き合うほどいい縁に
	房宿	上手に室宿を立てるので気持ち良く付き合える。でも、房宿が陰で実権を握る
	壁宿	室宿を支え、多少のムチャぶりにも対応。趣味や遊びで盛り上がることもできる
親	亢宿	こだわりの強い二人だが話せばわかり合える。亢宿は最後まで味方
	参宿	ぶつかり合いながら絆を深めていく。手を組めば大きなことも成し遂げられる
	危宿	危宿の無邪気さに翻弄されるが、最後は室宿を頼るバランスのとれた関係
友	角宿	想定外の付き合いへと変化していくが、大らかな二人はイレギュラーも楽しい
	觜宿	觜宿は室宿の無邪気さが好き。提案も素直に受け入れてくれるので楽
	虚宿	虚宿の複雑な心には気づけない。でも、虚宿もそんなドライな関係を楽に感じる
衰	柳宿	自己中心的で、相手に関心がないぶんトラブルもない。気楽に付き合える
	心宿	互いの能力が相手を生かす。心宿の人の心を深読みする能力は役立つ
	奎宿	緻密な奎宿は、雑なところを突いてくる面倒な存在。優等生的発言も苦手
危	張宿	物の見方が根本的に違うのでわかり合えない。すぐに気づくので深入りしない
	箕宿	共に度胸があるので共感できるが、立場が近いと主導権争いで大モメに
	胃宿	利害が対立しやすく、実力者同士で争いは泥沼化。長期戦だと室宿が負ける
成	翼宿	室宿の前だと本来の底力を発揮できない。リラックスする環境を作って
	昴宿	昴宿の知性は向上心を刺激するが、室宿は無意識に世界観を否定する
	斗宿	実力とアピール力を持つ室宿に嫉妬。無視しても話し合っても関係改善は無理

パワフルで自己中心的な室宿が甘えられるのは、大らかに接してくれる「栄親」の人。さすがの室宿もコントロールできないのが「安壊」の人です。争うと傷つくことになります。「危」の人とは室宿が強引になるとたちまちぶつかることになりますが、「成」の人は何もしなくてもプレッシャーに感じます。大切にしたいのなら、きめ細かくケアをしましょう。「友衰」の相手とは無邪気さがポイントになってつながり、比較的楽な関係になるでしょう。縁の深い「命・業・胎」の人は気になる存在で、かなり影響を受けます。

♥室宿と恋愛するなら【パートナーとして】

室宿は、男女で恋愛傾向が異なります。男性は、女性と派手に遊ぶタイプと、女性にも仕事の話しかしない恋愛音痴タイプの二通りいます。どちらもしっかり家庭を守り、自分を癒やしてくれる女性が理想なので、**面倒見の良さや母性をアピール**してみて。

前者のタイプの男性は、仕事がうまく行くほどモテるため、打算的になって結婚を迷ったり、結婚後も女性問題を起こしたりする心配が。おだてる、励ますなど、あの手この手でアプローチを。ホッと**くつろげるような空間を提供**してあげると、少しは浮気心も治まりそう。

室宿の女性は、しっかり者で本来は尽くし型ですが、若いときは大人しい女性に見えても、次第に力をつけて男性を圧倒します。仕事に夢中になると、恋愛や結婚は後回しにしてしまうので早婚がおすすめ。アプローチするなら、頑張る室宿女性を支える覚悟で。

とはいえ、男性のプライドを無邪気に傷つけたり、**完全に女性優位の格差婚**になったりする可能性も高いので、それでも耐えられる覚悟を結婚前にしておかないとケンカの元です。

ただし、子供への愛情の深さは27宿中で一番。夫婦間で問題が起こったとしても、**子供が夫婦の仲をとりもつ**なんてことがあるかも。

室宿はエネルギッシュなだけに恋愛でもクセがあり、交際期間が長くなると、相手のほうが悩みや不安を抱え込むことに。気持ちが固まっているなら、さっさとプロポーズして、男女ともに早めに結婚したほうが家庭は安定します。

室宿と仕事するなら【同僚や上司として】

大胆な大物タイプなのに緻密さもあり、**成功運は27宿中一番**。実力で評価されて、世界をあちこち飛び回るITや貿易関連、大衆を相手にするマスコミや広報、販売で力を発揮するでしょう。ネットなどの**広い世界を相手にダイナミックに動く**のも、資質を生かせます。また動物好きが多いので、動物に関する活動も運気アップにプラス。

繊細な配慮で多くの人を動かす仕事もやってのけ、ここぞというときに力を発揮する勝負強さもあり、上司なら頼もしい存在、同僚や部下なら大きな仕事も安心して任せられます。**ひとりの寂しさがストレスになる**ので、室宿を中心にチームを組むと力を発揮しそう。

室宿の部下は、人から見えないところで、どんな犠牲を払ってでも成果を上げようと懸命に頑張っています。注目されるのが大好きなので、**陰の努力を人前でほめてあげる**と、いきなりモチベーションが上がり、もっとほめられようと奮起するでしょう。

パワフルなぶん、思い上がりが不協和音を生むことも。個人的な立身出世を目指すばかりでなく、**会社や業界への愛着やプライドを持てるよう**視野を広げられると、一皮むけるはず。ビジネスゴルフでも一緒に自然の中に出かけると親しくなれます。

室宿は人並み外れた努力をするので、同じテンションで動かない人はバッサリ切り捨てる傾向が。頑張っても成果を上げられない人には熱心に指導しますが、上から目線なのがちょっとウザいかも。それでも、話の腰は折らないこと。

♫室宿と仲良くするなら【家族や友人として】

一見ほんわかして見えても、本当は超負けず嫌い。**人のものを強引に奪う力もある**ので、味方にいれば心強いけれど、敵に回すと怖い存在になります。ぶつからない、争わない関係を心がけて。もっと絆を深めたいなら、**立場や肩書を離れた友人関係**になるといいでしょう。一緒にレジャーや食事を楽しむなど、仕事を抜きにしたところで親しくなると、いい刺激を与え合いながら長く付き合える関係を築けるはずです。

アクティブな室宿は運動不足になると運が下がるので、ストレスが溜まっているときほど**体力を使うイベントに誘って**あげて。地平線や水平線などの広大な景色を見渡せる場所、街中なら高層階の展望台、スタジアムで試合やライブを楽しむなど、**開放感を味わう時間も有効**。日常から離れられる海外旅行、海や山でのアウトドアもおすすめ。

室宿の子供は自己顕示欲が強く、**人に合わせないのでケンカも多い**はず。そのぶん活発で存在感があります。だからこそ、子供時代の教育はとても重要。抑えつけても反発するだけなので、勉強だけでなく、スポーツや習い事を思いきりやらせて。過剰なエネルギーを燃焼させれば、荒っぽい言動を次第にコントロールできるようになるでしょう。

スケールの大きい行動力は室宿の魅力ですが、動き出したら簡単に止まらず、事態を悪化させてしまうところも。そんなパワーを抑えたいときは、義理人情や損得に訴えるのが一番。ただし急停止するので、フォローは必要です。

壁《へき》宿《しゅく》

【芯が強く世話好きなサブリーダー】

特徴

見返りなしで人を助ける
縁の下の力持ち
本質を見抜く目と分析力で
裏から人やものを動かす
意外に遊び好きで
凝りすぎるオタク気質

壁宿の基本性格と運命

「壁」は、壁のように動じない強い信念を示し、インドの星の名は、聖なる炎を維持しようとする献身を意味します。壁宿は見返りを求めず、**縁の下の力持ち**として、自分の身を捧げるように何かを支えます。自分から目立とうとしない理由は、気が弱いからではなく、**引いたほうが自分の信念が通しやすい**と知っているからです。人の意見を受け入れ、相手に譲ることもできる温厚な性格。心優しいお人好しで、人に甘く見られることもありますが、嵐の中でもビクともしない芯の強さとダイナミックな行動力を備えています。

常に物事の裏と表を考えて、**本質を見抜く目と分析力**があり、裏から人やものを動かそうとする独特のやり方で、慎重に目的を果たします。やさしく庶民的ですが、実は意外とやり手の策士で、いざとなると修羅場にも強いのが特徴です。

出世やステイタスには無関心で、金銭感覚もしっかりしています。名より実をとるタイプで、自分の満足感や目標達成のためにコツコツ努力するリアリストです。

静かな印象の壁宿ですが、**意外に遊び好き**。芸事が好きで、技能にも恵まれ、凝り性なので趣味的なものに没頭しすぎると、ちょっと変人っぽくなることも。

【壁宿の有名人】 何かを支えようとして本領を発揮するタイプで、草刈正雄、三浦友和、薬丸裕英、国分太一、村上信五、綾野剛、成田凌、岩田剛典、吉永小百合、安藤優子、宮部みゆき、荒川静香、小林麻耶、オードリー・ヘップバーン、ヴィクトリア・ベッカム。

壁宿の開運ポイント

普段は控えめな壁宿ですが、本気で支えたいと思う相手に出会ったり、困難な状況の人を見つけたりすると、本領を発揮。だれかに尽くしたい、フォローしようと決めたときから、壁宿は個性的な魅力を発揮します。

壁宿は根が寂しがり屋なので、いつのまにか**支えていた相手に依存**してしまい、苦しむことも。ピンチをチャンスに変えるには、サポート対象をボランティア活動など大きな世界に広げましょう。**多くの人と交流を持つ**ことで、献身が大きく運が花開くでしょう。

遊び好きでこだわりも強いため、好きなことにはどハマりします。行きすぎると、私生活まで謎めいた**風変わりなオタク**になりやすく、人嫌いなように見えて損をするかも。秘密を持つのが得意ですが、それをいいことにやりたい放題すると運気が乱れます。

穏やかで人に好かれますが、自分からはあまり人に心を許さないところがあります。物事を突き詰めて考えすぎると、厭世的で暗い人になる傾向も。

でも、壁宿の使命は人を支えること。自分が今、**だれを守るべきか、サポートしたいかを心に問いかける**ことで、自分の居場所を見つけられるはずです。

壁宿のライフサイクル

近距離の「壊」の年である2018年は予想外の変化に遭遇しやすいとき。ただ、その変化は必ずしも悪いことばかりではなく、〝ピンチはチャンス〟的な起死回生の選択、うれしい道を開くことも。変化を恐れて、現状にしがみつくこと。そうなると翌2019年の近距離の「成」の年に巡る、目的達成、願いがかなうパワーが失速。積極的に変化を受け入れれば、運気に弾みがつき、2020年の「危」の年はあなたを大きく変える人やモノ、分野との出会いを引き寄せることができます。ただ2020年「危」の年から運気ゾーンは「近距離」から4年間の「中距離」に変わります。「近距離」のときは、自分を中心に物事を考え、自分のために時間を使えることも多いのですが、「中距離」の運気では、自分以上に優先する人が出現したり、周囲と調和、連携して動くことが多くなっていきます。それでも、そんな濃い人間関係の交流の中から、2023年の中距離の「栄」の年までに、あなたが今後ライフワークにしたい、じっくり取り組みたいものとの出会いがあり、また新たな夢が生まれるはず。それによって2024年「胎」の年は生き方を大きく変えるエポック的な年になるでしょう。

2018	2019	2020	2021	2022	2023	2024	2025	2026	2027	2028
近距離の壊	近距離の成	中距離の危	中距離の安	中距離の衰	中距離の栄	胎	遠距離の親	遠距離の友	遠距離の壊	遠距離の成

※ 2018 年～ 2028 年の運気の流れ

★ 壁宿との相性 ★

気になる相手の宿との相性をチェックしましょう。宿星の地色は宿と宿がどれくらい離れているかを示しています。■は遠距離、■は中距離、□は近距離です。

関係	宿星	どんな相手？
命	壁宿	互いのマニアックさに興味津々。異なるジャンルにハマっていても響き合う
業	鬼宿	鬼宿は、壁宿の個性的な世界に惹かれ、ついていく。共に献身的な生き方を
胎	房宿	デリケートな房宿は守ってあげたい。距離を取りながら長く付き合うことに
安	張宿	表向きは良好だが、張宿は壁宿を下に見るので傷つき、信頼を失う
	箕宿	戦い方は真逆だが、壁宿が勝つ。箕宿は再戦に燃えて、ライバル関係に
	胃宿	惹かれて接近し、壁宿が胃宿を支える。だが裏工作を共同で始めると自滅
壊	角宿	無理をきく役割に。堅実で発展性はないが、遊び仲間だと歯止めがきかない
	觜宿	互いに慎重だが、思慮深い觜宿が一枚上手。わかっていても関わる
	虚宿	穏やかだが迷いがある虚宿。深入りすると、すべてを捧げて尽くすことに
栄	柳宿	表で活躍する柳宿を、裏方の壁宿が支える。協力し合い、チャンスを摑む
	心宿	心宿の複雑な感情を理解できる。いい遊び仲間で、長い付き合いに
	奎宿	表向きは協力し合って良好な関係を維持。だが互いに本音は明かさない
親	氐宿	飾らない氐宿とは楽に付き合える。協力できるが、氐宿次第で関係が変わる
	井宿	オタク気質が二人を結びつける。二人きりより数名で会うほうが盛り上がる
	室宿	肩の力が抜ける間柄だが、大雑把な室宿には、何かと世話を焼きたくなる
友	亢宿	亢宿の強い信念は尊敬。それ以外への興味が薄く、限定的な付き合いに
	参宿	ボス的な参宿へのアシストは、壁宿が本領発揮でき、評価も上がる
	危宿	正直な危宿に気を許せる。最初は遊び仲間だが、公私ともに助け合う
衰	星宿	こだわりのある生活を好み気が合う。奔放な壁宿が星宿に合わせて頑張る
	尾宿	一途すぎて疎まれる尾宿を支えようとするが、遠慮のない甘えに疲弊
	婁宿	ともに無駄を嫌い、心に余裕が生まれない。長い間一緒にいると辛くなる
危	翼宿	自分の世界観で生きる翼宿とは、共有できるものが必要。視野を広げて
	斗宿	高い志を掲げてストイックに戦う斗宿は、自分にはないパワーをくれる
	昴宿	微妙にズレはあるが、そんな違いを面白がれる。意外な共通点も発見できる
成	軫宿	交友関係が広く、情報通の軫宿からいろいろ学べるし、助けられることも
	畢宿	畢宿のひたむきさは壁宿を惹きつける。支えているつもりが支えられている場合も
	女宿	壁宿は個性を、女宿は世間体を重視。女宿が弱さを見せると支えに

人には好かれますが、自分からは簡単に心を許さない壁宿は、マイペースな「友」の人や、自分の世界を持っている「命・業・胎」の人とは気が合い、楽しいでしょう。人間関係が限られると、世界が狭くなり、実力が発揮されないこともあります。ふだん接点のない「危成」の人と付き合うことは、教わることもあり大切でしょう。人を助けたいと思っている壁宿は「安壊」の人に無条件に尽くしたくなったり、嫌でも深い関係に陥ることも。深入りすると、自分の生活がなくなってしまったり波乱に巻き込まれることもあるので、注意しましょう。

♥壁宿と恋愛するなら【パートナーとして】

ひとりの相手とじっくり付き合う、真面目で純情な壁宿は見た目よりモテます。受け身で押されると弱いタイプなので、清純なイメージに見えても**恋の数は案外多そう**。実家との縁が深く、若いうちに親や身内の面倒を見ると一生シングルを貫く人もいます。

壁宿は、男女とも、意外に**相手のルックスを気にする美形好き**なので、接近したいなら自分なりにメイクやファッションに手を抜かないで。最終的には、自分を強く求めてくる相手を選ぶので、自信がなくても、積極的にアプローチしてみましょう。「あなたなしじゃ生きられない」という軽いアピールは有効かも。アクシデントや**トラブルがきっかけで結ばれる**ケースも多いので、出会いのシチュエーションが悪くてもあきらめないこと。

壁宿の女性は、年齢差のあるパートナーを選ぶことが多く、家庭的な妻になります。自分が**役に立てる相手に好意を持つ**ので、感謝の言葉さえ忘れなければ苦労にも笑顔で耐えます。壁宿の男性は頑張る女性を支えたがり、結婚後はやや緊張感のある恐妻家ポジションが心地いいはずなので、家事の分担もＯＫ。逆に、亭主関白にしておくと浮気が増える恐れが。男女ともに子供への愛情は深く、献身的に子育てをします。

頼られないと、愛されていないと感じる壁宿。パートナーが相談なしに物事を進めたりすると、心が離れるかもしれません。案外、スピリチュアルなものに興味があって影響を受けやすいので、悪い結果の相性占いは見せないで。

壁宿と仕事するなら【同僚や上司として】

壁宿は、見かけによらずビジネスセンスがあり、駆け引き上手で緻密な計算も。アドバイザーやコンサルタント、秘書など、参謀役や№2の立場で業績を伸ばし、右腕となって活躍。比較的体力があり、サービス精神も強いので、スポーツ、レジャー業界、美容、医療、介護、動物関連の分野でも評価されるでしょう。保守・管理など**守る仕事**も適職。

壁宿の部下は、一歩引くことができるし、**困っている人を助けたくなる**面倒見のよさで、目上からも目下からも好かれます。人とは違う発想もあり、人がやりたがらないような**地味な分野のビジネスチャンス**を見つけて稼ぐこともできます。事業のテコ入れ、予測しにくい最先端のものを扱う仕事、企画開発などでも成功します。**仕事の使命と目的がはっきりする**と意欲が変わるので、そこを明確に伝えましょう。

壁宿の上司は、**人の意見を聞き入れる柔軟性**があり、ダイナミックに物事を判断できるので、対応できることは前向きに検討する誠実なボスです。無理なことはきちんと理由を説明してくれるはず。ただ人がよく、お金についても甘い面があるのでそこを指摘、フォローするとより信頼を得られます。

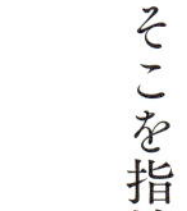

壁宿が自分でトップに立とうとすると、意外なところからたたかれたり、しつこい敵が現れたりします。よくわからない借金や、危ないもうけ話で散財する運気もあるので、孤立しないよう周りがしっかりサポートしてあげて。

♫壁宿と仲良くするなら【家族や友人として】

壁宿は本来、温厚で庶民的。だれにでも公平に接するので、人気があります。交友関係も広いのですが、実は自分からはあまり声はかけません。頼りにされたり期待されたりするのは大好きなので、**壁宿が得意なものの話を聞く**のが、コミュニケーションの第一歩です。いったん仲良くなれば、生涯変わらない強いつながりを築けます。

壁宿は面倒見がいいぶん、自分が頼ったときに冷たくされるとかなり傷つくので、**SOSを見逃さないで**。お人好しで危ない話にも乗りがちですが、痛い思いをしないと納得しません。〝大ケガ〟にならないようにどこかでブレーキをかけるアドバイスを。

人の役に立っているときは休みがなくても頑張れるのに、自分のためだけに動くと、どこか調子が出なくて疲れがちな壁宿。そんな謙虚な心を、物言わぬ動物や植物が癒やしてくれます。動物園、水族館、牧場などで、**生き物と触れ合う時間を一緒に**楽しんで。

壁宿の子供は、大人しくて扱いやすい性格ですが、ほかの子供とは少し感性が違います。一般的な**枠にはめると個性がつぶれる**ので、妙なものが好きでもとりあげないように。ただ生活がルーズにならないよう気をつけてあげましょう。

壁宿は我慢強いため、気がつくと手遅れのことも多いので、定期健診を勧めてあげて。子供やペットなど、自分が支えていたものを失ったときに大きなストレスを感じます。少しでも弱音を吐いたら、すぐに全力でフォローを。

奎《けい》宿《しゅく》

【 結婚運トップの緻密な理想主義者 】

特徴

ピュアな感性を失わず
上品な意識高い系

共同作業で力を発揮し
異性に助けられる

いくつもの世界を持ち
秘密がバレにくい

奎宿の基本性格と運命

「奎」は人の股を示す文字、インドの星の名は星座の形、河と小舟を表し、奎宿が秘めた世界をいくつも持ち、自在に行き来できる性質と能力があることを示します。

一見、**クセのない上品で素直な人柄**で、規則や礼儀、調和を大切にする穏やかな性格です。ピュアな感性を失わないため清潔感があり、高い理想と向上心を持ち、身近な人と力を合わせながら生きます。精神性が強く、正論を言うためかやや度量が狭い世間知らずにもなりがち。そして慎重そうに見えて、**思いついたことは即実行**する熱中体質。

奎宿は、**異性から助けられる運**を持ち、必ずしも愛情で結ばれた関係でなくても、異性のパートナーと手を組むことで大きな力を得て、活動の幅を広げます。さらに、結婚で有力な後ろ盾を得られることも多く、27宿中最も結婚運が良いとされています。

奎宿は、だれかと親密に力を合わせたほうが大きな仕事ができて、面白いものを生み出すタイプ。不思議と表に出ない秘密の協力関係を持ちがちなのは、律儀で緻密な性格だから。感性が細やかで知的好奇心の幅も広いため、サイドビジネスや密かな趣味、浮気など、自然と**いくつかの世界を同時進行**して、まったく違う顔を持つマルチな才能の持ち主です。

【奎宿の有名人】なぜか家族や係累、結婚に関する話題を振りまくことが多い。奥田瑛二、野田秀樹、所ジョージ、羽鳥慎一、坂上忍、桜井和寿、妻夫木聡、永山絢斗、菅田将暉、林真理子、大竹しのぶ、蜷川実花、松本伊代、松たか子、高橋真麻、北川景子、宮原知子。

奎宿の開運ポイント

奎宿は**27宿中トップの結婚運と玉の輿運**がある人。独身時代に問題があっても条件のいい相手と結婚できるので、一度は結婚してみると運気がアップするでしょう。再婚運もあるので、無理に仮面夫婦を続けるくらいなら、別れて次のパートナーを探すほうがベター。

異性に限らず身近な人と交流し、その中で個性を引き出していくほうが、スケールの大きなことを成し遂げられます。できれば、**リスペクトしあえるパートナーや仲間を見つける**ことでチャンスが生まれます。

奎宿は、ヒラヒラといくつもの世界に神出鬼没に現れ、知的な刺激を受けて人生を楽しみ、多彩でマルチな活動ができます。内緒の趣味やサイドビジネスを持つことも多いけれどそれが誰かを裏切るような後ろめたいものになってしまうと、運気に陰りが出ます。**人に打ち明ければ賞賛**されることだけにしておきましょう。

親や配偶者の家の仕事や財産を受け継ぐ運もあり、親族との絆は幸運のカギ。血縁がなくても、人から何かを託されることも。後継者になると、何かで運気が一度は大きく落ち込む傾向はありますが、結果的に**家業や受け継いだものを大きく発展させる**と言われます。

奎宿のライフサイクル

近距離の「友」の年の2018年は人との出会いが多く、その中には、今後、濃く関わる相手、あなたの人生を大きく変えるキーパーソンがいるかも。翌2019年は近距離の「壊」の年で予想もしない出来事が起こりやすく、計画や予定の変更を余儀なくされることも。仕事や社会的な立場が微妙に変わるので、それによって人との距離感も変わり、離合集散もあり、「まさか」の相手と離れたり、モメたりする場合も。でも、そんな波乱を乗り越えれば、2020年の「成」の年には、あなたの長い間の願いや夢を叶えることができるでしょう。そのため、その翌2021年の「危」の年は、あなた自身が望まなくても、新しいことに挑戦したり、それまでとは違う生活スタイルを築いていく時期になります。また2021年には、運気ゾーンが「近距離」から「中距離」に変わり、それまで以上に周囲との連携や協調が必要になり、あなた自身の意思もストレートに反映しにくい環境、状況に身を置くことがあるかも。そんな中で人と触れ合い、磨かれることで、2024年の「栄」の年には、それまでとはスケールの違う成功、チャンスをつかめるはず。それを踏まえて2025年「胎」の年は、生き方を変える人生のターニングポイントの年になりそうです。

2018	2019	2020	2021	2022	2023	2024	2025	2026	2027	2028
近距離の友	近距離の壊	近距離の成	中距離の危	中距離の安	中距離の衰	中距離の栄	胎	遠距離の親	遠距離の友	遠距離の壊

※ 2018年～2028年の運気の流れ

★ 奎宿との相性 ★

気になる相手の宿との相性をチェックしましょう。宿星の地色は宿と宿がどれくらい離れているかを示しています。■は遠距離、■は中距離、□は近距離です。

関係	宿星	どんな相手？
命	奎宿	同じ方向を向いて進めるが、近づきすぎると嫌な面も見えてきて離れる
業	柳宿	共に自己中心的なので共同作業は向かない。スルーできない存在
胎	心宿	規則重視の奎宿だが、心宿のことだと感情が先行。リードする側に
安	翼宿	信念を貫き通す翼宿は支えたい。どちらかが怠惰な気持ちになると不仲に
	斗宿	似たところがあり穏やかな関係。一緒にいると奎宿のドライな部分が目立つ
	昴宿	距離があれば安泰。争うと奎宿が有利。結婚相手だと元々の運が生きない
壊	亢宿	補い合える相性だが、亢宿が押さえつけ従わせようとしてくると関係が乱れる
	参宿	惹かれ合うが、本質が異なるのですれ違いに。愛情表現も嚙み合わない
	危宿	気を許して、秘密を打ち明けられるが、危宿の奔放さに振り回される
栄	星宿	大きな夢を持つ星宿から影響を受ける。親しくなると奎宿をバックアップ
	尾宿	実現力が高く息が合う。粘り強い尾宿は味方になり、達成率も上がる
	婁宿	大人の対応ができる者同士で安心して一緒にいられる。奎宿がリードを
親	房宿	身内を大事にし、いい関係に。一緒にいると房宿が現実的なことを処理
	鬼宿	鬼宿は憧れ。奎宿が現実的なサポートをすれば、夢を追うパートナーに
	壁宿	いいときも悪いときも側にいて奎宿をサポート。心を明るくする相手
友	氐宿	現実問題の対処法を教えてくれる。距離感を保ちながら長い付き合いを
	井宿	観察力と分析力からは多くのことを学べる。奎宿の突き詰め癖も止める
	室宿	好奇心旺盛な奎宿にとって行動力は魅力。タッグを組めば大きなこともできる
衰	張宿	失敗を恐れやすい張宿だが、奎宿がいれば安心。感謝も返してくれる
	箕宿	実行力は抜群の箕宿。一緒にいると物事が大きく進む。大胆さがまぶしい
	胃宿	秘密主義で共感する部分がある。胃宿に緻密さを求めると関係が壊れる
危	軫宿	困ると人を頼る調子のいいところが苦手。本音は語らず表面的な関係を
	女宿	世の中の常識を厳守する二人。当たり障りのない付き合い止まりに
	畢宿	畢宿の強情さはプライドを傷つけ、弱点も露呈させる。争ってもかなわない
成	角宿	角宿の奔放ぶりにはついていけない。都合のいい判断をし、読み間違う
	觜宿	冷静な二人は、深く関わろうとしないためクールな関係に。そのほうが無難
	虚宿	理論派の奎宿と感覚派の虚宿はわかり合えない。せめてプライドを尊重

困ると必ず誰かに助けてもらえる運の持ち主である奎宿。「安壊」の人とは縁が深いけれど、関わると、穏やかそうで過激、優しいがドライ、金銭に細かいようで大胆など秘めた一面が表面化しやすい。「栄」や「胎」は珍しく奎宿が引っ張る関係に。「親」の人は奎宿に夢中になり、相手と認め合うようになります。「命・業」は気になる存在でも、あまり物事を共有しないでしょう。「友衰」の人はつかず離れずの距離から知恵や力を与えてくれます。「危成」の人は縁も薄く相いれない存在。表面的なお付き合いにとどめておくのが無難。

奎宿と恋愛するなら【パートナーとして】

どこか品の良い奎宿は、スキがなさすぎて、気軽に声をかけられない雰囲気の人も多そう。本気になれる恋しかしないので、**どうでもいい相手からのアプローチには乗りません**。たまに遊び人タイプの奎宿もいますが、本命と遊び相手をきっちり分けて交際します。

そんな清く正しい奎宿を振り向かせるなら、話したり、誘ったりしながら他の人は知らない**共通の時間や体験**をなるべく増やして、ちょっとした秘密が共有できたらもう特別。何か偶然のことがあると運命を感じてくれるのでそれは利用して。**やや大げさなくらいのリアクション、さりげないスキンシップは、恋を進展させるために不可欠**。奎宿への告白、プロポーズもこちらから積極的に出るべき。

つきあい始めたら、**結婚まではとんとん拍子**。奎宿は夫婦仲もよく、双方の家族から有形無形のものを受け取るとも言われていて、互いのステータスを上げる結婚になるはず。ただし、公私ともに異性と交流を持つことが多いので、気が気でないところも。浮気しても、ポーカーフェイスで生活態度が変わりません。**秘密がバレにくく再婚運もいい**ので、気がついたら他に本命ができていた、なんてことにならないよう気を引き締めて。

のめり込むと奔放な行動を取りやすい奎宿は、浮気をすると本気になり、二重生活を長く続けがち。独身で不倫をすると、ハマってしまう恐れがあるので、嫌な予感がしたら、早いうちに探りを入れて芽を摘んでおくと安心です。

奎宿と仕事するなら【同僚や上司として】

親の仕事を継ぐと、それを別の形にして大きく発展させると言われます。正義感が強いので、司法、警察、教師、銀行、文筆業、学者などが適職。また、サイドビジネスで成功することも。経営するなら、庶民的な店より、知る人ぞ知るような高級店。IT関連もあり。ただし、自分が表に出るより**裏方に徹したほうがお金になります**。

奎宿の部下や同僚は、何事にも熱心で緻密な作業もハイレベルにこなすので、だれからも一目おかれるタイプです。でも、実はかなり**プライドが高く、意地っ張り**。トラブルが起きると、ギリギリまで自分で処理しようとして、被害が大きくなることもありそう。

奎宿は個性が強く、正論を通そうとしすぎて組織では浮いてしまうことも。共同作業のほうが大きな力を発揮し、特に同性、異性に限らず、バディで動ける相手を持つと最強。交渉や根回しにも強くなり、相手を自分のペースに巻き込みます。プロジェクトを任せるなら、**プロデューサーやフィクサーのような立場においたほうが、大きな成果を上げる**でしょう。奎宿の上司は、人の力や才能を引き出すことが得意。現場の意見にも耳を傾けますが、**実は意識が高い**ので、泥くさいアイディアにはシビア。最先端の情報を欲しがります。

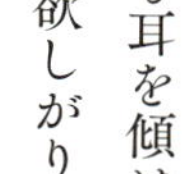

奎宿は、信頼している異性の上司や先輩に甘えるのが上手です。周りから、えこひいきだと思われないよう気を配って。ハイソ志向で大衆相手の仕事は苦手なので、チームを組ませ、視野を広げてあげないと煮詰まってしまいそう。

♫奎宿と仲良くするなら【家族や友人として】

奎宿は、自分が思っているより**神経が細やかで過敏**。退屈な毎日が続くと、好きな趣味的世界に没頭、さらにストレスが溜まると刺激を求めて、二重生活をするなどのスリルを求めるようになるので、**周りがまめにガス抜きしてあげましょう**。

アートや音楽など**感性を豊かにする体験**やクリエイティブな作業が大好き。意識高い系なので誘うなら洗練された趣味、エッジのきいたイベントへ。明るくにぎやかな場所よりちょっと暗い隠れ家的な飲食店や温泉、夜景スポット、エステ、整体など、リラックスできる空間と時間を提案してみて。旅行に誘うなら、少しマニアックな旅がおすすめ。**自分磨きも大好き**なので、同じ習い事をしたり、セミナーに誘われたりするのも喜びます。積極的に自分から人との距離を縮めるのは苦手なので、大勢の中でも**二人だけの時間や体験を共有**すれば、じっくりと長続きする信頼関係を結ぶことができるのです。

奎宿の子供は、知的好奇心が旺盛で、親や目上の人の言うことも素直に聞くため、あまり手がかからないはず。人の影響を受けやすいので、学生時代に悩み事があるようなら、学校や塾、習い事の人間関係を変えてみると、解消されるかもしれません。

頭でっかちで融通がきかないところもあり、落ち込んだときはとことんへこみ、引きずります。ストレスで不道徳なことに走る傾向もあるので、気をつけて。お金に細かく、金銭面で曖昧なことをすると一気に信用を失うかも。

本命宿早見表

さっそく、自分や占いたい相手の本命宿を調べましょう！　まずは生まれた年の表を探し、生まれた月と日が交差する欄をチェック。「婁」や「壁」などの漢字1文字が、本命宿を表しています。（1930～2021年生まれまで）

【例】1990年4月1日生まれの場合

本命宿早見表245ページ1段目の表で、4月と1日が交差する欄を見ます。「井」なので、本命宿は井宿となります。

1910～2021年生まれまで
無料で調べられる特設サイトは、
左の2次元コードもしくは下記URLから。
http://oriental.cocoloni.jp/campaign.cgi?cpno=1700811842

※本命宿早見表は2018年5月の改訂最新版です。以前とは「本命宿」が変わる場合もありますので、雑誌や本などで調べたことがある方も、改めて本書の表または特設サイトでチェックしてください。

1930年（昭和5年）

31	30	29	28	27	26	25	24	23	22	21	20	19	18	17	16	15	14	13	12	11	10	9	8	7	6	5	4	3	2	1	日／月
壁	室	室	危	虚	女	斗	箕	尾	心	房	氐	亢	角	軫	翼	張	星	柳	鬼	井	参	觜	畢	昴	胃	婁	奎	壁	室	危	1月
			奎	壁	室	危	虚	女	斗	箕	尾	心	房	氐	亢	角	軫	翼	張	星	柳	鬼	井	参	觜	畢	昴	胃	婁	奎	2月
昴	胃	胃	婁	奎	壁	室	危	虚	女	斗	箕	尾	心	房	氐	亢	角	軫	翼	張	星	柳	鬼	井	参	觜	畢	昴	胃	婁	3月
	觜	畢	畢	昴	胃	婁	奎	壁	室	危	虚	女	斗	箕	尾	心	房	氐	亢	角	軫	翼	張	星	柳	鬼	井	参	觜	畢	4月
柳	鬼	井	参	觜	畢	昴	胃	婁	奎	壁	室	危	虚	女	斗	箕	尾	心	房	氐	亢	角	軫	翼	張	星	柳	鬼	井	参	5月
	翼	張	星	柳	鬼	井	参	觜	畢	昴	胃	婁	奎	壁	室	危	虚	女	斗	箕	尾	心	房	氐	亢	角	軫	翼	張	星	6月
軫	翼	張	星	柳	鬼	星	柳	鬼	井	参	觜	畢	昴	胃	婁	奎	壁	室	危	虚	女	斗	箕	尾	心	房	氐	亢	角	軫	7月
心	房	氐	亢	角	軫	翼	張	柳	鬼	井	参	觜	畢	昴	胃	婁	奎	壁	室	危	虚	女	斗	箕	尾	心	房	氐	亢	角	8月
	女	斗	箕	尾	心	房	氐	亢	角	翼	張	星	柳	鬼	井	参	觜	畢	昴	胃	婁	奎	壁	室	危	虚	女	斗	箕	尾	9月
室	危	虚	女	斗	箕	尾	心	房	氐	氐	亢	角	軫	翼	張	星	柳	鬼	井	参	觜	畢	昴	胃	婁	奎	壁	室	危	虚	10月
	婁	奎	壁	室	危	虚	女	斗	箕	尾	心	房	氐	亢	角	軫	翼	張	星	柳	鬼	井	参	觜	畢	昴	胃	婁	奎	壁	11月
觜	畢	昴	胃	婁	奎	壁	室	危	虚	女	斗	箕	尾	心	房	氐	亢	角	軫	翼	張	星	柳	鬼	井	参	觜	畢	昴	胃	12月

1931年（昭和6年）

31	30	29	28	27	26	25	24	23	22	21	20	19	18	17	16	15	14	13	12	11	10	9	8	7	6	5	4	3	2	1	日／月
鬼	井	参	觜	畢	昴	胃	婁	奎	壁	室	危	虚	虚	女	斗	箕	尾	心	房	氐	亢	角	軫	翼	張	星	柳	鬼	井	参	1月
			柳	鬼	井	参	觜	畢	昴	胃	婁	奎	壁	室	危	虚	女	斗	箕	尾	心	房	氐	亢	角	軫	翼	張	星	柳	2月
翼	張	星	柳	鬼	井	参	觜	畢	昴	胃	婁	奎	奎	壁	室	危	虚	女	斗	箕	尾	心	房	氐	亢	角	軫	翼	張	星	3月
	角	軫	翼	張	星	柳	鬼	井	参	觜	畢	昴	胃	胃	婁	奎	壁	室	危	虚	女	斗	箕	尾	心	房	氐	亢	角	軫	4月
房	氐	亢	角	軫	翼	張	星	柳	鬼	井	参	觜	畢	畢	昴	胃	婁	奎	壁	室	危	虚	女	斗	箕	尾	心	房	氐	亢	5月
	箕	尾	心	房	氐	亢	角	軫	翼	張	星	柳	鬼	井	参	觜	畢	昴	胃	婁	奎	壁	室	危	虚	女	斗	箕	尾	心	6月
危	虚	女	斗	箕	尾	心	房	氐	亢	角	軫	翼	張	星	柳	鬼	井	参	觜	畢	昴	胃	婁	奎	壁	室	危	虚	女	斗	7月
婁	奎	壁	室	危	虚	女	斗	箕	尾	心	房	氐	亢	角	軫	翼	張	星	柳	鬼	井	参	觜	畢	昴	胃	婁	奎	壁	室	8月
	觜	畢	昴	胃	婁	奎	壁	室	危	虚	女	斗	箕	尾	心	房	氐	亢	角	翼	張	星	柳	鬼	井	参	觜	畢	昴	胃	9月
柳	鬼	井	参	觜	畢	昴	胃	婁	奎	壁	室	危	虚	女	斗	箕	尾	心	房	氐	亢	角	軫	翼	張	星	柳	鬼	井	参	10月
	張	星	柳	鬼	井	参	觜	畢	昴	胃	婁	奎	壁	室	危	虚	女	斗	箕	尾	心	心	房	氐	亢	角	軫	翼	張	星	11月
氐	亢	角	軫	翼	張	星	柳	鬼	井	参	觜	畢	昴	胃	婁	奎	壁	室	危	虚	女	斗	尾	心	房	氐	亢	角	軫	翼	12月

1932年（昭和7年）

31	30	29	28	27	26	25	24	23	22	21	20	19	18	17	16	15	14	13	12	11	10	9	8	7	6	5	4	3	2	1	日／月
尾	心	房	氐	亢	角	軫	翼	張	星	柳	鬼	井	参	觜	畢	昴	胃	婁	奎	壁	室	危	虚	虚	女	斗	箕	尾	心	房	1月
		斗	箕	尾	心	房	氐	亢	角	軫	翼	張	星	柳	鬼	井	参	觜	畢	昴	胃	婁	奎	壁	室	危	虚	女	斗	箕	2月
危	虚	女	斗	箕	尾	心	房	氐	亢	角	軫	翼	張	星	柳	鬼	井	参	觜	畢	昴	胃	婁	奎	奎	壁	室	危	虚	女	3月
	壁	室	危	虚	女	斗	箕	尾	心	房	氐	亢	角	軫	翼	張	星	柳	鬼	井	参	觜	畢	昴	胃	胃	婁	奎	壁	室	4月
胃	婁	奎	壁	室	危	虚	女	斗	箕	尾	心	房	氐	亢	角	軫	翼	張	星	柳	鬼	井	参	觜	畢	畢	昴	胃	婁	奎	5月
	觜	畢	昴	胃	婁	奎	壁	室	危	虚	女	斗	箕	尾	心	房	氐	亢	角	軫	翼	張	星	柳	鬼	井	参	觜	畢	昴	6月
鬼	井	参	觜	畢	昴	胃	婁	奎	壁	室	危	虚	女	斗	箕	尾	心	房	氐	亢	角	軫	翼	張	星	柳	鬼	鬼	井	参	7月
軫	翼	張	星	柳	鬼	井	参	觜	畢	昴	胃	婁	奎	壁	室	危	虚	女	斗	箕	尾	心	房	氐	亢	角	軫	翼	張	柳	8月
	氐	亢	角	軫	翼	張	星	柳	鬼	井	参	觜	畢	昴	胃	婁	奎	壁	室	危	虚	女	斗	箕	尾	心	房	氐	亢	角	9月
箕	尾	心	房	氐	亢	角	軫	翼	張	星	柳	鬼	井	参	觜	畢	昴	胃	婁	奎	壁	室	危	虚	女	斗	箕	尾	心	房	10月
	虚	女	斗	箕	尾	心	房	氐	亢	角	軫	翼	張	星	柳	鬼	井	参	觜	畢	昴	胃	婁	奎	壁	室	危	虚	女	斗	11月
奎	壁	室	危	虚	女	斗	箕	尾	心	房	氐	亢	角	軫	翼	張	星	柳	鬼	井	参	觜	畢	昴	胃	婁	奎	壁	室	危	12月

1933年（昭和8年）

31	30	29	28	27	26	25	24	23	22	21	20	19	18	17	16	15	14	13	12	11	10	9	8	7	6	5	4	3	2	1	日／月
昴	胃	婁	奎	壁	室	室	危	虚	女	斗	箕	尾	心	房	氐	亢	角	軫	翼	張	星	柳	鬼	井	参	觜	畢	昴	胃	婁	1月
			畢	昴	胃	婁	奎	壁	室	危	虚	女	斗	箕	尾	心	房	氐	亢	角	軫	翼	張	星	柳	鬼	井	参	觜	畢	2月
井	参	觜	畢	昴	胃	胃	婁	奎	壁	室	危	虚	女	斗	箕	尾	心	房	氐	亢	角	軫	翼	張	星	柳	鬼	井	参	觜	3月
	柳	鬼	井	参	觜	畢	畢	昴	胃	婁	奎	壁	室	危	虚	女	斗	箕	尾	心	房	氐	亢	角	軫	翼	張	星	柳	鬼	4月
軫	翼	張	星	柳	鬼	井	参	觜	畢	昴	胃	婁	奎	壁	室	危	虚	女	斗	箕	尾	心	房	氐	亢	角	軫	翼	張	星	5月
	軫	翼	張	星	柳	鬼	井	参	鬼	井	参	觜	畢	昴	胃	婁	奎	壁	室	危	虚	女	斗	箕	尾	心	房	氐	亢	角	6月
氐	亢	角	軫	翼	張	星	柳	鬼	鬼	井	参	觜	畢	昴	胃	婁	奎	壁	室	危	虚	女	斗	箕	尾	心	房	氐	亢	角	7月
斗	箕	尾	心	房	氐	亢	角	軫	翼	張	柳	鬼	井	参	觜	畢	昴	胃	婁	奎	壁	室	危	虚	女	斗	箕	尾	心	房	8月
	危	虚	女	斗	箕	尾	心	房	氐	亢	角	軫	翼	張	星	柳	鬼	井	参	觜	畢	昴	胃	婁	奎	壁	室	危	虚	女	9月
婁	奎	壁	室	危	虚	女	斗	箕	尾	心	房	氐	亢	角	軫	翼	張	星	柳	鬼	井	参	觜	畢	昴	胃	婁	奎	壁	室	10月
	昴	胃	婁	奎	壁	室	危	虚	女	斗	箕	尾	心	心	房	氐	亢	角	軫	翼	張	星	柳	鬼	井	参	觜	畢	昴	胃	11月
鬼	井	参	觜	畢	昴	胃	婁	奎	壁	室	危	虚	女	斗	尾	心	房	氐	亢	角	軫	翼	張	星	柳	鬼	井	参	觜	畢	12月

1934年（昭和9年）

31	30	29	28	27	26	25	24	23	22	21	20	19	18	17	16	15	14	13	12	11	10	9	8	7	6	5	4	3	2	1	日/月
翼	張	星	柳	鬼	井	参	觜	畢	昴	胃	婁	奎	壁	室	危	虚	女	斗	箕	尾	心	房	氐	亢	角	軫	翼	張	星	柳	1月
			翼	張	星	柳	鬼	井	参	觜	畢	昴	胃	婁	奎	壁	室	室	危	虚	女	斗	箕	尾	心	房	氐	亢	角	軫	2月
氐	亢	角	軫	翼	張	星	柳	鬼	井	参	觜	畢	昴	胃	婁	奎	壁	室	危	虚	女	斗	箕	尾	心	房	氐	亢	角	軫	3月
	心	房	氐	亢	角	軫	翼	張	星	柳	鬼	井	参	觜	畢	昴	胃	胃	婁	奎	壁	室	危	虚	女	斗	箕	尾	心	房	4月
女	斗	箕	尾	心	房	氐	亢	角	軫	翼	張	星	柳	鬼	井	参	觜	畢	昴	胃	婁	奎	壁	室	危	虚	女	斗	箕	尾	5月
	危	虚	女	斗	箕	尾	心	房	氐	亢	角	軫	翼	張	星	柳	鬼	井	参	参	觜	畢	昴	胃	婁	奎	壁	室	危	虚	6月
奎	壁	室	危	虚	女	斗	箕	尾	心	房	氐	亢	角	軫	翼	張	星	柳	鬼	鬼	井	参	觜	畢	昴	胃	婁	奎	壁	室	7月
觜	畢	昴	胃	婁	奎	壁	室	危	虚	女	斗	箕	尾	心	房	氐	亢	角	軫	翼	張	柳	鬼	井	参	觜	畢	昴	胃	婁	8月
	鬼	井	参	觜	畢	昴	胃	婁	奎	壁	室	危	虚	女	斗	箕	尾	心	房	氐	亢	角	軫	翼	張	星	柳	鬼	井	参	9月
張	星	柳	鬼	井	参	觜	畢	昴	胃	婁	奎	壁	室	危	虚	女	斗	箕	尾	心	房	氐	氐	亢	角	軫	翼	張	星	柳	10月
	角	軫	翼	張	星	柳	鬼	井	参	觜	畢	昴	胃	婁	奎	壁	室	危	虚	女	斗	箕	尾	心	房	氐	亢	角	軫	翼	11月
心	房	氐	亢	角	軫	翼	張	星	柳	鬼	井	参	觜	畢	昴	胃	婁	奎	壁	室	危	虚	女	斗	箕	尾	心	房	氐	亢	12月

1935年（昭和10年）

31	30	29	28	27	26	25	24	23	22	21	20	19	18	17	16	15	14	13	12	11	10	9	8	7	6	5	4	3	2	1	日/月
女	斗	箕	尾	心	房	氐	亢	角	軫	翼	張	星	柳	鬼	井	参	觜	畢	昴	胃	婁	奎	壁	室	危	虚	女	斗	箕	尾	1月
			女	斗	箕	尾	心	房	氐	亢	角	軫	翼	張	星	柳	鬼	井	参	觜	畢	昴	胃	婁	奎	壁	室	室	危	虚	2月
壁	室	危	虚	女	斗	箕	尾	心	房	氐	亢	角	軫	翼	張	星	柳	鬼	井	参	觜	畢	昴	胃	婁	奎	壁	室	危	虚	3月
	胃	婁	奎	壁	室	危	虚	女	斗	箕	尾	心	房	氐	亢	角	軫	翼	張	星	柳	鬼	井	参	觜	畢	昴	胃	婁	奎	4月
觜	畢	昴	胃	婁	奎	壁	室	危	虚	女	斗	箕	尾	心	房	氐	亢	角	軫	翼	張	星	柳	鬼	井	参	觜	畢	畢	昴	5月
	鬼	井	参	觜	畢	昴	胃	婁	奎	壁	室	危	虚	女	斗	箕	尾	心	房	氐	亢	角	軫	翼	張	星	柳	鬼	井	参	6月
翼	張	柳	鬼	井	参	觜	畢	昴	胃	婁	奎	壁	室	危	虚	女	斗	箕	尾	心	房	氐	亢	角	軫	翼	張	星	柳	鬼	7月
氐	亢	角	軫	翼	張	星	柳	鬼	井	参	觜	畢	昴	胃	婁	奎	壁	室	危	虚	女	斗	箕	尾	心	房	氐	亢	角	軫	8月
	心	房	氐	氐	亢	角	軫	翼	張	星	柳	鬼	井	参	觜	畢	昴	胃	婁	奎	壁	室	危	虚	女	斗	箕	尾	心	房	9月
女	斗	箕	尾	心	房	氐	亢	角	軫	翼	張	星	柳	鬼	井	参	觜	畢	昴	胃	婁	奎	壁	室	危	虚	女	斗	箕	尾	10月
	室	危	虚	女	斗	箕	尾	心	房	氐	亢	角	軫	翼	張	星	柳	鬼	井	参	觜	畢	昴	胃	婁	奎	壁	室	危	虚	11月
婁	奎	壁	室	危	虚	虚	女	斗	箕	尾	心	房	氐	亢	角	軫	翼	張	星	柳	鬼	井	参	觜	畢	昴	胃	婁	奎	壁	12月

1936年（昭和11年）

31	30	29	28	27	26	25	24	23	22	21	20	19	18	17	16	15	14	13	12	11	10	9	8	7	6	5	4	3	2	1	日/月
觜	畢	昴	胃	婁	奎	壁	室	危	虚	女	斗	箕	尾	心	房	氐	亢	角	軫	翼	張	星	柳	鬼	井	参	觜	畢	昴	胃	1月
		参	觜	畢	昴	胃	婁	奎	奎	壁	室	危	虚	女	斗	箕	尾	心	房	氐	亢	角	軫	翼	張	星	柳	鬼	井	参	2月
星	柳	鬼	井	参	觜	畢	昴	胃	婁	奎	壁	室	危	虚	女	斗	箕	尾	心	房	氐	亢	角	軫	翼	張	星	柳	鬼	井	3月
	張	星	柳	鬼	井	参	觜	畢	昴	胃	昴	胃	婁	奎	壁	室	危	虚	女	斗	箕	尾	心	房	氐	亢	角	軫	翼	張	4月
角	軫	翼	張	星	柳	鬼	井	参	觜	畢	畢	昴	胃	婁	奎	壁	室	危	虚	女	斗	箕	尾	心	房	氐	亢	角	軫	翼	5月
	房	氐	亢	角	軫	翼	張	星	柳	鬼	井	参	觜	畢	昴	胃	婁	奎	壁	室	危	虚	女	斗	箕	尾	心	房	氐	亢	6月
箕	尾	心	房	氐	亢	角	軫	翼	張	星	柳	鬼	鬼	井	参	觜	畢	昴	胃	婁	奎	壁	室	危	虚	女	斗	箕	尾	心	7月
室	危	虚	女	斗	箕	尾	心	房	氐	亢	角	軫	翼	張	柳	鬼	井	参	觜	畢	昴	胃	婁	奎	壁	室	危	虚	女	斗	8月
	婁	奎	壁	室	危	虚	女	斗	箕	尾	心	房	氐	亢	角	軫	翼	張	星	柳	鬼	井	参	觜	畢	昴	胃	婁	奎	壁	9月
觜	畢	昴	胃	婁	奎	壁	室	危	虚	女	斗	箕	尾	心	房	氐	亢	角	軫	翼	張	星	柳	鬼	井	参	觜	畢	昴	胃	10月
	井	参	觜	畢	昴	胃	婁	奎	壁	室	危	虚	女	斗	箕	尾	心	心	房	氐	亢	角	軫	翼	張	星	柳	鬼	井	参	11月
張	星	柳	鬼	井	参	觜	畢	昴	胃	婁	奎	壁	室	危	虚	女	斗	箕	尾	心	房	氐	亢	角	軫	翼	張	星	柳	鬼	12月

1937年（昭和12年）

31	30	29	28	27	26	25	24	23	22	21	20	19	18	17	16	15	14	13	12	11	10	9	8	7	6	5	4	3	2	1	日/月
角	軫	翼	張	星	柳	鬼	井	参	觜	畢	昴	胃	婁	奎	壁	室	危	虚	虚	女	斗	箕	尾	心	房	氐	亢	角	軫	翼	1月
			亢	角	軫	翼	張	星	柳	鬼	井	参	觜	畢	昴	胃	婁	奎	壁	室	危	虚	女	斗	箕	尾	心	房	氐	亢	2月
心	房	氐	亢	角	軫	翼	張	星	柳	鬼	井	参	觜	畢	昴	胃	婁	奎	奎	壁	室	危	虚	女	斗	箕	尾	心	房	氐	3月
	斗	箕	尾	心	房	氐	亢	角	軫	翼	張	星	柳	鬼	井	参	觜	畢	昴	胃	婁	奎	壁	室	危	虚	女	斗	箕	尾	4月
室	危	虚	女	斗	箕	尾	心	房	氐	亢	角	軫	翼	張	星	柳	鬼	井	参	觜	畢	昴	胃	婁	奎	壁	室	危	虚	女	5月
	奎	壁	室	危	虚	女	斗	箕	尾	心	房	氐	亢	角	軫	翼	張	星	柳	鬼	井	参	参	觜	畢	昴	胃	婁	奎	壁	6月
畢	昴	胃	婁	奎	壁	室	危	虚	女	斗	箕	尾	心	房	氐	亢	角	軫	翼	張	星	柳	鬼	井	参	觜	畢	昴	胃	婁	7月
柳	鬼	井	参	觜	畢	昴	胃	婁	奎	壁	室	危	虚	女	斗	箕	尾	心	房	氐	亢	角	軫	翼	張	柳	鬼	井	参	觜	8月
	翼	張	星	柳	鬼	井	参	觜	畢	昴	胃	婁	奎	壁	室	危	虚	女	斗	箕	尾	心	房	氐	亢	角	軫	翼	張	星	9月
氐	亢	角	軫	翼	張	星	柳	鬼	井	参	觜	畢	昴	胃	婁	奎	壁	室	危	虚	女	斗	箕	尾	心	房	氐	亢	角	軫	10月
	心	房	氐	亢	角	軫	翼	張	星	柳	鬼	井	参	觜	畢	昴	胃	婁	奎	壁	室	危	虚	女	斗	箕	尾	心	心	房	11月
女	斗	箕	尾	心	房	氐	亢	角	軫	翼	張	星	柳	鬼	井	参	觜	畢	昴	胃	婁	奎	壁	室	危	虚	女	斗	箕	尾	12月

1938年（昭和13年）

31	30	29	28	27	26	25	24	23	22	21	20	19	18	17	16	15	14	13	12	11	10	9	8	7	6	5	4	3	2	1	日／月
室	危	虚	女	斗	箕	尾	心	房	氐	亢	角	軫	翼	張	星	柳	鬼	井	参	觜	畢	昴	胃	婁	奎	壁	室	危	虚	虚	1月
			壁	室	危	虚	女	斗	箕	尾	心	房	氐	亢	角	軫	翼	張	星	柳	鬼	井	参	觜	畢	昴	胃	婁	奎	壁	2月
胃	婁	奎	壁	室	危	虚	女	斗	箕	尾	心	房	氐	亢	角	軫	翼	張	星	柳	鬼	井	参	觜	畢	昴	胃	婁	奎	奎	3月
	畢	昴	胃	婁	奎	壁	室	危	虚	女	斗	箕	尾	心	房	氐	亢	角	軫	翼	張	星	柳	鬼	井	参	觜	畢	昴	胃	4月
鬼	井	参	觜	畢	昴	胃	婁	奎	壁	室	危	虚	女	斗	箕	尾	心	房	氐	亢	角	軫	翼	張	星	柳	鬼	井	参	觜	5月
	星	柳	鬼	鬼	井	参	觜	畢	昴	胃	婁	奎	壁	室	危	虚	女	斗	箕	尾	心	房	氐	亢	角	軫	翼	張	星	柳	6月
亢	角	軫	翼	張	柳	鬼	井	参	觜	畢	昴	胃	婁	奎	壁	室	危	虚	女	斗	箕	尾	心	房	氐	亢	角	軫	翼	張	7月
房	氐	亢	角	軫	翼	張	翼	張	星	柳	鬼	井	参	觜	畢	昴	胃	婁	奎	壁	室	危	虚	女	斗	箕	尾	心	房	氐	8月
	箕	尾	心	房	氐	亢	角	軫	翼	張	星	柳	鬼	井	参	觜	畢	昴	胃	婁	奎	壁	室	危	虚	女	斗	箕	尾	心	9月
危	虚	女	斗	箕	尾	心	房	氐	亢	角	軫	翼	張	星	柳	鬼	井	参	觜	畢	昴	胃	婁	奎	壁	室	危	虚	女	斗	10月
	壁	室	危	虚	女	斗	箕	尾	心	心	房	氐	亢	角	軫	翼	張	星	柳	鬼	井	参	觜	畢	昴	胃	婁	奎	壁	室	11月
昴	胃	婁	奎	壁	室	危	虚	女	斗	箕	尾	心	房	氐	亢	角	軫	翼	張	星	柳	鬼	井	参	觜	畢	昴	胃	婁	奎	12月

1939年（昭和14年）

31	30	29	28	27	26	25	24	23	22	21	20	19	18	17	16	15	14	13	12	11	10	9	8	7	6	5	4	3	2	1	日／月
井	参	觜	畢	昴	胃	婁	奎	壁	室	危	虚	女	斗	箕	尾	心	房	氐	亢	角	軫	翼	張	星	柳	鬼	井	参	觜	畢	1月
			井	参	觜	畢	昴	胃	婁	奎	壁	室	室	危	虚	女	斗	箕	尾	心	房	氐	亢	角	軫	翼	張	星	柳	鬼	2月
星	柳	鬼	井	参	觜	畢	昴	胃	婁	奎	奎	壁	室	危	虚	女	斗	箕	尾	心	房	氐	亢	角	軫	翼	張	星	柳	鬼	3月
	翼	張	星	柳	鬼	井	参	觜	畢	昴	胃	胃	婁	奎	壁	室	危	虚	女	斗	箕	尾	心	房	氐	亢	角	軫	翼	張	4月
氐	亢	角	軫	翼	張	星	柳	鬼	井	参	觜	畢	昴	胃	婁	奎	壁	室	危	虚	女	斗	箕	尾	心	房	氐	亢	角	軫	5月
	尾	心	房	氐	亢	角	軫	翼	張	星	柳	鬼	井	参	觜	畢	昴	胃	婁	奎	壁	室	危	虚	女	斗	箕	尾	心	房	6月
女	斗	箕	尾	心	房	氐	亢	角	軫	翼	張	星	柳	鬼	鬼	井	参	觜	畢	昴	胃	婁	奎	壁	室	危	虚	女	斗	箕	7月
奎	壁	室	危	虚	女	斗	箕	尾	心	房	氐	亢	角	軫	翼	張	柳	鬼	井	参	觜	畢	昴	胃	婁	奎	壁	室	危	虚	8月
	畢	昴	胃	婁	奎	壁	室	危	虚	女	斗	箕	尾	心	房	氐	亢	角	翼	張	星	柳	鬼	井	参	觜	畢	昴	胃	婁	9月
井	参	觜	畢	昴	胃	婁	奎	壁	室	危	虚	女	斗	箕	尾	心	房	氐	氐	亢	角	軫	翼	張	星	柳	鬼	井	参	觜	10月
	星	柳	鬼	井	参	觜	畢	昴	胃	婁	奎	壁	室	危	虚	女	斗	箕	尾	心	房	氐	亢	角	軫	翼	張	星	柳	鬼	11月
角	軫	翼	張	星	柳	鬼	井	参	觜	畢	昴	胃	婁	奎	壁	室	危	虚	女	斗	箕	尾	心	房	氐	亢	角	軫	翼	張	12月

1940年（昭和15年）

31	30	29	28	27	26	25	24	23	22	21	20	19	18	17	16	15	14	13	12	11	10	9	8	7	6	5	4	3	2	1	日／月
心	房	氐	亢	角	軫	翼	張	星	柳	鬼	井	参	觜	畢	昴	胃	婁	奎	壁	室	危	虚	女	斗	箕	尾	心	房	氐	亢	1月
		尾	心	房	氐	亢	角	軫	翼	張	星	柳	鬼	井	参	觜	畢	昴	胃	婁	奎	壁	室	室	危	虚	女	斗	箕	尾	2月
女	斗	箕	尾	心	房	氐	亢	角	軫	翼	張	星	柳	鬼	井	参	觜	畢	昴	胃	婁	奎	奎	壁	室	危	虚	女	斗	箕	3月
	危	虚	女	斗	箕	尾	心	房	氐	亢	角	軫	翼	張	星	柳	鬼	井	参	觜	畢	昴	胃	胃	婁	奎	壁	室	危	虚	4月
婁	奎	壁	室	危	虚	女	斗	箕	尾	心	房	氐	亢	角	軫	翼	張	星	柳	鬼	井	参	觜	畢	昴	胃	婁	奎	壁	室	5月
	昴	胃	婁	奎	壁	室	危	虚	女	斗	箕	尾	心	房	氐	亢	角	軫	翼	張	星	柳	鬼	井	参	参	觜	畢	昴	胃	6月
井	参	觜	畢	昴	胃	婁	奎	壁	室	危	虚	女	斗	箕	尾	心	房	氐	亢	角	軫	翼	張	星	柳	鬼	井	参	觜	畢	7月
張	星	柳	鬼	井	参	觜	畢	昴	胃	婁	奎	壁	室	危	虚	女	斗	箕	尾	心	房	氐	亢	角	軫	翼	張	星	柳	鬼	8月
	亢	角	軫	翼	張	星	柳	鬼	井	参	觜	畢	昴	胃	婁	奎	壁	室	危	虚	女	斗	箕	尾	心	房	氐	亢	角	翼	9月
心	心	房	氐	亢	角	軫	翼	張	星	柳	鬼	井	参	觜	畢	昴	胃	婁	奎	壁	室	危	虚	女	斗	箕	尾	心	房	氐	10月
	女	斗	尾	心	房	氐	亢	角	軫	翼	張	星	柳	鬼	井	参	觜	畢	昴	胃	婁	奎	壁	室	危	虚	女	斗	箕	尾	11月
室	危	虚	虚	女	斗	箕	尾	心	房	氐	亢	角	軫	翼	張	星	柳	鬼	井	参	觜	畢	昴	胃	婁	奎	壁	室	危	虚	12月

1941年（昭和16年）

31	30	29	28	27	26	25	24	23	22	21	20	19	18	17	16	15	14	13	12	11	10	9	8	7	6	5	4	3	2	1	日／月
胃	婁	奎	壁	室	危	虚	女	斗	箕	尾	心	房	氐	亢	角	軫	翼	張	星	柳	鬼	井	参	觜	畢	昴	胃	婁	奎	壁	1月
			胃	婁	奎	奎	壁	室	危	虚	女	斗	箕	尾	心	房	氐	亢	角	軫	翼	張	星	柳	鬼	井	参	觜	畢	昴	2月
觜	畢	昴	胃	胃	婁	奎	壁	室	危	虚	女	斗	箕	尾	心	房	氐	亢	角	軫	翼	張	星	柳	鬼	井	参	觜	畢	昴	3月
	鬼	井	参	觜	畢	昴	胃	婁	奎	壁	室	危	虚	女	斗	箕	尾	心	房	氐	亢	角	軫	翼	張	星	柳	鬼	井	参	4月
張	星	柳	鬼	井	参	参	觜	畢	昴	胃	婁	奎	壁	室	危	虚	女	斗	箕	尾	心	房	氐	亢	角	軫	翼	張	星	柳	5月
	軫	翼	張	星	柳	鬼	鬼	井	参	觜	畢	昴	胃	婁	奎	壁	室	危	虚	女	斗	箕	尾	心	房	氐	亢	角	軫	翼	6月
亢	角	軫	翼	張	星	柳	鬼	柳	鬼	井	参	觜	畢	昴	胃	婁	奎	壁	室	危	虚	女	斗	箕	尾	心	房	氐	亢	角	7月
尾	心	房	氐	亢	角	軫	翼	張	星	柳	鬼	井	参	觜	畢	昴	胃	婁	奎	壁	室	危	虚	女	斗	箕	尾	心	房	氐	8月
	虚	女	斗	箕	尾	心	房	氐	亢	角	翼	張	星	柳	鬼	井	参	觜	畢	昴	胃	婁	奎	壁	室	危	虚	女	斗	箕	9月
奎	壁	室	危	虚	女	斗	箕	尾	心	房	氐	亢	角	軫	翼	張	星	柳	鬼	井	参	觜	畢	昴	胃	婁	奎	壁	室	危	10月
	胃	婁	奎	壁	室	危	虚	女	斗	箕	尾	心	心	房	氐	亢	角	軫	翼	張	星	柳	鬼	井	参	觜	畢	昴	胃	婁	11月
井	参	觜	畢	昴	胃	婁	奎	壁	室	危	虚	女	斗	尾	心	房	氐	亢	角	軫	翼	張	星	柳	鬼	井	参	觜	畢	昴	12月

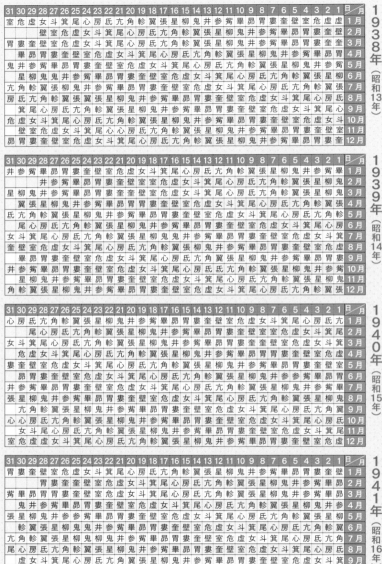

1942年（昭和17年）

31	30	29	28	27	26	25	24	23	22	21	20	19	18	17	16	15	14	13	12	11	10	9	8	7	6	5	4	3	2	1	日/月
星	柳	鬼	井	参	觜	畢	昴	胃	婁	奎	壁	室	危	虚	虚	女	斗	箕	尾	心	房	氐	亢	角	軫	翼	張	星	柳	鬼	1月
			張	星	柳	鬼	井	参	觜	畢	昴	胃	婁	奎	壁	室	危	虚	女	斗	箕	尾	心	房	氐	亢	角	軫	翼	張	2月
角	軫	翼	張	星	柳	鬼	井	参	觜	畢	昴	胃	婁	奎	奎	壁	室	危	虚	女	斗	箕	尾	心	房	氐	亢	角	軫	翼	3月
	房	氐	亢	角	軫	翼	張	星	柳	鬼	井	参	觜	畢	昴	胃	婁	奎	壁	室	危	虚	女	斗	箕	尾	心	房	氐	亢	4月
箕	尾	心	房	氐	亢	角	軫	翼	張	星	柳	鬼	井	参	觜	畢	畢	昴	胃	婁	奎	壁	室	危	虚	女	斗	箕	尾	心	5月
	女	斗	箕	尾	心	房	氐	亢	角	軫	翼	張	星	柳	鬼	井	参	参	觜	畢	昴	胃	婁	奎	壁	室	危	虚	女	斗	6月
壁	室	危	虚	女	斗	箕	尾	心	房	氐	亢	角	軫	翼	張	星	柳	鬼	井	参	觜	畢	昴	胃	婁	奎	壁	室	危	虚	7月
昴	胃	婁	奎	壁	室	危	虚	女	斗	箕	尾	心	房	氐	亢	角	軫	翼	張	星	柳	鬼	井	参	觜	畢	昴	胃	婁	奎	8月
	参	觜	畢	昴	胃	婁	奎	壁	室	危	虚	女	斗	箕	尾	心	房	氐	亢	角	軫	翼	張	星	柳	鬼	井	参	觜	畢	9月
星	柳	鬼	井	参	觜	畢	昴	胃	婁	奎	壁	室	危	虚	女	斗	箕	尾	心	房	氐	亢	角	軫	翼	張	星	柳	鬼	井	10月
	翼	張	星	柳	鬼	井	参	觜	畢	昴	胃	婁	奎	壁	室	危	虚	女	斗	箕	尾	心	心	房	氐	亢	角	軫	翼	張	11月
房	氐	亢	角	軫	翼	張	星	柳	鬼	井	参	觜	畢	昴	胃	婁	奎	壁	室	危	虚	女	斗	尾	心	房	氐	亢	角	軫	12月

1943年（昭和18年）

31	30	29	28	27	26	25	24	23	22	21	20	19	18	17	16	15	14	13	12	11	10	9	8	7	6	5	4	3	2	1	日/月
斗	箕	尾	心	房	氐	亢	角	軫	翼	張	星	柳	鬼	井	参	觜	畢	昴	胃	婁	奎	壁	室	危	虚	女	斗	箕	尾	心	1月
			斗	箕	尾	心	房	氐	亢	角	軫	翼	張	星	柳	鬼	井	参	觜	畢	昴	胃	婁	奎	壁	室	室	危	虚	女	2月
室	危	虚	女	斗	箕	尾	心	房	氐	亢	角	軫	翼	張	星	柳	鬼	井	参	觜	畢	昴	胃	婁	奎	壁	室	危	虚	女	3月
	奎	壁	室	危	虚	女	斗	箕	尾	心	房	氐	亢	角	軫	翼	張	星	柳	鬼	井	参	觜	畢	昴	胃	胃	婁	奎	壁	4月
畢	昴	胃	婁	奎	壁	室	危	虚	女	斗	箕	尾	心	房	氐	亢	角	軫	翼	張	星	柳	鬼	井	参	觜	畢	昴	胃	婁	5月
	参	觜	畢	昴	胃	婁	奎	壁	室	危	虚	女	斗	箕	尾	心	房	氐	亢	角	軫	翼	張	星	柳	鬼	井	参	参	觜	6月
星	柳	鬼	井	参	觜	畢	昴	胃	婁	奎	壁	室	危	虚	女	斗	箕	尾	心	房	氐	亢	角	軫	翼	張	星	柳	鬼	井	7月
角	軫	翼	張	星	柳	鬼	井	参	觜	畢	昴	胃	婁	奎	壁	室	危	虚	女	斗	箕	尾	心	房	氐	亢	角	軫	翼	張	8月
	房	氐	亢	角	軫	翼	張	星	柳	鬼	井	参	觜	畢	昴	胃	婁	奎	壁	室	危	虚	女	斗	箕	尾	心	房	氐	亢	9月
箕	尾	心	心	房	氐	亢	角	軫	翼	張	星	柳	鬼	井	参	觜	畢	昴	胃	婁	奎	壁	室	危	虚	女	斗	箕	尾	心	10月
	虚	女	斗	箕	尾	心	房	氐	亢	角	軫	翼	張	星	柳	鬼	井	参	觜	畢	昴	胃	婁	奎	壁	室	危	虚	女	斗	11月
奎	壁	室	危	虚	女	斗	箕	尾	心	房	氐	亢	角	軫	翼	張	星	柳	鬼	井	参	觜	畢	昴	胃	婁	奎	壁	室	危	12月

1944年（昭和19年）

31	30	29	28	27	26	25	24	23	22	21	20	19	18	17	16	15	14	13	12	11	10	9	8	7	6	5	4	3	2	1	日/月
昴	胃	婁	奎	壁	室	室	危	虚	女	斗	箕	尾	心	房	氐	亢	角	軫	翼	張	星	柳	鬼	井	参	觜	畢	昴	胃	婁	1月
		觜	畢	昴	胃	婁	奎	壁	室	危	虚	女	斗	箕	尾	心	房	氐	亢	角	軫	翼	張	星	柳	鬼	井	参	觜	畢	2月
柳	鬼	井	参	觜	畢	昴	胃	婁	奎	壁	室	危	虚	女	斗	箕	尾	心	房	氐	亢	角	軫	翼	張	星	柳	鬼	井	参	3月
	張	星	柳	鬼	井	参	觜	畢	畢	昴	胃	婁	奎	壁	室	危	虚	女	斗	箕	尾	心	房	氐	亢	角	軫	翼	張	星	4月
軫	翼	張	星	柳	鬼	井	参	觜	畢	觜	畢	昴	胃	婁	奎	壁	室	危	虚	女	斗	箕	尾	心	房	氐	亢	角	軫	翼	5月
	亢	角	軫	翼	張	星	柳	鬼	井	参	参	觜	畢	昴	胃	婁	奎	壁	室	危	虚	女	斗	箕	尾	心	房	氐	亢	角	6月
尾	心	房	氐	亢	角	軫	翼	張	星	柳	鬼	井	参	觜	畢	昴	胃	婁	奎	壁	室	危	虚	女	斗	箕	尾	心	房	氐	7月
虚	女	斗	箕	尾	心	房	氐	亢	角	軫	翼	張	星	柳	鬼	井	参	觜	畢	昴	胃	婁	奎	壁	室	危	虚	女	斗	箕	8月
	奎	壁	室	危	虚	女	斗	箕	尾	心	房	氐	亢	角	翼	張	星	柳	鬼	井	参	觜	畢	昴	胃	婁	奎	壁	室	危	9月
昴	胃	婁	奎	壁	室	危	虚	女	斗	箕	尾	心	房	氐	氐	亢	角	軫	翼	張	星	柳	鬼	井	参	觜	畢	昴	胃	婁	10月
	觜	畢	昴	胃	婁	奎	壁	室	危	虚	女	斗	箕	尾	心	心	房	氐	亢	角	軫	翼	張	星	柳	鬼	井	参	觜	畢	11月
星	柳	鬼	井	参	觜	畢	昴	胃	婁	奎	壁	室	危	虚	女	斗	尾	心	房	氐	亢	角	軫	翼	張	星	柳	鬼	井	参	12月

1945年（昭和20年）

31	30	29	28	27	26	25	24	23	22	21	20	19	18	17	16	15	14	13	12	11	10	9	8	7	6	5	4	3	2	1	日/月
軫	翼	張	星	柳	鬼	井	参	觜	畢	昴	胃	婁	奎	壁	室	危	虚	虚	女	斗	箕	尾	心	房	氐	亢	角	軫	翼	張	1月
			軫	翼	張	星	柳	鬼	井	参	觜	畢	昴	胃	婁	奎	壁	室	室	危	虚	女	斗	箕	尾	心	房	氐	亢	角	2月
房	氐	亢	角	軫	翼	張	星	柳	鬼	井	参	觜	畢	昴	胃	婁	奎	壁	室	危	虚	女	斗	箕	尾	心	房	氐	亢	角	3月
	箕	尾	心	房	氐	亢	角	軫	翼	張	星	柳	鬼	井	参	觜	畢	昴	胃	婁	奎	壁	室	危	虚	女	斗	箕	尾	心	4月
虚	女	斗	箕	尾	心	房	氐	亢	角	軫	翼	張	星	柳	鬼	井	参	觜	畢	畢	昴	胃	婁	奎	壁	室	危	虚	女	斗	5月
	壁	室	危	虚	女	斗	箕	尾	心	房	氐	亢	角	軫	翼	張	星	柳	鬼	井	参	觜	畢	昴	胃	婁	奎	壁	室	危	6月
昴	胃	婁	奎	壁	室	危	虚	女	斗	箕	尾	心	房	氐	亢	角	軫	翼	張	星	柳	鬼	井	参	觜	畢	昴	胃	婁	奎	7月
井	参	觜	畢	昴	胃	婁	奎	壁	室	危	虚	女	斗	箕	尾	心	房	氐	亢	角	軫	翼	張	星	柳	鬼	井	参	觜	畢	8月
	張	星	柳	鬼	井	参	觜	畢	昴	胃	婁	奎	壁	室	危	虚	女	斗	箕	尾	心	房	氐	亢	角	翼	張	星	柳	鬼	9月
角	軫	翼	張	星	柳	鬼	井	参	觜	畢	昴	胃	婁	奎	壁	室	危	虚	女	斗	箕	尾	心	房	氐	氐	亢	角	軫	翼	10月
	氐	亢	角	軫	翼	張	星	柳	鬼	井	参	觜	畢	昴	胃	婁	奎	壁	室	危	虚	女	斗	箕	尾	心	心	房	氐	亢	11月
箕	尾	心	房	氐	亢	角	軫	翼	張	星	柳	鬼	井	参	觜	畢	昴	胃	婁	奎	壁	室	危	虚	女	斗	箕	尾	心	房	12月

1946年（昭和21年）

31	30	29	28	27	26	25	24	23	22	21	20	19	18	17	16	15	14	13	12	11	10	9	8	7	6	5	4	3	2	1	日/月
危	虚	女	斗	箕	尾	心	房	氐	亢	角	軫	翼	張	星	柳	鬼	井	参	觜	畢	昴	胃	婁	奎	壁	室	危	虚	女	斗	1月
			危	虚	女	斗	箕	尾	心	房	氐	亢	角	軫	翼	張	星	柳	鬼	井	参	觜	畢	昴	胃	婁	奎	壁	室	室	2月
奎	壁	室	危	虚	女	斗	箕	尾	心	房	氐	亢	角	軫	翼	張	星	柳	鬼	井	参	觜	畢	昴	胃	婁	奎	奎	壁	室	3月
	昴	胃	婁	奎	壁	室	危	虚	女	斗	箕	尾	心	房	氐	亢	角	軫	翼	張	星	柳	鬼	井	参	觜	畢	昴	胃	婁	4月
参	参	觜	畢	昴	胃	婁	奎	壁	室	危	虚	女	斗	箕	尾	心	房	氐	亢	角	軫	翼	張	星	柳	鬼	井	参	觜	畢	5月
	柳	鬼	井	参	觜	畢	昴	胃	婁	奎	壁	室	危	虚	女	斗	箕	尾	心	房	氐	亢	角	軫	翼	張	星	柳	鬼	井	6月
角	軫	翼	張	柳	鬼	井	参	觜	畢	昴	胃	婁	奎	壁	室	危	虚	女	斗	箕	尾	心	房	氐	亢	角	軫	翼	張	星	7月
心	房	氐	亢	角	軫	翼	張	星	柳	鬼	井	参	觜	畢	昴	胃	婁	奎	壁	室	危	虚	女	斗	箕	尾	心	房	氐	亢	8月
	斗	箕	尾	心	房	氐	亢	角	軫	翼	張	星	柳	鬼	井	参	觜	畢	昴	胃	婁	奎	壁	室	危	虚	女	斗	箕	尾	9月
危	虚	女	斗	箕	尾	心	心	房	氐	亢	角	軫	翼	張	星	柳	鬼	井	参	觜	畢	昴	胃	婁	奎	壁	室	危	虚	女	10月
	奎	壁	室	危	虚	女	斗	箕	尾	心	房	氐	亢	角	軫	翼	張	星	柳	鬼	井	参	觜	畢	昴	胃	婁	奎	壁	室	11月
畢	昴	胃	婁	奎	壁	室	危	虚	女	斗	箕	尾	心	房	氐	亢	角	軫	翼	張	星	柳	鬼	井	参	觜	畢	昴	胃	婁	12月

1947年（昭和22年）

31	30	29	28	27	26	25	24	23	22	21	20	19	18	17	16	15	14	13	12	11	10	9	8	7	6	5	4	3	2	1	日/月
井	参	觜	畢	昴	胃	婁	奎	壁	室	室	危	虚	女	斗	箕	尾	心	房	氐	亢	角	軫	翼	張	星	柳	鬼	井	参	觜	1月
			井	参	觜	畢	昴	胃	婁	奎	奎	壁	室	危	虚	女	斗	箕	尾	心	房	氐	亢	角	軫	翼	張	星	柳	鬼	2月
鬼	井	参	觜	畢	昴	胃	婁	奎	胃	婁	奎	壁	室	危	虚	女	斗	箕	尾	心	房	氐	亢	角	軫	翼	張	星	柳	鬼	3月
	張	星	柳	鬼	井	参	觜	畢	昴	胃	婁	奎	壁	室	危	虚	女	斗	箕	尾	心	房	氐	亢	角	軫	翼	張	星	柳	4月
亢	角	軫	翼	張	星	柳	鬼	井	参	觜	畢	昴	胃	婁	奎	壁	室	危	虚	女	斗	箕	尾	心	房	氐	亢	角	軫	翼	5月
	房	氐	亢	角	軫	翼	張	星	柳	鬼	井	参	参	觜	畢	昴	胃	婁	奎	壁	室	危	虚	女	斗	箕	尾	心	房	氐	6月
斗	箕	尾	心	房	氐	亢	角	軫	翼	張	星	柳	鬼	井	参	觜	畢	昴	胃	婁	奎	壁	室	危	虚	女	斗	箕	尾	心	7月
壁	室	危	虚	女	斗	箕	尾	心	房	氐	亢	角	軫	翼	張	柳	鬼	井	参	觜	畢	昴	胃	婁	奎	壁	室	危	虚	女	8月
	胃	婁	奎	壁	室	危	虚	女	斗	箕	尾	心	房	氐	亢	角	軫	翼	張	星	柳	鬼	井	参	觜	畢	昴	胃	婁	奎	9月
参	觜	畢	昴	胃	婁	奎	壁	室	危	虚	女	斗	箕	尾	心	房	氐	亢	角	軫	翼	張	星	柳	鬼	井	参	觜	畢	昴	10月
	鬼	井	参	觜	畢	昴	胃	婁	奎	壁	室	危	虚	女	斗	箕	尾	心	心	房	氐	亢	角	軫	翼	張	星	柳	鬼	井	11月
軫	翼	張	星	柳	鬼	井	参	觜	畢	昴	胃	婁	奎	壁	室	危	虚	女	斗	尾	心	房	氐	亢	角	軫	翼	張	星	柳	12月

1948年（昭和23年）

31	30	29	28	27	26	25	24	23	22	21	20	19	18	17	16	15	14	13	12	11	10	9	8	7	6	5	4	3	2	1	日/月
氐	亢	角	軫	翼	張	星	柳	鬼	井	参	觜	畢	昴	胃	婁	奎	壁	室	危	虚	虚	女	斗	箕	尾	心	房	氐	亢	角	1月
		房	氐	亢	角	軫	翼	張	星	柳	鬼	井	参	觜	畢	昴	胃	婁	奎	壁	室	室	危	虚	女	斗	箕	尾	心	房	2月
箕	尾	心	房	氐	亢	角	軫	翼	張	星	柳	鬼	井	参	觜	畢	昴	胃	婁	奎	奎	壁	室	危	虚	女	斗	箕	尾	心	3月
	虚	女	斗	箕	尾	心	房	氐	亢	角	軫	翼	張	星	柳	鬼	井	参	觜	畢	昴	胃	婁	奎	壁	室	危	虚	女	斗	4月
壁	室	危	虚	女	斗	箕	尾	心	房	氐	亢	角	軫	翼	張	星	柳	鬼	井	参	觜	畢	畢	昴	胃	婁	奎	壁	室	危	5月
	胃	婁	奎	壁	室	危	虚	女	斗	箕	尾	心	房	氐	亢	角	軫	翼	張	星	柳	鬼	井	参	觜	畢	昴	胃	婁	奎	6月
觜	畢	昴	胃	婁	奎	壁	室	危	虚	女	斗	箕	尾	心	房	氐	亢	角	軫	翼	張	星	柳	鬼	鬼	井	参	觜	畢	昴	7月
星	柳	鬼	井	参	觜	畢	昴	胃	婁	奎	壁	室	危	虚	女	斗	箕	尾	心	房	氐	亢	角	軫	翼	張	柳	鬼	井	参	8月
	角	軫	翼	張	星	柳	鬼	井	参	觜	畢	昴	胃	婁	奎	壁	室	危	虚	女	斗	箕	尾	心	房	氐	亢	角	翼	張	9月
房	氐	亢	角	軫	翼	張	星	柳	鬼	井	参	觜	畢	昴	胃	婁	奎	壁	室	危	虚	女	斗	箕	尾	心	房	氐	氐	亢	10月
	箕	尾	心	房	氐	亢	角	軫	翼	張	星	柳	鬼	井	参	觜	畢	昴	胃	婁	奎	壁	室	危	虚	女	斗	箕	尾	心	11月
危	虚	女	斗	箕	尾	心	房	氐	亢	角	軫	翼	張	星	柳	鬼	井	参	觜	畢	昴	胃	婁	奎	壁	室	危	虚	女	斗	12月

1949年（昭和24年）

31	30	29	28	27	26	25	24	23	22	21	20	19	18	17	16	15	14	13	12	11	10	9	8	7	6	5	4	3	2	1	日/月
奎	壁	室	室	危	虚	女	斗	箕	尾	心	房	氐	亢	角	軫	翼	張	星	柳	鬼	井	参	觜	畢	昴	胃	婁	奎	壁	室	1月
			奎	奎	壁	室	危	虚	女	斗	箕	尾	心	房	氐	亢	角	軫	翼	張	星	柳	鬼	井	参	觜	畢	昴	胃	婁	2月
昴	胃	胃	婁	奎	壁	室	危	虚	女	斗	箕	尾	心	房	氐	亢	角	軫	翼	張	星	柳	鬼	井	参	觜	畢	昴	胃	婁	3月
	参	觜	畢	昴	胃	婁	奎	壁	室	危	虚	女	斗	箕	尾	心	房	氐	亢	角	軫	翼	張	星	柳	鬼	井	参	觜	畢	4月
柳	鬼	井	参	参	觜	畢	昴	胃	婁	奎	壁	室	危	虚	女	斗	箕	尾	心	房	氐	亢	角	軫	翼	張	星	柳	鬼	井	5月
	翼	張	星	柳	鬼	井	参	觜	畢	昴	胃	婁	奎	壁	室	危	虚	女	斗	箕	尾	心	房	氐	亢	角	軫	翼	張	星	6月
氐	亢	角	軫	翼	張	星	柳	鬼	井	参	觜	畢	昴	胃	婁	奎	壁	室	危	虚	女	斗	箕	尾	心	房	氐	亢	角	軫	7月
心	房	氐	亢	角	軫	翼	張	翼	張	星	柳	鬼	井	参	觜	畢	昴	胃	婁	奎	壁	室	危	虚	女	斗	箕	尾	心	房	8月
	女	斗	箕	尾	心	房	氐	亢	角	翼	張	星	柳	鬼	井	参	觜	畢	昴	胃	婁	奎	壁	室	危	虚	女	斗	箕	尾	9月
室	危	虚	女	斗	箕	尾	心	房	氐	氐	亢	角	軫	翼	張	星	柳	鬼	井	参	觜	畢	昴	胃	婁	奎	壁	室	危	虚	10月
	婁	奎	壁	室	危	虚	女	斗	箕	尾	心	房	氐	亢	角	軫	翼	張	星	柳	鬼	井	参	觜	畢	昴	胃	婁	奎	壁	11月
觜	畢	昴	胃	婁	奎	壁	室	危	虚	女	斗	箕	尾	心	房	氐	亢	角	軫	翼	張	星	柳	鬼	井	参	觜	畢	昴	胃	12月

1950年（昭和25年）

31	30	29	28	27	26	25	24	23	22	21	20	19	18	17	16	15	14	13	12	11	10	9	8	7	6	5	4	3	2	1	日／月
柳	鬼	井	参	觜	畢	昴	胃	婁	奎	壁	室	危	虚	女	斗	箕	尾	心	房	氐	亢	角	軫	翼	張	星	柳	鬼	井	参	1月
			柳	鬼	井	参	觜	畢	昴	胃	婁	奎	壁	室	室	危	虚	女	斗	箕	尾	心	房	氐	亢	角	軫	翼	張	星	2月
翼	張	星	柳	鬼	井	参	觜	畢	昴	胃	婁	奎	奎	壁	室	危	虚	女	斗	箕	尾	心	房	氐	亢	角	軫	翼	張	星	3月
	亢	角	軫	翼	張	星	柳	鬼	井	参	觜	畢	昴	胃	婁	奎	壁	室	危	虚	女	斗	箕	尾	心	房	氐	亢	角	軫	4月
心	房	氐	亢	角	軫	翼	張	星	柳	鬼	井	参	觜	畢	畢	昴	胃	婁	奎	壁	室	危	虚	女	斗	箕	尾	心	房	氐	5月
	箕	尾	心	房	氐	亢	角	軫	翼	張	星	柳	鬼	井	参	参	觜	畢	昴	胃	婁	奎	壁	室	危	虚	女	斗	箕	尾	6月
危	虚	女	斗	箕	尾	心	房	氐	亢	角	軫	翼	張	星	柳	鬼	井	参	觜	畢	昴	胃	婁	奎	壁	室	危	虚	女	斗	7月
婁	奎	壁	室	危	虚	女	斗	箕	尾	心	房	氐	亢	角	軫	翼	張	星	柳	鬼	井	参	觜	畢	昴	胃	婁	奎	壁	室	8月
	觜	畢	昴	胃	婁	奎	壁	室	危	虚	女	斗	箕	尾	心	房	氐	亢	角	翼	張	星	柳	鬼	井	参	觜	畢	昴	胃	9月
柳	鬼	井	参	觜	畢	昴	胃	婁	奎	壁	室	危	虚	女	斗	箕	尾	心	房	氐	亢	角	軫	翼	張	星	柳	鬼	井	参	10月
	張	星	柳	鬼	井	参	觜	畢	昴	胃	婁	奎	壁	室	危	虚	女	斗	箕	尾	心	心	房	氐	亢	角	軫	翼	張	星	11月
氐	亢	角	軫	翼	張	星	柳	鬼	井	参	觜	畢	昴	胃	婁	奎	壁	室	危	虚	女	斗	尾	心	房	氐	亢	角	軫	翼	12月

1951年（昭和26年）

31	30	29	28	27	26	25	24	23	22	21	20	19	18	17	16	15	14	13	12	11	10	9	8	7	6	5	4	3	2	1	日／月
尾	心	房	氐	亢	角	軫	翼	張	星	柳	鬼	井	参	觜	畢	昴	胃	婁	奎	壁	室	危	虚	虚	女	斗	箕	尾	心	房	1月
			箕	尾	心	房	氐	亢	角	軫	翼	張	星	柳	鬼	井	参	觜	畢	昴	胃	婁	奎	壁	室	危	虚	女	斗	箕	2月
虚	女	斗	箕	尾	心	房	氐	亢	角	軫	翼	張	星	柳	鬼	井	参	觜	畢	昴	胃	婁	奎	奎	壁	室	危	虚	女	斗	3月
	壁	室	危	虚	女	斗	箕	尾	心	房	氐	亢	角	軫	翼	張	星	柳	鬼	井	参	觜	畢	昴	胃	婁	奎	壁	室	危	4月
胃	婁	奎	壁	室	危	虚	女	斗	箕	尾	心	房	氐	亢	角	軫	翼	張	星	柳	鬼	井	参	觜	畢	畢	昴	胃	婁	奎	5月
	畢	昴	胃	婁	奎	壁	室	危	虚	女	斗	箕	尾	心	房	氐	亢	角	軫	翼	張	星	柳	鬼	井	参	参	觜	畢	昴	6月
鬼	井	参	觜	畢	昴	胃	婁	奎	壁	室	危	虚	女	斗	箕	尾	心	房	氐	亢	角	軫	翼	張	星	柳	鬼	井	参	觜	7月
翼	張	星	柳	鬼	井	参	觜	畢	昴	胃	婁	奎	壁	室	危	虚	女	斗	箕	尾	心	房	氐	亢	角	軫	翼	張	星	柳	8月
	氐	亢	角	軫	翼	張	星	柳	鬼	井	参	觜	畢	昴	胃	婁	奎	壁	室	危	虚	女	斗	箕	尾	心	房	氐	亢	角	9月
尾	心	房	氐	亢	角	軫	翼	張	星	柳	鬼	井	参	觜	畢	昴	胃	婁	奎	壁	室	危	虚	女	斗	箕	尾	心	房	氐	10月
	女	斗	箕	尾	心	房	氐	亢	角	軫	翼	張	星	柳	鬼	井	参	觜	畢	昴	胃	婁	奎	壁	室	危	虚	女	斗	箕	11月
壁	室	危	虚	女	斗	箕	尾	心	房	氐	亢	角	軫	翼	張	星	柳	鬼	井	参	觜	畢	昴	胃	婁	奎	壁	室	危	虚	12月

1952年（昭和27年）

31	30	29	28	27	26	25	24	23	22	21	20	19	18	17	16	15	14	13	12	11	10	9	8	7	6	5	4	3	2	1	日／月
胃	婁	奎	壁	室	室	危	虚	女	斗	箕	尾	心	房	氐	亢	角	軫	翼	張	星	柳	鬼	井	参	觜	畢	昴	胃	婁	奎	1月
		畢	昴	胃	婁	奎	壁	室	危	虚	女	斗	箕	尾	心	房	氐	亢	角	軫	翼	張	星	柳	鬼	井	参	觜	畢	昴	2月
井	参	觜	畢	昴	胃	胃	婁	奎	壁	室	危	虚	女	斗	箕	尾	心	房	氐	亢	角	軫	翼	張	星	柳	鬼	井	参	觜	3月
	星	柳	鬼	井	参	觜	畢	昴	胃	婁	奎	壁	室	危	虚	女	斗	箕	尾	心	房	氐	亢	角	軫	翼	張	星	柳	鬼	4月
軫	翼	張	星	柳	鬼	井	参	参	觜	畢	昴	胃	婁	奎	壁	室	危	虚	女	斗	箕	尾	心	房	氐	亢	角	軫	翼	張	5月
	角	軫	翼	張	星	柳	鬼	井	参	井	参	觜	畢	昴	胃	婁	奎	壁	室	危	虚	女	斗	箕	尾	心	房	氐	亢	角	6月
房	氐	亢	角	軫	翼	張	星	柳	鬼	鬼	井	参	觜	畢	昴	胃	婁	奎	壁	室	危	虚	女	斗	箕	尾	心	房	氐	亢	7月
斗	箕	尾	心	房	氐	亢	角	軫	翼	張	星	柳	鬼	井	参	觜	畢	昴	胃	婁	奎	壁	室	危	虚	女	斗	箕	尾	心	8月
	室	危	虚	女	斗	箕	尾	心	房	氐	亢	角	翼	張	星	柳	鬼	井	参	觜	畢	昴	胃	婁	奎	壁	室	危	虚	女	9月
婁	奎	壁	室	危	虚	女	斗	箕	尾	心	房	氐	氐	亢	角	軫	翼	張	星	柳	鬼	井	参	觜	畢	昴	胃	婁	奎	壁	10月
	畢	昴	胃	婁	奎	壁	室	危	虚	女	斗	箕	尾	心	房	氐	亢	角	軫	翼	張	星	柳	鬼	井	参	觜	畢	昴	胃	11月
鬼	井	参	觜	畢	昴	胃	婁	奎	壁	室	危	虚	女	斗	箕	尾	心	房	氐	亢	角	軫	翼	張	星	柳	鬼	井	参	觜	12月

1953年（昭和28年）

31	30	29	28	27	26	25	24	23	22	21	20	19	18	17	16	15	14	13	12	11	10	9	8	7	6	5	4	3	2	1	日／月
翼	張	星	柳	鬼	井	参	觜	畢	昴	胃	婁	奎	壁	室	危	虚	女	斗	箕	尾	心	房	氐	亢	角	軫	翼	張	星	柳	1月
			翼	張	星	柳	鬼	井	参	觜	畢	昴	胃	婁	奎	壁	室	室	危	虚	女	斗	箕	尾	心	房	氐	亢	角	軫	2月
氐	亢	角	軫	翼	張	星	柳	鬼	井	参	觜	畢	昴	胃	婁	奎	壁	室	危	虚	女	斗	箕	尾	心	房	氐	亢	角	軫	3月
	心	房	氐	亢	角	軫	翼	張	星	柳	鬼	井	参	觜	畢	昴	胃	胃	婁	奎	壁	室	危	虚	女	斗	箕	尾	心	房	4月
女	斗	箕	尾	心	房	氐	亢	角	軫	翼	張	星	柳	鬼	井	参	觜	畢	昴	胃	婁	奎	壁	室	危	虚	女	斗	箕	尾	5月
	室	危	虚	女	斗	箕	尾	心	房	氐	亢	角	軫	翼	張	星	柳	鬼	井	参	觜	畢	昴	胃	婁	奎	壁	室	危	虚	6月
婁	奎	壁	室	危	虚	女	斗	箕	尾	心	房	氐	亢	角	軫	翼	張	星	柳	鬼	鬼	井	参	觜	畢	昴	胃	婁	奎	壁	7月
觜	畢	昴	胃	婁	奎	壁	室	危	虚	女	斗	箕	尾	心	房	氐	亢	角	軫	翼	張	星	柳	鬼	井	参	觜	畢	昴	胃	8月
	柳	鬼	井	参	觜	畢	昴	胃	婁	奎	壁	室	危	虚	女	斗	箕	尾	心	房	氐	亢	角	翼	張	星	柳	鬼	井	参	9月
翼	張	星	柳	鬼	井	参	觜	畢	昴	胃	婁	奎	壁	室	危	虚	女	斗	箕	尾	心	房	氐	氐	亢	角	軫	翼	張	星	10月
	角	軫	翼	張	星	柳	鬼	井	参	觜	畢	昴	胃	婁	奎	壁	室	危	虚	女	斗	箕	尾	心	心	房	氐	亢	角	軫	11月
尾	心	房	氐	亢	角	軫	翼	張	星	柳	鬼	井	参	觜	畢	昴	胃	婁	奎	壁	室	危	虚	女	斗	尾	心	房	氐	亢	12月

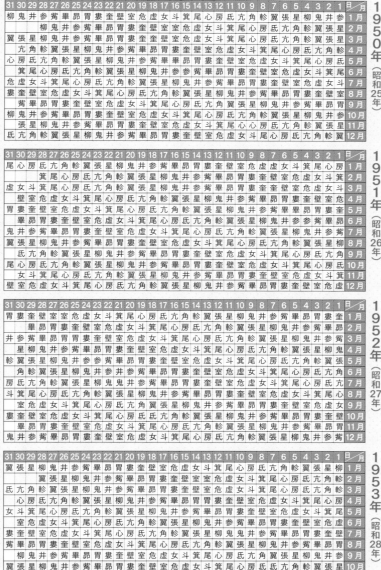

1954年（昭和29年）

31	30	29	28	27	26	25	24	23	22	21	20	19	18	17	16	15	14	13	12	11	10	9	8	7	6	5	4	3	2	1	日／月
女	斗	箕	尾	心	房	氐	亢	角	軫	翼	張	星	柳	鬼	井	参	觜	畢	昴	胃	婁	奎	壁	室	危	虚	虚	女	斗	箕	1月
			女	斗	箕	尾	心	房	氐	亢	角	軫	翼	張	星	柳	鬼	井	参	觜	畢	昴	胃	婁	奎	壁	室	室	危	虚	2月
壁	室	危	虚	女	斗	箕	尾	心	房	氐	亢	角	軫	翼	張	星	柳	鬼	井	参	觜	畢	昴	胃	婁	奎	壁	室	危	虚	3月
	胃	婁	奎	壁	室	危	虚	女	斗	箕	尾	心	房	氐	亢	角	軫	翼	張	星	柳	鬼	井	参	觜	畢	昴	胃	婁	奎	4月
觜	畢	昴	胃	婁	奎	壁	室	危	虚	女	斗	箕	尾	心	房	氐	亢	角	軫	翼	張	星	柳	鬼	井	参	觜	畢	畢	昴	5月
	鬼	井	参	觜	畢	昴	胃	婁	奎	壁	室	危	虚	女	斗	箕	尾	心	房	氐	亢	角	軫	翼	張	星	柳	鬼	井	参	6月
翼	張	星	柳	鬼	井	参	觜	畢	昴	胃	婁	奎	壁	室	危	虚	女	斗	箕	尾	心	房	氐	亢	角	軫	翼	張	星	柳	7月
房	氐	亢	角	翼	張	星	柳	鬼	井	参	觜	畢	昴	胃	婁	奎	壁	室	危	虚	女	斗	箕	尾	心	房	氐	亢	角	軫	8月
	尾	心	房	氐	氐	亢	角	軫	翼	張	星	柳	鬼	井	参	觜	畢	昴	胃	婁	奎	壁	室	危	虚	女	斗	箕	尾	心	9月
女	斗	箕	尾	心	心	房	氐	亢	角	軫	翼	張	星	柳	鬼	井	参	觜	畢	昴	胃	婁	奎	壁	室	危	虚	女	斗	箕	10月
	壁	室	危	虚	女	斗	尾	心	房	氐	亢	角	軫	翼	張	星	柳	鬼	井	参	觜	畢	昴	胃	婁	奎	壁	室	危	虚	11月
胃	婁	奎	壁	室	危	虚	虚	女	斗	箕	尾	心	房	氐	亢	角	軫	翼	張	星	柳	鬼	井	参	觜	畢	昴	胃	婁	奎	12月

1955年（昭和30年）

31	30	29	28	27	26	25	24	23	22	21	20	19	18	17	16	15	14	13	12	11	10	9	8	7	6	5	4	3	2	1	日／月
觜	畢	昴	胃	婁	奎	壁	室	室	危	虚	女	斗	箕	尾	心	房	氐	亢	角	軫	翼	張	星	柳	鬼	井	参	觜	畢	昴	1月
			觜	畢	昴	胃	婁	奎	奎	壁	室	危	虚	女	斗	箕	尾	心	房	氐	亢	角	軫	翼	張	星	柳	鬼	井	参	2月
柳	鬼	井	参	觜	畢	昴	胃	婁	奎	壁	室	危	虚	女	斗	箕	尾	心	房	氐	亢	角	軫	翼	張	星	柳	鬼	井	参	3月
	星	柳	鬼	井	参	觜	畢	昴	胃	昴	胃	婁	奎	壁	室	危	虚	女	斗	箕	尾	心	房	氐	亢	角	軫	翼	張	星	4月
軫	翼	張	星	柳	鬼	井	参	觜	畢	畢	昴	胃	婁	奎	壁	室	危	虚	女	斗	箕	尾	心	房	氐	亢	角	軫	翼	張	5月
	氐	亢	角	軫	翼	張	星	柳	鬼	井	参	觜	畢	昴	胃	婁	奎	壁	室	危	虚	女	斗	箕	尾	心	房	氐	亢	角	6月
箕	尾	心	房	氐	亢	角	軫	翼	張	星	柳	鬼	井	参	觜	畢	昴	胃	婁	奎	壁	室	危	虚	女	斗	箕	尾	心	房	7月
危	虚	女	斗	箕	尾	心	房	氐	亢	角	軫	翼	張	星	柳	鬼	井	参	觜	畢	昴	胃	婁	奎	壁	室	危	虚	女	斗	8月
	婁	奎	壁	室	危	虚	女	斗	箕	尾	心	房	氐	亢	角	翼	張	星	柳	鬼	井	参	觜	畢	昴	胃	婁	奎	壁	室	9月
畢	昴	胃	婁	奎	壁	室	危	虚	女	斗	箕	尾	心	房	氐	氐	亢	角	軫	翼	張	星	柳	鬼	井	参	觜	畢	昴	胃	10月
	井	参	觜	畢	昴	胃	婁	奎	壁	室	危	虚	女	斗	箕	尾	心	房	氐	亢	角	軫	翼	張	星	柳	鬼	井	参	觜	11月
張	星	柳	鬼	井	参	觜	畢	昴	胃	婁	奎	壁	室	危	虚	女	斗	箕	尾	心	房	氐	亢	角	軫	翼	張	星	柳	鬼	12月

1956年（昭和31年）

31	30	29	28	27	26	25	24	23	22	21	20	19	18	17	16	15	14	13	12	11	10	9	8	7	6	5	4	3	2	1	日／月
角	軫	翼	張	星	柳	鬼	井	参	觜	畢	昴	胃	婁	奎	壁	室	危	虚	虚	女	斗	箕	尾	心	房	氐	亢	角	軫	翼	1月
		亢	角	軫	翼	張	星	柳	鬼	井	参	觜	畢	昴	胃	婁	奎	壁	室	室	危	虚	女	斗	箕	尾	心	房	氐	亢	2月
尾	心	房	氐	亢	角	軫	翼	張	星	柳	鬼	井	参	觜	畢	昴	胃	婁	奎	壁	室	危	虚	女	斗	箕	尾	心	房	氐	3月
	斗	箕	尾	心	房	氐	亢	角	軫	翼	張	星	柳	鬼	井	参	觜	畢	昴	胃	胃	婁	奎	壁	室	危	虚	女	斗	箕	4月
室	危	虚	女	斗	箕	尾	心	房	氐	亢	角	軫	翼	張	星	柳	鬼	井	参	觜	畢	昴	胃	婁	奎	壁	室	危	虚	女	5月
	奎	壁	室	危	虚	女	斗	箕	尾	心	房	氐	亢	角	軫	翼	張	星	柳	鬼	井	参	参	觜	畢	昴	胃	婁	奎	壁	6月
畢	昴	胃	婁	奎	壁	室	危	虚	女	斗	箕	尾	心	房	氐	亢	角	軫	翼	張	星	柳	鬼	井	参	觜	畢	昴	胃	婁	7月
柳	鬼	井	参	觜	畢	昴	胃	婁	奎	壁	室	危	虚	女	斗	箕	尾	心	房	氐	亢	角	軫	翼	張	柳	鬼	井	参	觜	8月
	翼	張	星	柳	鬼	井	参	觜	畢	昴	胃	婁	奎	壁	室	危	虚	女	斗	箕	尾	心	房	氐	亢	角	軫	翼	張	星	9月
氐	亢	角	軫	翼	張	星	柳	鬼	井	参	觜	畢	昴	胃	婁	奎	壁	室	危	虚	女	斗	箕	尾	心	房	氐	亢	角	軫	10月
	心	房	氐	亢	角	軫	翼	張	星	柳	鬼	井	参	觜	畢	昴	胃	婁	奎	壁	室	危	虚	女	斗	箕	尾	心	心	房	11月
虚	女	斗	箕	尾	心	房	氐	亢	角	軫	翼	張	星	柳	鬼	井	参	觜	畢	昴	胃	婁	奎	壁	室	危	虚	女	斗	尾	12月

1957年（昭和32年）

31	30	29	28	27	26	25	24	23	22	21	20	19	18	17	16	15	14	13	12	11	10	9	8	7	6	5	4	3	2	1	日／月
室	室	危	虚	女	斗	箕	尾	心	房	氐	亢	角	軫	翼	張	星	柳	鬼	井	参	觜	畢	昴	胃	婁	奎	壁	室	危	虚	1月
			壁	室	危	虚	女	斗	箕	尾	心	房	氐	亢	角	軫	翼	張	星	柳	鬼	井	参	觜	畢	昴	胃	婁	奎	壁	2月
胃	婁	奎	壁	室	危	虚	女	斗	箕	尾	心	房	氐	亢	角	軫	翼	張	星	柳	鬼	井	参	觜	畢	昴	胃	婁	奎	奎	3月
	畢	畢	昴	胃	婁	奎	壁	室	危	虚	女	斗	箕	尾	心	房	氐	亢	角	軫	翼	張	星	柳	鬼	井	参	觜	畢	昴	4月
鬼	井	参	觜	畢	昴	胃	婁	奎	壁	室	危	虚	女	斗	箕	尾	心	房	氐	亢	角	軫	翼	張	星	柳	鬼	井	参	觜	5月
	星	柳	鬼	鬼	井	参	觜	畢	昴	胃	婁	奎	壁	室	危	虚	女	斗	箕	尾	心	房	氐	亢	角	軫	翼	張	星	柳	6月
亢	角	軫	翼	張	柳	鬼	井	参	觜	畢	昴	胃	婁	奎	壁	室	危	虚	女	斗	箕	尾	心	房	氐	亢	角	軫	翼	張	7月
箕	尾	心	房	氐	亢	角	翼	張	星	柳	鬼	井	参	觜	畢	昴	胃	婁	奎	壁	室	危	虚	女	斗	箕	尾	心	房	氐	8月
	箕	尾	心	房	氐	亢	角	氐	亢	角	軫	翼	張	星	柳	鬼	井	参	觜	畢	昴	胃	婁	奎	壁	室	危	虚	女	斗	9月
危	虚	女	斗	箕	尾	心	房	氐	亢	角	軫	翼	張	星	柳	鬼	井	参	觜	畢	昴	胃	婁	奎	壁	室	危	虚	女	斗	10月
	壁	室	危	虚	女	斗	箕	尾	心	心	房	氐	亢	角	軫	翼	張	星	柳	鬼	井	参	觜	畢	昴	胃	婁	奎	壁	室	11月
畢	昴	胃	婁	奎	壁	室	危	虚	女	斗	尾	心	房	氐	亢	角	軫	翼	張	星	柳	鬼	井	参	觜	畢	昴	胃	婁	奎	12月

1958年（昭和33年）

31	30	29	28	27	26	25	24	23	22	21	20	19	18	17	16	15	14	13	12	11	10	9	8	7	6	5	4	3	2	1	日／月
井	参	觜	畢	昴	胃	婁	奎	壁	室	危	虚	虚	女	斗	箕	尾	心	房	氐	亢	角	軫	翼	張	星	柳	鬼	井	参	觜	1月
			井	参	觜	畢	昴	胃	婁	奎	壁	室	室	危	虚	女	斗	箕	尾	心	房	氐	亢	角	軫	翼	張	星	柳	鬼	2月
張	星	柳	鬼	井	参	觜	畢	昴	胃	婁	奎	壁	室	危	虚	女	斗	箕	尾	心	房	氐	亢	角	軫	翼	張	星	柳	鬼	3月
	軫	翼	張	星	柳	鬼	井	参	觜	畢	昴	胃	胃	婁	奎	壁	室	危	虚	女	斗	箕	尾	心	房	氐	亢	角	軫	翼	4月
氐	亢	角	軫	翼	張	星	柳	鬼	井	参	觜	畢	畢	昴	胃	婁	奎	壁	室	危	虚	女	斗	箕	尾	心	房	氐	亢	角	5月
	尾	心	房	氐	亢	角	軫	翼	張	星	柳	鬼	井	参	觜	畢	昴	胃	婁	奎	壁	室	危	虚	女	斗	箕	尾	心	房	6月
女	斗	箕	尾	心	房	氐	亢	角	軫	翼	張	星	柳	鬼	鬼	井	参	觜	畢	昴	胃	婁	奎	壁	室	危	虚	女	斗	箕	7月
奎	壁	室	危	虚	女	斗	箕	尾	心	房	氐	亢	角	軫	翼	張	柳	鬼	井	参	觜	畢	昴	胃	婁	奎	壁	室	危	虚	8月
	畢	昴	胃	婁	奎	壁	室	危	虚	女	斗	箕	尾	心	房	氐	亢	角	翼	張	星	柳	鬼	井	参	觜	畢	昴	胃	婁	9月
井	参	觜	畢	昴	胃	婁	奎	壁	室	危	虚	女	斗	箕	尾	心	房	氐	氐	亢	角	軫	翼	張	星	柳	鬼	井	参	觜	10月
	星	柳	鬼	井	参	觜	畢	昴	胃	婁	奎	壁	室	危	虚	女	斗	箕	尾	心	房	氐	亢	角	軫	翼	張	星	柳	鬼	11月
角	軫	翼	張	星	柳	鬼	井	参	觜	畢	昴	胃	婁	奎	壁	室	危	虚	女	斗	箕	尾	心	房	氐	亢	角	軫	翼	張	12月

1959年（昭和34年）

31	30	29	28	27	26	25	24	23	22	21	20	19	18	17	16	15	14	13	12	11	10	9	8	7	6	5	4	3	2	1	日／月
心	房	氐	亢	角	軫	翼	張	星	柳	鬼	井	参	觜	畢	昴	胃	婁	奎	壁	室	危	虚	女	斗	箕	尾	心	房	氐	亢	1月
			心	房	氐	亢	角	軫	翼	張	星	柳	鬼	井	参	觜	畢	昴	胃	婁	奎	壁	室	室	危	虚	女	斗	箕	尾	2月
女	斗	箕	尾	心	房	氐	亢	角	軫	翼	張	星	柳	鬼	井	参	觜	畢	昴	胃	婁	奎	壁	室	危	虚	女	斗	箕	尾	3月
	危	虚	女	斗	箕	尾	心	房	氐	亢	角	軫	翼	張	星	柳	鬼	井	参	觜	畢	昴	胃	胃	婁	奎	壁	室	危	虚	4月
奎	壁	室	危	虚	女	斗	箕	尾	心	房	氐	亢	角	軫	翼	張	星	柳	鬼	井	参	觜	畢	畢	昴	胃	婁	奎	壁	室	5月
	昴	胃	婁	奎	壁	室	危	虚	女	斗	箕	尾	心	房	氐	亢	角	軫	翼	張	星	柳	鬼	井	参	觜	畢	昴	胃	婁	6月
参	觜	畢	昴	胃	婁	奎	壁	室	危	虚	女	斗	箕	尾	心	房	氐	亢	角	軫	翼	張	星	柳	鬼	鬼	井	参	觜	畢	7月
張	星	柳	鬼	井	参	觜	畢	昴	胃	婁	奎	壁	室	危	虚	女	斗	箕	尾	心	房	氐	亢	角	軫	翼	張	柳	鬼	井	8月
	角	軫	翼	張	星	柳	鬼	井	参	觜	畢	昴	胃	婁	奎	壁	室	危	虚	女	斗	箕	尾	心	房	氐	亢	角	軫	翼	9月
心	房	氐	亢	角	軫	翼	張	星	柳	鬼	井	参	觜	畢	昴	胃	婁	奎	壁	室	危	虚	女	斗	箕	尾	心	房	氐	亢	10月
	斗	尾	心	房	氐	亢	角	軫	翼	張	星	柳	鬼	井	参	觜	畢	昴	胃	婁	奎	壁	室	危	虚	女	斗	箕	尾	心	11月
危	虚	虚	女	斗	箕	尾	心	房	氐	亢	角	軫	翼	張	星	柳	鬼	井	参	觜	畢	昴	胃	婁	奎	壁	室	危	虚	女	12月

1960年（昭和35年）

31	30	29	28	27	26	25	24	23	22	21	20	19	18	17	16	15	14	13	12	11	10	9	8	7	6	5	4	3	2	1	日／月
婁	奎	壁	室	危	虚	女	斗	箕	尾	心	房	氐	亢	角	軫	翼	張	星	柳	鬼	井	参	觜	畢	昴	胃	婁	奎	壁	室	1月
		胃	婁	奎	奎	壁	室	危	虚	女	斗	箕	尾	心	房	氐	亢	角	軫	翼	張	星	柳	鬼	井	参	觜	畢	昴	胃	2月
参	觜	畢	昴	胃	婁	奎	壁	室	危	虚	女	斗	箕	尾	心	房	氐	亢	角	軫	翼	張	星	柳	鬼	井	参	觜	畢	昴	3月
	鬼	井	参	觜	畢	畢	昴	胃	婁	奎	壁	室	危	虚	女	斗	箕	尾	心	房	氐	亢	角	軫	翼	張	星	柳	鬼	井	4月
翼	張	星	柳	鬼	井	参	觜	畢	昴	胃	婁	奎	壁	室	危	虚	女	斗	箕	尾	心	房	氐	亢	角	軫	翼	張	星	柳	5月
	角	軫	翼	張	星	柳	鬼	鬼	井	参	觜	畢	昴	胃	婁	奎	壁	室	危	虚	女	斗	箕	尾	心	房	氐	亢	角	軫	6月
亢	角	軫	翼	張	星	柳	鬼	星	柳	鬼	井	参	觜	畢	昴	胃	婁	奎	壁	室	危	虚	女	斗	箕	尾	心	房	氐	亢	7月
箕	尾	心	房	氐	亢	角	軫	翼	張	柳	鬼	井	参	觜	畢	昴	胃	婁	奎	壁	室	危	虚	女	斗	箕	尾	心	房	氐	8月
	虚	女	斗	箕	尾	心	房	氐	亢	角	軫	翼	張	星	柳	鬼	井	参	觜	畢	昴	胃	婁	奎	壁	室	危	虚	女	斗	9月
奎	壁	室	危	虚	女	斗	箕	尾	心	房	氐	亢	角	軫	翼	張	星	柳	鬼	井	参	觜	畢	昴	胃	婁	奎	壁	室	危	10月
	胃	婁	奎	壁	室	危	虚	女	斗	箕	尾	心	心	房	氐	亢	角	軫	翼	張	星	柳	鬼	井	参	觜	畢	昴	胃	婁	11月
井	参	觜	畢	昴	胃	婁	奎	壁	室	危	虚	女	斗	尾	心	房	氐	亢	角	軫	翼	張	星	柳	鬼	井	参	觜	畢	昴	12月

1961年（昭和36年）

31	30	29	28	27	26	25	24	23	22	21	20	19	18	17	16	15	14	13	12	11	10	9	8	7	6	5	4	3	2	1	日／月
星	柳	鬼	井	参	觜	畢	昴	胃	婁	奎	壁	室	危	虚	虚	女	斗	箕	尾	心	房	氐	亢	角	軫	翼	張	星	柳	鬼	1月
			張	星	柳	鬼	井	参	觜	畢	昴	胃	婁	奎	壁	室	危	虚	女	斗	箕	尾	心	房	氐	亢	角	軫	翼	張	2月
角	軫	翼	張	星	柳	鬼	井	参	觜	畢	昴	胃	婁	奎	奎	壁	室	危	虚	女	斗	箕	尾	心	房	氐	亢	角	軫	翼	3月
	房	氐	亢	角	軫	翼	張	星	柳	鬼	井	参	觜	畢	昴	胃	婁	奎	壁	室	危	虚	女	斗	箕	尾	心	房	氐	亢	4月
箕	尾	心	房	氐	亢	角	軫	翼	張	星	柳	鬼	井	参	觜	畢	畢	昴	胃	婁	奎	壁	室	危	虚	女	斗	箕	尾	心	5月
	虚	女	斗	箕	尾	心	房	氐	亢	角	軫	翼	張	星	柳	鬼	井	参	觜	畢	昴	胃	婁	奎	壁	室	危	虚	女	斗	6月
壁	室	危	虚	女	斗	箕	尾	心	房	氐	亢	角	軫	翼	張	星	柳	鬼	鬼	井	参	觜	畢	昴	胃	婁	奎	壁	室	危	7月
畢	昴	胃	婁	奎	壁	室	危	虚	女	斗	箕	尾	心	房	氐	亢	角	軫	翼	張	柳	鬼	井	参	觜	畢	昴	胃	婁	奎	8月
	井	参	觜	畢	昴	胃	婁	奎	壁	室	危	虚	女	斗	箕	尾	心	房	氐	亢	角	軫	翼	張	星	柳	鬼	井	参	觜	9月
星	柳	鬼	井	参	觜	畢	昴	胃	婁	奎	壁	室	危	虚	女	斗	箕	尾	心	房	氐	氐	亢	角	軫	翼	張	星	柳	鬼	10月
	軫	翼	張	星	柳	鬼	井	参	觜	畢	昴	胃	婁	奎	壁	室	危	虚	女	斗	箕	尾	心	房	氐	亢	角	軫	翼	張	11月
房	氐	亢	角	軫	翼	張	星	柳	鬼	井	参	觜	畢	昴	胃	婁	奎	壁	室	危	虚	女	斗	箕	尾	心	房	氐	亢	角	12月

1962年（昭和37年）

31	30	29	28	27	26	25	24	23	22	21	20	19	18	17	16	15	14	13	12	11	10	9	8	7	6	5	4	3	2	1	日/月
斗	箕	尾	心	房	氐	亢	角	軫	翼	張	星	柳	鬼	井	参	觜	畢	昴	胃	婁	奎	壁	室	危	虚	女	斗	箕	尾	心	1月
			斗	箕	尾	心	房	氐	亢	角	軫	翼	張	星	柳	鬼	井	参	觜	畢	昴	胃	婁	奎	壁	室	室	危	虚	女	2月
室	危	虚	女	斗	箕	尾	心	房	氐	亢	角	軫	翼	張	星	柳	鬼	井	参	觜	畢	昴	胃	婁	奎	壁	室	危	虚	女	3月
	奎	壁	室	危	虚	女	斗	箕	尾	心	房	氐	亢	角	軫	翼	張	星	柳	鬼	井	参	觜	畢	昴	胃	胃	婁	奎	壁	4月
畢	昴	胃	婁	奎	壁	室	危	虚	女	斗	箕	尾	心	房	氐	亢	角	軫	翼	張	星	柳	鬼	井	参	觜	畢	昴	胃	婁	5月
	井	参	觜	畢	昴	胃	婁	奎	壁	室	危	虚	女	斗	箕	尾	心	房	氐	亢	角	軫	翼	張	星	柳	鬼	井	参	觜	6月
張	柳	鬼	井	参	觜	畢	昴	胃	婁	奎	壁	室	危	虚	女	斗	箕	尾	心	房	氐	亢	角	軫	翼	張	星	柳	鬼	鬼	7月
亢	角	軫	翼	張	星	柳	鬼	井	参	觜	畢	昴	胃	婁	奎	壁	室	危	虚	女	斗	箕	尾	心	房	氐	亢	角	軫	翼	8月
	房	氐	氐	亢	角	軫	翼	張	星	柳	鬼	井	参	觜	畢	昴	胃	婁	奎	壁	室	危	虚	女	斗	箕	尾	心	房	氐	9月
斗	箕	尾	心	房	氐	亢	角	軫	翼	張	星	柳	鬼	井	参	觜	畢	昴	胃	婁	奎	壁	室	危	虚	女	斗	箕	尾	心	10月
	危	虚	女	斗	箕	尾	心	房	氐	亢	角	軫	翼	張	星	柳	鬼	井	参	觜	畢	昴	胃	婁	奎	壁	室	危	虚	女	11月
奎	壁	室	危	虚	虚	女	斗	箕	尾	心	房	氐	亢	角	軫	翼	張	星	柳	鬼	井	参	觜	畢	昴	胃	婁	奎	壁	室	12月

1963年（昭和38年）

31	30	29	28	27	26	25	24	23	22	21	20	19	18	17	16	15	14	13	12	11	10	9	8	7	6	5	4	3	2	1	日/月
畢	昴	胃	婁	奎	壁	室	危	虚	女	斗	箕	尾	心	房	氐	亢	角	軫	翼	張	星	柳	鬼	井	参	觜	畢	昴	胃	婁	1月
			畢	昴	胃	婁	奎	奎	壁	室	危	虚	女	斗	箕	尾	心	房	氐	亢	角	軫	翼	張	星	柳	鬼	井	参	觜	2月
鬼	井	参	觜	畢	昴	胃	婁	奎	壁	室	危	虚	女	斗	箕	尾	心	房	氐	亢	角	軫	翼	張	星	柳	鬼	井	参	觜	3月
	星	柳	鬼	井	参	觜	畢	畢	昴	胃	婁	奎	壁	室	危	虚	女	斗	箕	尾	心	房	氐	亢	角	軫	翼	張	星	柳	4月
翼	張	星	柳	鬼	井	参	觜	畢	觜	畢	昴	胃	婁	奎	壁	室	危	虚	女	斗	箕	尾	心	房	氐	亢	角	軫	翼	張	5月
	亢	角	軫	翼	張	星	柳	鬼	井	参	觜	畢	昴	胃	婁	奎	壁	室	危	虚	女	斗	箕	尾	心	房	氐	亢	角	軫	6月
心	房	氐	亢	角	軫	翼	張	星	柳	鬼	鬼	井	参	觜	畢	昴	胃	婁	奎	壁	室	危	虚	女	斗	箕	尾	心	房	氐	7月
虚	女	斗	箕	尾	心	房	氐	亢	角	軫	翼	張	柳	鬼	井	参	觜	畢	昴	胃	婁	奎	壁	室	危	虚	女	斗	箕	尾	8月
	壁	室	危	虚	女	斗	箕	尾	心	房	氐	亢	角	軫	翼	張	星	柳	鬼	井	参	觜	畢	昴	胃	婁	奎	壁	室	危	9月
昴	胃	婁	奎	壁	室	危	虚	女	斗	箕	尾	心	房	氐	亢	角	軫	翼	張	星	柳	鬼	井	参	觜	畢	昴	胃	婁	奎	10月
	觜	畢	昴	胃	婁	奎	壁	室	危	虚	女	斗	箕	尾	心	心	房	氐	亢	角	軫	翼	張	星	柳	鬼	井	参	觜	畢	11月
柳	鬼	井	参	觜	畢	昴	胃	婁	奎	壁	室	危	虚	女	斗	箕	尾	心	房	氐	亢	角	軫	翼	張	星	柳	鬼	井	参	12月

1964年（昭和39年）

31	30	29	28	27	26	25	24	23	22	21	20	19	18	17	16	15	14	13	12	11	10	9	8	7	6	5	4	3	2	1	日/月
翼	張	星	柳	鬼	井	参	觜	畢	昴	胃	婁	奎	壁	室	危	虚	虚	女	斗	箕	尾	心	房	氐	亢	角	軫	翼	張	星	1月
		角	軫	翼	張	星	柳	鬼	井	参	觜	畢	昴	胃	婁	奎	壁	室	危	虚	女	斗	箕	尾	心	房	氐	亢	角	軫	2月
房	氐	亢	角	軫	翼	張	星	柳	鬼	井	参	觜	畢	昴	胃	婁	奎	奎	壁	室	危	虚	女	斗	箕	尾	心	房	氐	亢	3月
	箕	尾	心	房	氐	亢	角	軫	翼	張	星	柳	鬼	井	参	觜	畢	昴	胃	婁	奎	壁	室	危	虚	女	斗	箕	尾	心	4月
虚	女	斗	箕	尾	心	房	氐	亢	角	軫	翼	張	星	柳	鬼	井	参	觜	畢	畢	昴	胃	婁	奎	壁	室	危	虚	女	斗	5月
	壁	室	危	虚	女	斗	箕	尾	心	房	氐	亢	角	軫	翼	張	星	柳	鬼	井	参	觜	畢	昴	胃	婁	奎	壁	室	危	6月
昴	胃	婁	奎	壁	室	危	虚	女	斗	箕	尾	心	房	氐	亢	角	軫	翼	張	星	柳	鬼	井	参	觜	畢	昴	胃	婁	奎	7月
井	参	觜	畢	昴	胃	婁	奎	壁	室	危	虚	女	斗	箕	尾	心	房	氐	亢	角	軫	翼	張	星	柳	鬼	井	参	觜	畢	8月
	張	星	柳	鬼	井	参	觜	畢	昴	胃	婁	奎	壁	室	危	虚	女	斗	箕	尾	心	房	氐	亢	角	翼	張	星	柳	鬼	9月
角	軫	翼	張	星	柳	鬼	井	参	觜	畢	昴	胃	婁	奎	壁	室	危	虚	女	斗	箕	尾	心	房	氐	氐	亢	角	軫	翼	10月
	房	氐	亢	角	軫	翼	張	星	柳	鬼	井	参	觜	畢	昴	胃	婁	奎	壁	室	危	虚	女	斗	箕	尾	心	房	氐	亢	11月
斗	箕	尾	心	房	氐	亢	角	軫	翼	張	星	柳	鬼	井	参	觜	畢	昴	胃	婁	奎	壁	室	危	虚	女	斗	箕	尾	心	12月

1965年（昭和40年）

31	30	29	28	27	26	25	24	23	22	21	20	19	18	17	16	15	14	13	12	11	10	9	8	7	6	5	4	3	2	1	日/月
危	虚	女	斗	箕	尾	心	房	氐	亢	角	軫	翼	張	星	柳	鬼	井	参	觜	畢	昴	胃	婁	奎	壁	室	危	虚	虚	女	1月
			危	虚	女	斗	箕	尾	心	房	氐	亢	角	軫	翼	張	星	柳	鬼	井	参	觜	畢	昴	胃	婁	奎	壁	室	室	2月
婁	奎	壁	室	危	虚	女	斗	箕	尾	心	房	氐	亢	角	軫	翼	張	星	柳	鬼	井	参	觜	畢	昴	胃	婁	奎	壁	室	3月
	昴	胃	婁	奎	壁	室	危	虚	女	斗	箕	尾	心	房	氐	亢	角	軫	翼	張	星	柳	鬼	井	参	觜	畢	昴	胃	胃	4月
参	参	觜	畢	昴	胃	婁	奎	壁	室	危	虚	女	斗	箕	尾	心	房	氐	亢	角	軫	翼	張	星	柳	鬼	井	参	觜	畢	5月
	柳	鬼	井	参	觜	畢	昴	胃	婁	奎	壁	室	危	虚	女	斗	箕	尾	心	房	氐	亢	角	軫	翼	張	星	柳	鬼	井	6月
角	軫	翼	張	柳	鬼	井	参	觜	畢	昴	胃	婁	奎	壁	室	危	虚	女	斗	箕	尾	心	房	氐	亢	角	軫	翼	張	星	7月
心	房	氐	亢	角	軫	翼	張	星	柳	鬼	井	参	觜	畢	昴	胃	婁	奎	壁	室	危	虚	女	斗	箕	尾	心	房	氐	亢	8月
	斗	箕	尾	心	房	氐	亢	角	軫	翼	張	星	柳	鬼	井	参	觜	畢	昴	胃	婁	奎	壁	室	危	虚	女	斗	箕	尾	9月
室	危	虚	女	斗	箕	尾	心	房	氐	亢	角	軫	翼	張	星	柳	鬼	井	参	觜	畢	昴	胃	婁	奎	壁	室	危	虚	女	10月
	婁	奎	壁	室	危	虚	女	斗	箕	尾	心	房	氐	亢	角	軫	翼	張	星	柳	鬼	井	参	觜	畢	昴	胃	婁	奎	壁	11月
畢	昴	胃	婁	奎	壁	室	危	虚	虚	女	斗	箕	尾	心	房	氐	亢	角	軫	翼	張	星	柳	鬼	井	参	觜	畢	昴	胃	12月

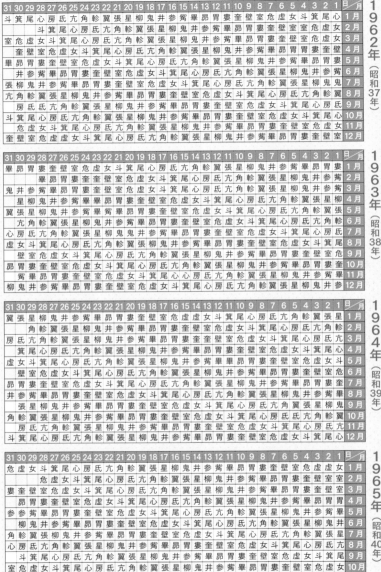

1966年（昭和41年）

31	30	29	28	27	26	25	24	23	22	21	20	19	18	17	16	15	14	13	12	11	10	9	8	7	6	5	4	3	2	1	日/月
井	参	觜	畢	昴	胃	婁	奎	壁	室	室	危	虚	女	斗	箕	尾	心	房	氐	亢	角	軫	翼	張	星	柳	鬼	井	参	觜	1月
			鬼	井	参	觜	畢	昴	胃	婁	奎	壁	室	危	虚	女	斗	箕	尾	心	房	氐	亢	角	軫	翼	張	星	柳	鬼	2月
張	星	柳	鬼	井	参	觜	畢	昴	胃	胃	婁	奎	壁	室	危	虚	女	斗	箕	尾	心	房	氐	亢	角	軫	翼	張	星	柳	3月
	張	星	柳	鬼	井	参	觜	畢	昴	胃	畢	昴	胃	婁	奎	壁	室	危	虚	女	斗	箕	尾	心	房	氐	亢	角	軫	翼	4月
亢	角	軫	翼	張	星	柳	鬼	井	参	觜	畢	昴	胃	婁	奎	壁	室	危	虚	女	斗	箕	尾	心	房	氐	亢	角	軫	翼	5月
	房	氐	亢	角	軫	翼	張	星	柳	鬼	井	参	参	觜	畢	昴	胃	婁	奎	壁	室	危	虚	女	斗	箕	尾	心	房	氐	6月
斗	箕	尾	心	房	氐	亢	角	軫	翼	張	星	柳	鬼	井	参	觜	畢	昴	胃	婁	奎	壁	室	危	虚	女	斗	箕	尾	心	7月
壁	室	危	虚	女	斗	箕	尾	心	房	氐	亢	角	軫	翼	張	柳	鬼	井	参	觜	畢	昴	胃	婁	奎	壁	室	危	虚	女	8月
	胃	婁	奎	壁	室	危	虚	女	斗	箕	尾	心	房	氐	亢	角	軫	翼	張	星	柳	鬼	井	参	觜	畢	昴	胃	婁	奎	9月
参	觜	畢	昴	胃	婁	奎	壁	室	危	虚	女	斗	箕	尾	心	房	氐	亢	角	軫	翼	張	星	柳	鬼	井	参	觜	畢	昴	10月
	鬼	井	参	觜	畢	昴	胃	婁	奎	壁	室	危	虚	女	斗	箕	尾	心	心	房	氐	亢	角	軫	翼	張	星	柳	鬼	井	11月
軫	翼	張	星	柳	鬼	井	参	觜	畢	昴	胃	婁	奎	壁	室	危	虚	女	斗	尾	心	房	氐	亢	角	軫	翼	張	星	柳	12月

1967年（昭和42年）

31	30	29	28	27	26	25	24	23	22	21	20	19	18	17	16	15	14	13	12	11	10	9	8	7	6	5	4	3	2	1	日/月
氐	亢	角	軫	翼	張	星	柳	鬼	井	参	觜	畢	昴	胃	婁	奎	壁	室	危	虚	虚	女	斗	箕	尾	心	房	氐	亢	角	1月
			房	氐	亢	角	軫	翼	張	星	柳	鬼	井	参	觜	畢	昴	胃	婁	奎	壁	室	危	虚	女	斗	箕	尾	心	房	2月
箕	尾	心	房	氐	亢	角	軫	翼	張	星	柳	鬼	井	参	觜	畢	昴	胃	婁	奎	奎	壁	室	危	虚	女	斗	箕	尾	心	3月
	女	斗	箕	尾	心	房	氐	亢	角	軫	翼	張	星	柳	鬼	井	参	觜	畢	昴	胃	胃	婁	奎	壁	室	危	虚	女	斗	4月
壁	室	危	虚	女	斗	箕	尾	心	房	氐	亢	角	軫	翼	張	星	柳	鬼	井	参	觜	畢	昴	胃	婁	奎	壁	室	危	虚	5月
	婁	奎	壁	室	危	虚	女	斗	箕	尾	心	房	氐	亢	角	軫	翼	張	星	柳	鬼	井	参	参	觜	畢	昴	胃	婁	奎	6月
畢	昴	胃	婁	奎	壁	室	危	虚	女	斗	箕	尾	心	房	氐	亢	角	軫	翼	張	星	柳	鬼	鬼	井	参	觜	畢	昴	胃	7月
柳	鬼	井	参	觜	畢	昴	胃	婁	奎	壁	室	危	虚	女	斗	箕	尾	心	房	氐	亢	角	軫	翼	張	柳	鬼	井	参	觜	8月
	軫	翼	張	星	柳	鬼	井	参	觜	畢	昴	胃	婁	奎	壁	室	危	虚	女	斗	箕	尾	心	房	氐	亢	角	翼	張	星	9月
氐	亢	角	軫	翼	張	星	柳	鬼	井	参	觜	畢	昴	胃	婁	奎	壁	室	危	虚	女	斗	箕	尾	心	房	氐	氐	亢	角	10月
	尾	心	房	氐	亢	角	軫	翼	張	星	柳	鬼	井	参	觜	畢	昴	胃	婁	奎	壁	室	危	虚	女	斗	箕	尾	心	房	11月
虚	女	斗	箕	尾	心	房	氐	亢	角	軫	翼	張	星	柳	鬼	井	参	觜	畢	昴	胃	婁	奎	壁	室	危	虚	女	斗	箕	12月

1968年（昭和43年）

31	30	29	28	27	26	25	24	23	22	21	20	19	18	17	16	15	14	13	12	11	10	9	8	7	6	5	4	3	2	1	日/月
壁	室	室	危	虚	女	斗	箕	尾	心	房	氐	亢	角	軫	翼	張	星	柳	鬼	井	参	觜	畢	昴	胃	婁	奎	壁	室	危	1月
		婁	奎	壁	室	危	虚	女	斗	箕	尾	心	房	氐	亢	角	軫	翼	張	星	柳	鬼	井	参	觜	畢	昴	胃	婁	奎	2月
畢	昴	胃	胃	婁	奎	壁	室	危	虚	女	斗	箕	尾	心	房	氐	亢	角	軫	翼	張	星	柳	鬼	井	参	觜	畢	昴	胃	3月
	参	觜	畢	畢	昴	胃	婁	奎	壁	室	危	虚	女	斗	箕	尾	心	房	氐	亢	角	軫	翼	張	星	柳	鬼	井	参	觜	4月
星	柳	鬼	井	参	觜	畢	昴	胃	婁	奎	壁	室	危	虚	女	斗	箕	尾	心	房	氐	亢	角	軫	翼	張	星	柳	鬼	井	5月
	翼	張	星	柳	鬼	鬼	井	参	觜	畢	昴	胃	婁	奎	壁	室	危	虚	女	斗	箕	尾	心	房	氐	亢	角	軫	翼	張	6月
房	氐	亢	角	軫	翼	張	柳	鬼	井	参	觜	畢	昴	胃	婁	奎	壁	室	危	虚	女	斗	箕	尾	心	房	氐	亢	角	軫	7月
心	房	氐	亢	角	軫	翼	張	軫	翼	張	星	柳	鬼	井	参	觜	畢	昴	胃	婁	奎	壁	室	危	虚	女	斗	箕	尾	心	8月
	女	斗	箕	尾	心	房	氐	亢	角	翼	張	星	柳	鬼	井	参	觜	畢	昴	胃	婁	奎	壁	室	危	虚	女	斗	箕	尾	9月
室	危	虚	女	斗	箕	尾	心	房	氐	氐	亢	角	軫	翼	張	星	柳	鬼	井	参	觜	畢	昴	胃	婁	奎	壁	室	危	虚	10月
	婁	奎	壁	室	危	虚	女	斗	箕	尾	心	房	氐	亢	角	軫	翼	張	星	柳	鬼	井	参	觜	畢	昴	胃	婁	奎	壁	11月
觜	畢	昴	胃	婁	奎	壁	室	危	虚	女	斗	箕	尾	心	房	氐	亢	角	軫	翼	張	星	柳	鬼	井	参	觜	畢	昴	胃	12月

1969年（昭和44年）

31	30	29	28	27	26	25	24	23	22	21	20	19	18	17	16	15	14	13	12	11	10	9	8	7	6	5	4	3	2	1	日/月
柳	鬼	井	参	觜	畢	昴	胃	婁	奎	壁	室	危	虚	女	斗	箕	尾	心	房	氐	亢	角	軫	翼	張	星	柳	鬼	井	参	1月
			柳	鬼	井	参	觜	畢	昴	胃	婁	奎	壁	室	室	危	虚	女	斗	箕	尾	心	房	氐	亢	角	軫	翼	張	星	2月
軫	翼	張	星	柳	鬼	井	参	觜	畢	昴	胃	婁	奎	壁	室	危	虚	女	斗	箕	尾	心	房	氐	亢	角	軫	翼	張	星	3月
	亢	角	軫	翼	張	星	柳	鬼	井	参	觜	畢	昴	胃	胃	婁	奎	壁	室	危	虚	女	斗	箕	尾	心	房	氐	亢	角	4月
尾	心	房	氐	亢	角	軫	翼	張	星	柳	鬼	井	参	觜	畢	昴	胃	婁	奎	壁	室	危	虚	女	斗	箕	尾	心	房	氐	5月
	斗	箕	尾	心	房	氐	亢	角	軫	翼	張	星	柳	鬼	井	参	参	觜	畢	昴	胃	婁	奎	壁	室	危	虚	女	斗	箕	6月
室	危	虚	女	斗	箕	尾	心	房	氐	亢	角	軫	翼	張	星	柳	鬼	井	参	觜	畢	昴	胃	婁	奎	壁	室	危	虚	女	7月
胃	婁	奎	壁	室	危	虚	女	斗	箕	尾	心	房	氐	亢	角	軫	翼	張	星	柳	鬼	井	参	觜	畢	昴	胃	婁	奎	壁	8月
	觜	畢	昴	胃	婁	奎	壁	室	危	虚	女	斗	箕	尾	心	房	氐	亢	角	軫	翼	張	星	柳	鬼	井	参	觜	畢	昴	9月
柳	鬼	井	参	觜	畢	昴	胃	婁	奎	壁	室	危	虚	女	斗	箕	尾	心	房	氐	亢	角	軫	翼	張	星	柳	鬼	井	参	10月
	張	星	柳	鬼	井	参	觜	畢	昴	胃	婁	奎	壁	室	危	虚	女	斗	箕	尾	心	心	房	氐	亢	角	軫	翼	張	星	11月
氐	亢	角	軫	翼	張	星	柳	鬼	井	参	觜	畢	昴	胃	婁	奎	壁	室	危	虚	女	斗	尾	心	房	氐	亢	角	軫	翼	12月

1970年（昭和45年）

31	30	29	28	27	26	25	24	23	22	21	20	19	18	17	16	15	14	13	12	11	10	9	8	7	6	5	4	3	2	1	日／月
尾	心	房	氐	亢	角	軫	翼	張	星	柳	鬼	井	参	觜	畢	昴	胃	婁	奎	壁	室	危	虚	虚	女	斗	箕	尾	心	房	1月
			箕	尾	心	房	氐	亢	角	軫	翼	張	星	柳	鬼	井	参	觜	畢	昴	胃	婁	奎	壁	室	危	虚	女	斗	箕	2月
虚	女	斗	箕	尾	心	房	氐	亢	角	軫	翼	張	星	柳	鬼	井	参	觜	畢	昴	胃	婁	奎	奎	壁	室	危	虚	女	斗	3月
	壁	室	危	虚	女	斗	箕	尾	心	房	氐	亢	角	軫	翼	張	星	柳	鬼	井	参	觜	畢	昴	胃	婁	奎	壁	室	危	4月
昴	胃	婁	奎	壁	室	危	虚	女	斗	箕	尾	心	房	氐	亢	角	軫	翼	張	星	柳	鬼	井	参	觜	畢	昴	胃	婁	奎	5月
	觜	畢	昴	胃	婁	奎	壁	室	危	虚	女	斗	箕	尾	心	房	氐	亢	角	軫	翼	張	星	柳	鬼	井	参	参	觜	畢	6月
鬼	井	参	觜	畢	昴	胃	婁	奎	壁	室	危	虚	女	斗	箕	尾	心	房	氐	亢	角	軫	翼	張	星	柳	鬼	鬼	井	参	7月
軫	翼	張	星	柳	鬼	井	参	觜	畢	昴	胃	婁	奎	壁	室	危	虚	女	斗	箕	尾	心	房	氐	亢	角	軫	翼	張	柳	8月
	氐	亢	角	軫	翼	張	星	柳	鬼	井	参	觜	畢	昴	胃	婁	奎	壁	室	危	虚	女	斗	箕	尾	心	房	氐	亢	角	9月
尾	心	心	房	氐	亢	角	軫	翼	張	星	柳	鬼	井	参	觜	畢	昴	胃	婁	奎	壁	室	危	虚	女	斗	箕	尾	心	房	10月
	女	斗	箕	尾	心	房	氐	亢	角	軫	翼	張	星	柳	鬼	井	参	觜	畢	昴	胃	婁	奎	壁	室	危	虚	女	斗	箕	11月
壁	室	危	虚	女	斗	箕	尾	心	房	氐	亢	角	軫	翼	張	星	柳	鬼	井	参	觜	畢	昴	胃	婁	奎	壁	室	危	虚	12月

1971年（昭和46年）

31	30	29	28	27	26	25	24	23	22	21	20	19	18	17	16	15	14	13	12	11	10	9	8	7	6	5	4	3	2	1	日／月
胃	婁	奎	壁	室	室	危	虚	女	斗	箕	尾	心	房	氐	亢	角	軫	翼	張	星	柳	鬼	井	参	觜	畢	昴	胃	婁	奎	1月
			昴	胃	婁	奎	壁	室	危	虚	女	斗	箕	尾	心	房	氐	亢	角	軫	翼	張	星	柳	鬼	井	参	觜	畢	昴	2月
参	觜	畢	昴	胃	胃	婁	奎	壁	室	危	虚	女	斗	箕	尾	心	房	氐	亢	角	軫	翼	張	星	柳	鬼	井	参	觜	畢	3月
	柳	鬼	井	参	觜	畢	昴	胃	婁	奎	壁	室	危	虚	女	斗	箕	尾	心	房	氐	亢	角	軫	翼	張	星	柳	鬼	井	4月
軫	翼	張	星	柳	鬼	井	参	觜	畢	昴	胃	婁	奎	壁	室	危	虚	女	斗	箕	尾	心	房	氐	亢	角	軫	翼	張	星	5月
	軫	翼	張	星	柳	鬼	井	参	鬼	井	参	觜	畢	昴	胃	婁	奎	壁	室	危	虚	女	斗	箕	尾	心	房	氐	亢	角	6月
房	氐	亢	角	軫	翼	張	星	柳	鬼	井	参	觜	畢	昴	胃	婁	奎	壁	室	危	虚	女	斗	箕	尾	心	房	氐	亢	角	7月
斗	箕	尾	心	房	氐	亢	角	軫	翼	張	星	柳	鬼	井	参	觜	畢	昴	胃	婁	奎	壁	室	危	虚	女	斗	箕	尾	心	8月
	室	危	虚	女	斗	箕	尾	心	房	氐	亢	角	翼	張	星	柳	鬼	井	参	觜	畢	昴	胃	婁	奎	壁	室	危	虚	女	9月
婁	奎	壁	室	危	虚	女	斗	箕	尾	心	房	氐	氐	亢	角	軫	翼	張	星	柳	鬼	井	参	觜	畢	昴	胃	婁	奎	壁	10月
	昴	胃	婁	奎	壁	室	危	虚	女	斗	箕	尾	心	心	房	氐	亢	角	軫	翼	張	星	柳	鬼	井	参	觜	畢	昴	胃	11月
井	参	觜	畢	昴	胃	婁	奎	壁	室	危	虚	女	斗	箕	尾	心	房	氐	亢	角	軫	翼	張	星	柳	鬼	井	参	觜	畢	12月

1972年（昭和47年）

31	30	29	28	27	26	25	24	23	22	21	20	19	18	17	16	15	14	13	12	11	10	9	8	7	6	5	4	3	2	1	日／月
張	星	柳	鬼	井	参	觜	畢	昴	胃	婁	奎	壁	室	危	虚	女	斗	箕	尾	心	房	氐	亢	角	軫	翼	張	星	柳	鬼	1月
		翼	張	星	柳	鬼	井	参	觜	畢	昴	胃	婁	奎	壁	室	室	危	虚	女	斗	箕	尾	心	房	氐	亢	角	軫	翼	2月
氐	亢	角	軫	翼	張	星	柳	鬼	井	参	觜	畢	昴	胃	婁	奎	壁	室	危	虚	女	斗	箕	尾	心	房	氐	亢	角	軫	3月
	心	房	氐	亢	角	軫	翼	張	星	柳	鬼	井	参	觜	畢	昴	胃	胃	婁	奎	壁	室	危	虚	女	斗	箕	尾	心	房	4月
女	斗	箕	尾	心	房	氐	亢	角	軫	翼	張	星	柳	鬼	井	参	觜	畢	昴	胃	婁	奎	壁	室	危	虚	女	斗	箕	尾	5月
	室	危	虚	女	斗	箕	尾	心	房	氐	亢	角	軫	翼	張	星	柳	鬼	井	参	觜	畢	昴	胃	婁	奎	壁	室	危	虚	6月
婁	奎	壁	室	危	虚	女	斗	箕	尾	心	房	氐	亢	角	軫	翼	張	星	柳	鬼	鬼	井	参	觜	畢	昴	胃	婁	奎	壁	7月
参	觜	畢	昴	胃	婁	奎	壁	室	危	虚	女	斗	箕	尾	心	房	氐	亢	角	軫	翼	張	柳	鬼	井	参	觜	畢	昴	胃	8月
	柳	鬼	井	参	觜	畢	昴	胃	婁	奎	壁	室	危	虚	女	斗	箕	尾	心	房	氐	亢	角	軫	翼	張	星	柳	鬼	井	9月
軫	翼	張	星	柳	鬼	井	参	觜	畢	昴	胃	婁	奎	壁	室	危	虚	女	斗	箕	尾	心	房	氐	亢	角	軫	翼	張	星	10月
	亢	角	軫	翼	張	星	柳	鬼	井	参	觜	畢	昴	胃	婁	奎	壁	室	危	虚	女	斗	箕	尾	心	心	房	氐	亢	角	11月
尾	心	房	氐	亢	角	軫	翼	張	星	柳	鬼	井	参	觜	畢	昴	胃	婁	奎	壁	室	危	虚	女	斗	箕	尾	心	房	氐	12月

1973年（昭和48年）

31	30	29	28	27	26	25	24	23	22	21	20	19	18	17	16	15	14	13	12	11	10	9	8	7	6	5	4	3	2	1	日／月
女	斗	箕	尾	心	房	氐	亢	角	軫	翼	張	星	柳	鬼	井	参	觜	畢	昴	胃	婁	奎	壁	室	危	虚	虚	女	斗	箕	1月
			虚	女	斗	箕	尾	心	房	氐	亢	角	軫	翼	張	星	柳	鬼	井	参	觜	畢	昴	胃	婁	奎	壁	室	危	虚	2月
壁	室	危	虚	女	斗	箕	尾	心	房	氐	亢	角	軫	翼	張	星	柳	鬼	井	参	觜	畢	昴	胃	婁	奎	奎	壁	室	危	3月
	胃	婁	奎	壁	室	危	虚	女	斗	箕	尾	心	房	氐	亢	角	軫	翼	張	星	柳	鬼	井	参	觜	畢	昴	胃	婁	奎	4月
觜	畢	昴	胃	婁	奎	壁	室	危	虚	女	斗	箕	尾	心	房	氐	亢	角	軫	翼	張	星	柳	鬼	井	参	觜	畢	畢	昴	5月
	鬼	井	参	觜	畢	昴	胃	婁	奎	壁	室	危	虚	女	斗	箕	尾	心	房	氐	亢	角	軫	翼	張	星	柳	鬼	井	参	6月
翼	張	星	柳	鬼	井	参	觜	畢	昴	胃	婁	奎	壁	室	危	虚	女	斗	箕	尾	心	房	氐	亢	角	軫	翼	張	星	柳	7月
房	氐	亢	角	翼	張	星	柳	鬼	井	参	觜	畢	昴	胃	婁	奎	壁	室	危	虚	女	斗	箕	尾	心	房	氐	亢	角	軫	8月
	箕	尾	心	房	氐	亢	角	軫	翼	張	星	柳	鬼	井	参	觜	畢	昴	胃	婁	奎	壁	室	危	虚	女	斗	箕	尾	心	9月
虚	女	斗	箕	尾	心	心	房	氐	亢	角	軫	翼	張	星	柳	鬼	井	参	觜	畢	昴	胃	婁	奎	壁	室	危	虚	女	斗	10月
	壁	室	危	虚	女	斗	箕	尾	心	房	氐	亢	角	軫	翼	張	星	柳	鬼	井	参	觜	畢	昴	胃	婁	奎	壁	室	危	11月
胃	婁	奎	壁	室	危	虚	虚	女	斗	箕	尾	心	房	氐	亢	角	軫	翼	張	星	柳	鬼	井	参	觜	畢	昴	胃	婁	奎	12月

1974年（昭和49年）

31	30	29	28	27	26	25	24	23	22	21	20	19	18	17	16	15	14	13	12	11	10	9	8	7	6	5	4	3	2	1	日/月
参	觜	畢	昴	胃	婁	奎	壁	室	危	虚	女	斗	箕	尾	心	房	氐	亢	角	軫	翼	張	星	柳	鬼	井	参	觜	畢	昴	1月
			参	觜	畢	昴	胃	婁	奎	奎	壁	室	危	虚	女	斗	箕	尾	心	房	氐	亢	角	軫	翼	張	星	柳	鬼	井	2月
柳	鬼	井	参	觜	畢	昴	胃	胃	婁	奎	壁	室	危	虚	女	斗	箕	尾	心	房	氐	亢	角	軫	翼	張	星	柳	鬼	井	3月
	翼	張	星	柳	鬼	井	参	觜	畢	昴	胃	婁	奎	壁	室	危	虚	女	斗	箕	尾	心	房	氐	亢	角	軫	翼	張	星	4月
軫	翼	張	星	柳	鬼	井	参	觜	畢	参	觜	畢	昴	胃	婁	奎	壁	室	危	虚	女	斗	箕	尾	心	房	氐	亢	角	軫	5月
	氐	亢	角	軫	翼	張	星	柳	鬼	井	参	觜	畢	昴	胃	婁	奎	壁	室	危	虚	女	斗	箕	尾	心	房	氐	亢	角	6月
箕	尾	心	房	氐	亢	角	軫	翼	張	星	柳	鬼	井	参	觜	畢	昴	胃	婁	奎	壁	室	危	虚	女	斗	箕	尾	心	房	7月
危	虚	女	斗	箕	尾	心	房	氐	亢	角	軫	翼	張	星	柳	鬼	井	参	觜	畢	昴	胃	婁	奎	壁	室	危	虚	女	斗	8月
	婁	奎	壁	室	危	虚	女	斗	箕	尾	心	房	氐	亢	角	翼	張	星	柳	鬼	井	参	觜	畢	昴	胃	婁	奎	壁	室	9月
觜	畢	昴	胃	婁	奎	壁	室	危	虚	女	斗	箕	尾	心	房	氐	亢	角	軫	翼	張	星	柳	鬼	井	参	觜	畢	昴	胃	10月
	井	参	觜	畢	昴	胃	婁	奎	壁	室	危	虚	女	斗	箕	尾	心	心	房	氐	亢	角	軫	翼	張	星	柳	鬼	井	参	11月
張	星	柳	鬼	井	参	觜	畢	昴	胃	婁	奎	壁	室	危	虚	女	斗	箕	尾	心	房	氐	亢	角	軫	翼	張	星	柳	鬼	12月

1975年（昭和50年）

31	30	29	28	27	26	25	24	23	22	21	20	19	18	17	16	15	14	13	12	11	10	9	8	7	6	5	4	3	2	1	日/月
亢	角	軫	翼	張	星	柳	鬼	井	参	觜	畢	昴	胃	婁	奎	壁	室	危	虚	女	斗	箕	尾	心	房	氐	亢	角	軫	翼	1月
			亢	角	軫	翼	張	星	柳	鬼	井	参	觜	畢	昴	胃	婁	奎	壁	室	室	危	虚	女	斗	箕	尾	心	房	氐	2月
心	房	氐	亢	角	軫	翼	張	星	柳	鬼	井	参	觜	畢	昴	胃	婁	奎	奎	壁	室	危	虚	女	斗	箕	尾	心	房	氐	3月
	箕	尾	心	房	氐	亢	角	軫	翼	張	星	柳	鬼	井	参	觜	畢	昴	胃	胃	婁	奎	壁	室	危	虚	女	斗	箕	尾	4月
危	虚	女	斗	箕	尾	心	房	氐	亢	角	軫	翼	張	星	柳	鬼	井	参	觜	畢	昴	胃	婁	奎	壁	室	危	虚	女	斗	5月
	壁	室	危	虚	女	斗	箕	尾	心	房	氐	亢	角	軫	翼	張	星	柳	鬼	井	参	参	觜	畢	昴	胃	婁	奎	壁	室	6月
昴	胃	婁	奎	壁	室	危	虚	女	斗	箕	尾	心	房	氐	亢	角	軫	翼	張	星	柳	鬼	井	参	觜	畢	昴	胃	婁	奎	7月
鬼	井	参	觜	畢	昴	胃	婁	奎	壁	室	危	虚	女	斗	箕	尾	心	房	氐	亢	角	軫	翼	張	柳	鬼	井	参	觜	畢	8月
	張	星	柳	鬼	井	参	觜	畢	昴	胃	婁	奎	壁	室	危	虚	女	斗	箕	尾	心	房	氐	亢	角	軫	翼	張	星	柳	9月
亢	角	軫	翼	張	星	柳	鬼	井	参	觜	畢	昴	胃	婁	奎	壁	室	危	虚	女	斗	箕	尾	心	房	氐	亢	角	軫	翼	10月
	心	房	氐	亢	角	軫	翼	張	星	柳	鬼	井	参	觜	畢	昴	胃	婁	奎	壁	室	危	虚	女	斗	箕	尾	心	房	氐	11月
女	斗	箕	尾	心	房	氐	亢	角	軫	翼	張	星	柳	鬼	井	参	觜	畢	昴	胃	婁	奎	壁	室	危	虚	女	斗	箕	尾	12月

1976年（昭和51年）

31	30	29	28	27	26	25	24	23	22	21	20	19	18	17	16	15	14	13	12	11	10	9	8	7	6	5	4	3	2	1	日/月
室	室	危	虚	女	斗	箕	尾	心	房	氐	亢	角	軫	翼	張	星	柳	鬼	井	参	觜	畢	昴	胃	婁	奎	壁	室	危	虚	1月
		奎	壁	室	危	虚	女	斗	箕	尾	心	房	氐	亢	角	軫	翼	張	星	柳	鬼	井	参	觜	畢	昴	胃	婁	奎	壁	2月
胃	胃	婁	奎	壁	室	危	虚	女	斗	箕	尾	心	房	氐	亢	角	軫	翼	張	星	柳	鬼	井	参	觜	畢	昴	胃	婁	奎	3月
	觜	畢	昴	胃	婁	奎	壁	室	危	虚	女	斗	箕	尾	心	房	氐	亢	角	軫	翼	張	星	柳	鬼	井	参	觜	畢	昴	4月
鬼	井	参	参	觜	畢	昴	胃	婁	奎	壁	室	危	虚	女	斗	箕	尾	心	房	氐	亢	角	軫	翼	張	星	柳	鬼	井	参	5月
	張	星	柳	鬼	井	参	觜	畢	昴	胃	婁	奎	壁	室	危	虚	女	斗	箕	尾	心	房	氐	亢	角	軫	翼	張	星	柳	6月
亢	角	軫	翼	張	星	柳	鬼	井	参	觜	畢	昴	胃	婁	奎	壁	室	危	虚	女	斗	箕	尾	心	房	氐	亢	角	軫	翼	7月
箕	尾	心	房	氐	亢	角	翼	張	星	柳	鬼	井	参	觜	畢	昴	胃	婁	奎	壁	室	危	虚	女	斗	箕	尾	心	房	氐	8月
	箕	尾	心	房	氐	亢	角	氐	亢	角	軫	翼	張	星	柳	鬼	井	参	觜	畢	昴	胃	婁	奎	壁	室	危	虚	女	斗	9月
危	虚	女	斗	箕	尾	心	房	氐	亢	角	軫	翼	張	星	柳	鬼	井	参	觜	畢	昴	胃	婁	奎	壁	室	危	虚	女	斗	10月
	壁	室	危	虚	女	斗	箕	尾	心	心	房	氐	亢	角	軫	翼	張	星	柳	鬼	井	参	觜	畢	昴	胃	婁	奎	壁	室	11月
畢	昴	胃	婁	奎	壁	室	危	虚	女	斗	尾	心	房	氐	亢	角	軫	翼	張	星	柳	鬼	井	参	觜	畢	昴	胃	婁	奎	12月

1977年（昭和52年）

31	30	29	28	27	26	25	24	23	22	21	20	19	18	17	16	15	14	13	12	11	10	9	8	7	6	5	4	3	2	1	日/月
鬼	井	参	觜	畢	昴	胃	婁	奎	壁	室	危	虚	女	斗	箕	尾	心	房	氐	亢	角	軫	翼	張	星	柳	鬼	井	参	觜	1月
			鬼	井	参	觜	畢	昴	胃	婁	奎	壁	室	室	危	虚	女	斗	箕	尾	心	房	氐	亢	角	軫	翼	張	星	柳	2月
張	星	柳	鬼	井	参	觜	畢	昴	胃	婁	奎	奎	壁	室	危	虚	女	斗	箕	尾	心	房	氐	亢	角	軫	翼	張	星	柳	3月
	角	軫	翼	張	星	柳	鬼	井	参	觜	畢	昴	胃	婁	奎	壁	室	危	虚	女	斗	箕	尾	心	房	氐	亢	角	軫	翼	4月
房	氐	亢	角	軫	翼	張	星	柳	鬼	井	参	觜	畢	畢	昴	胃	婁	奎	壁	室	危	虚	女	斗	箕	尾	心	房	氐	亢	5月
	尾	心	房	氐	亢	角	軫	翼	張	星	柳	鬼	井	参	参	觜	畢	昴	胃	婁	奎	壁	室	危	虚	女	斗	箕	尾	心	6月
虚	女	斗	箕	尾	心	房	氐	亢	角	軫	翼	張	星	柳	鬼	井	参	觜	畢	昴	胃	婁	奎	壁	室	危	虚	女	斗	箕	7月
奎	壁	室	危	虚	女	斗	箕	尾	心	房	氐	亢	角	軫	翼	張	星	柳	鬼	井	参	觜	畢	昴	胃	婁	奎	壁	室	危	8月
	畢	昴	胃	婁	奎	壁	室	危	虚	女	斗	箕	尾	心	房	氐	亢	角	翼	張	星	柳	鬼	井	参	觜	畢	昴	胃	婁	9月
井	参	觜	畢	昴	胃	婁	奎	壁	室	危	虚	女	斗	箕	尾	心	房	氐	氐	亢	角	軫	翼	張	星	柳	鬼	井	参	觜	10月
	星	柳	鬼	井	参	觜	畢	昴	胃	婁	奎	壁	室	危	虚	女	斗	箕	尾	心	房	氐	亢	角	軫	翼	張	星	柳	鬼	11月
角	軫	翼	張	星	柳	鬼	井	参	觜	畢	昴	胃	婁	奎	壁	室	危	虚	女	斗	箕	尾	心	房	氐	亢	角	軫	翼	張	12月

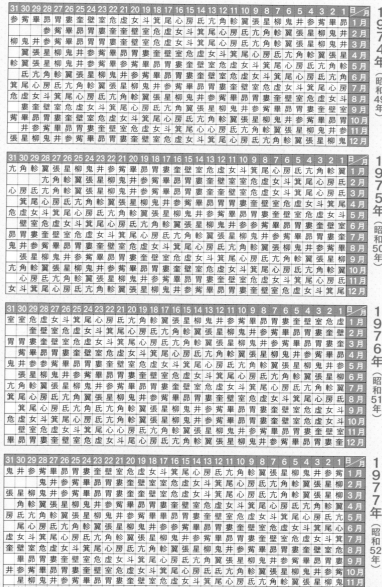

1978年（昭和53年）

31	30	29	28	27	26	25	24	23	22	21	20	19	18	17	16	15	14	13	12	11	10	9	8	7	6	5	4	3	2	1	日/月
心	房	氐	亢	角	軫	翼	張	星	柳	鬼	井	参	觜	畢	昴	胃	婁	奎	壁	室	危	虚	女	斗	箕	尾	心	房	氐	亢	1月
			尾	心	房	氐	亢	角	軫	翼	張	星	柳	鬼	井	参	觜	畢	昴	胃	婁	奎	壁	室	危	虚	女	斗	箕	尾	2月
女	斗	箕	尾	心	房	氐	亢	角	軫	翼	張	星	柳	鬼	井	参	觜	畢	昴	胃	婁	奎	奎	壁	室	危	虚	女	斗	箕	3月
	危	虚	女	斗	箕	尾	心	房	氐	亢	角	軫	翼	張	星	柳	鬼	井	参	觜	畢	昴	胃	胃	婁	奎	壁	室	危	虚	4月
婁	奎	壁	室	危	虚	女	斗	箕	尾	心	房	氐	亢	角	軫	翼	張	星	柳	鬼	井	参	觜	畢	昴	胃	婁	奎	壁	室	5月
	昴	胃	婁	奎	壁	室	危	虚	女	斗	箕	尾	心	房	氐	亢	角	軫	翼	張	星	柳	鬼	井	参	参	觜	畢	昴	胃	6月
井	参	觜	畢	昴	胃	婁	奎	壁	室	危	虚	女	斗	箕	尾	心	房	氐	亢	角	軫	翼	張	星	柳	鬼	井	参	觜	畢	7月
張	星	柳	鬼	井	参	觜	畢	昴	胃	婁	奎	壁	室	危	虚	女	斗	箕	尾	心	房	氐	亢	角	軫	翼	張	星	柳	鬼	8月
	角	軫	翼	張	星	柳	鬼	井	参	觜	畢	昴	胃	婁	奎	壁	室	危	虚	女	斗	箕	尾	心	房	氐	亢	角	軫	翼	9月
心	房	氐	亢	角	軫	翼	張	星	柳	鬼	井	参	觜	畢	昴	胃	婁	奎	壁	室	危	虚	女	斗	箕	尾	心	房	氐	亢	10月
	斗	尾	心	房	氐	亢	角	軫	翼	張	星	柳	鬼	井	参	觜	畢	昴	胃	婁	奎	壁	室	危	虚	女	斗	箕	尾	心	11月
危	虚	虚	女	斗	箕	尾	心	房	氐	亢	角	軫	翼	張	星	柳	鬼	井	参	觜	畢	昴	胃	婁	奎	壁	室	危	虚	女	12月

1979年（昭和54年）

31	30	29	28	27	26	25	24	23	22	21	20	19	18	17	16	15	14	13	12	11	10	9	8	7	6	5	4	3	2	1	日/月
婁	奎	壁	室	危	虚	女	斗	箕	尾	心	房	氐	亢	角	軫	翼	張	星	柳	鬼	井	参	觜	畢	昴	胃	婁	奎	壁	室	1月
			婁	奎	奎	壁	室	危	虚	女	斗	箕	尾	心	房	氐	亢	角	軫	翼	張	星	柳	鬼	井	参	觜	畢	昴	胃	2月
觜	畢	昴	胃	婁	奎	壁	室	危	虚	女	斗	箕	尾	心	房	氐	亢	角	軫	翼	張	星	柳	鬼	井	参	觜	畢	昴	胃	3月
	鬼	井	参	觜	畢	昴	胃	婁	奎	壁	室	危	虚	女	斗	箕	尾	心	房	氐	亢	角	軫	翼	張	星	柳	鬼	井	参	4月
張	星	柳	鬼	井	参	参	觜	畢	昴	胃	婁	奎	壁	室	危	虚	女	斗	箕	尾	心	房	氐	亢	角	軫	翼	張	星	柳	5月
	角	軫	翼	張	星	柳	鬼	井	参	觜	畢	昴	胃	婁	奎	壁	室	危	虚	女	斗	箕	尾	心	房	氐	亢	角	軫	翼	6月
亢	角	軫	翼	張	星	柳	鬼	星	柳	鬼	井	参	觜	畢	昴	胃	婁	奎	壁	室	危	虚	女	斗	箕	尾	心	房	氐	亢	7月
尾	心	房	氐	亢	角	軫	翼	張	星	柳	鬼	井	参	觜	畢	昴	胃	婁	奎	壁	室	危	虚	女	斗	箕	尾	心	房	氐	8月
	虚	女	斗	箕	尾	心	房	氐	亢	角	翼	張	星	柳	鬼	井	参	觜	畢	昴	胃	婁	奎	壁	室	危	虚	女	斗	箕	9月
壁	室	危	虚	女	斗	箕	尾	心	房	氐	氐	亢	角	軫	翼	張	星	柳	鬼	井	参	觜	畢	昴	胃	婁	奎	壁	室	危	10月
	婁	奎	壁	室	危	虚	女	斗	箕	尾	心	心	房	氐	亢	角	軫	翼	張	星	柳	鬼	井	参	觜	畢	昴	胃	婁	奎	11月
参	觜	畢	昴	胃	婁	奎	壁	室	危	虚	女	斗	尾	心	房	氐	亢	角	軫	翼	張	星	柳	鬼	井	参	觜	畢	昴	胃	12月

1980年（昭和55年）

31	30	29	28	27	26	25	24	23	22	21	20	19	18	17	16	15	14	13	12	11	10	9	8	7	6	5	4	3	2	1	日/月
柳	鬼	井	参	觜	畢	昴	胃	婁	奎	壁	室	危	虚	虚	女	斗	箕	尾	心	房	氐	亢	角	軫	翼	張	星	柳	鬼	井	1月
		張	星	柳	鬼	井	参	觜	畢	昴	胃	婁	奎	壁	室	危	虚	女	斗	箕	尾	心	房	氐	亢	角	軫	翼	張	星	2月
角	軫	翼	張	星	柳	鬼	井	参	觜	畢	昴	胃	婁	奎	奎	壁	室	危	虚	女	斗	箕	尾	心	房	氐	亢	角	軫	翼	3月
	房	氐	亢	角	軫	翼	張	星	柳	鬼	井	参	觜	畢	昴	胃	婁	奎	壁	室	危	虚	女	斗	箕	尾	心	房	氐	亢	4月
斗	箕	尾	心	房	氐	亢	角	軫	翼	張	星	柳	鬼	井	参	觜	畢	昴	胃	婁	奎	壁	室	危	虚	女	斗	箕	尾	心	5月
	虚	女	斗	箕	尾	心	房	氐	亢	角	軫	翼	張	星	柳	鬼	井	参	参	觜	畢	昴	胃	婁	奎	壁	室	危	虚	女	6月
奎	壁	室	危	虚	女	斗	箕	尾	心	房	氐	亢	角	軫	翼	張	星	柳	鬼	井	参	觜	畢	昴	胃	婁	奎	壁	室	危	7月
畢	昴	胃	婁	奎	壁	室	危	虚	女	斗	箕	尾	心	房	氐	亢	角	軫	翼	張	星	柳	鬼	井	参	觜	畢	昴	胃	婁	8月
	鬼	井	参	觜	畢	昴	胃	婁	奎	壁	室	危	虚	女	斗	箕	尾	心	房	氐	亢	角	翼	張	星	柳	鬼	井	参	觜	9月
張	星	柳	鬼	井	参	觜	畢	昴	胃	婁	奎	壁	室	危	虚	女	斗	箕	尾	心	房	氐	氐	亢	角	軫	翼	張	星	柳	10月
	軫	翼	張	星	柳	鬼	井	参	觜	畢	昴	胃	婁	奎	壁	室	危	虚	女	斗	箕	尾	心	心	房	氐	亢	角	軫	翼	11月
心	房	氐	亢	角	軫	翼	張	星	柳	鬼	井	参	觜	畢	昴	胃	婁	奎	壁	室	危	虚	女	斗	尾	心	房	氐	亢	角	12月

1981年（昭和56年）

31	30	29	28	27	26	25	24	23	22	21	20	19	18	17	16	15	14	13	12	11	10	9	8	7	6	5	4	3	2	1	日/月
斗	箕	尾	心	房	氐	亢	角	軫	翼	張	星	柳	鬼	井	参	觜	畢	昴	胃	婁	奎	壁	室	危	虚	虚	女	斗	箕	尾	1月
			斗	箕	尾	心	房	氐	亢	角	軫	翼	張	星	柳	鬼	井	参	觜	畢	昴	胃	婁	奎	壁	室	室	危	虚	女	2月
室	危	虚	女	斗	箕	尾	心	房	氐	亢	角	軫	翼	張	星	柳	鬼	井	参	觜	畢	昴	胃	婁	奎	壁	室	危	虚	女	3月
	奎	壁	室	危	虚	女	斗	箕	尾	心	房	氐	亢	角	軫	翼	張	星	柳	鬼	井	参	觜	畢	昴	胃	胃	婁	奎	壁	4月
畢	昴	胃	婁	奎	壁	室	危	虚	女	斗	箕	尾	心	房	氐	亢	角	軫	翼	張	星	柳	鬼	井	参	觜	畢	昴	胃	婁	5月
	井	参	觜	畢	昴	胃	婁	奎	壁	室	危	虚	女	斗	箕	尾	心	房	氐	亢	角	軫	翼	張	星	柳	鬼	井	参	觜	6月
張	柳	鬼	井	参	觜	畢	昴	胃	婁	奎	壁	室	危	虚	女	斗	箕	尾	心	房	氐	亢	角	軫	翼	張	星	柳	鬼	鬼	7月
氐	亢	角	翼	張	星	柳	鬼	井	参	觜	畢	昴	胃	婁	奎	壁	室	危	虚	女	斗	箕	尾	心	房	氐	亢	角	軫	翼	8月
	心	房	氐	氐	亢	角	軫	翼	張	星	柳	鬼	井	参	觜	畢	昴	胃	婁	奎	壁	室	危	虚	女	斗	箕	尾	心	房	9月
斗	箕	尾	心	心	房	氐	亢	角	軫	翼	張	星	柳	鬼	井	参	觜	畢	昴	胃	婁	奎	壁	室	危	虚	女	斗	箕	尾	10月
	室	危	虚	女	斗	尾	心	房	氐	亢	角	軫	翼	張	星	柳	鬼	井	参	觜	畢	昴	胃	婁	奎	壁	室	危	虚	女	11月
婁	奎	壁	室	危	虚	虚	女	斗	箕	尾	心	房	氐	亢	角	軫	翼	張	星	柳	鬼	井	参	觜	畢	昴	胃	婁	奎	壁	12月

1982年（昭和57年）

31	30	29	28	27	26	25	24	23	22	21	20	19	18	17	16	15	14	13	12	11	10	9	8	7	6	5	4	3	2	1	日／月
畢	昴	胃	婁	奎	壁	室	室	危	虚	女	斗	箕	尾	心	房	氐	亢	角	軫	翼	張	星	柳	鬼	井	参	觜	畢	昴	胃	1月
			畢	昴	胃	婁	奎	奎	壁	室	危	虚	女	斗	箕	尾	心	房	氐	亢	角	軫	翼	張	星	柳	鬼	井	参	觜	2月
鬼	井	参	觜	畢	昴	胃	婁	奎	壁	室	危	虚	女	斗	箕	尾	心	房	氐	亢	角	軫	翼	張	星	柳	鬼	井	参	觜	3月
	星	柳	鬼	井	参	觜	畢	畢	昴	胃	婁	奎	壁	室	危	虚	女	斗	箕	尾	心	房	氐	亢	角	軫	翼	張	星	柳	4月
翼	張	星	柳	鬼	井	参	觜	畢	觜	畢	昴	胃	婁	奎	壁	室	危	虚	女	斗	箕	尾	心	房	氐	亢	角	軫	翼	張	5月
	亢	角	軫	翼	張	星	柳	鬼	井	参	觜	畢	昴	胃	婁	奎	壁	室	危	虚	女	斗	箕	尾	心	房	氐	亢	角	軫	6月
心	房	氐	亢	角	軫	翼	張	星	柳	鬼	鬼	井	参	觜	畢	昴	胃	婁	奎	壁	室	危	虚	女	斗	箕	尾	心	房	氐	7月
虚	女	斗	箕	尾	心	房	氐	亢	角	軫	翼	張	柳	鬼	井	参	觜	畢	昴	胃	婁	奎	壁	室	危	虚	女	斗	箕	尾	8月
	奎	壁	室	危	虚	女	斗	箕	尾	心	房	氐	亢	角	翼	張	星	柳	鬼	井	参	觜	畢	昴	胃	婁	奎	壁	室	危	9月
昴	胃	婁	奎	壁	室	危	虚	女	斗	箕	尾	心	房	氐	氐	亢	角	軫	翼	張	星	柳	鬼	井	参	觜	畢	昴	胃	婁	10月
	觜	畢	昴	胃	婁	奎	壁	室	危	虚	女	斗	箕	尾	心	心	房	氐	亢	角	軫	翼	張	星	柳	鬼	井	参	觜	畢	11月
星	柳	鬼	井	参	觜	畢	昴	胃	婁	奎	壁	室	危	虚	女	斗	尾	心	房	氐	亢	角	軫	翼	張	星	柳	鬼	井	参	12月

1983年（昭和58年）

31	30	29	28	27	26	25	24	23	22	21	20	19	18	17	16	15	14	13	12	11	10	9	8	7	6	5	4	3	2	1	日／月
軫	翼	張	星	柳	鬼	井	参	觜	畢	昴	胃	婁	奎	壁	室	危	虚	虚	女	斗	箕	尾	心	房	氐	亢	角	軫	翼	張	1月
			軫	翼	張	星	柳	鬼	井	参	觜	畢	昴	胃	婁	奎	壁	室	室	危	虚	女	斗	箕	尾	心	房	氐	亢	角	2月
氐	亢	角	軫	翼	張	星	柳	鬼	井	参	觜	畢	昴	胃	婁	奎	奎	壁	室	危	虚	女	斗	箕	尾	心	房	氐	亢	角	3月
	尾	心	房	氐	亢	角	軫	翼	張	星	柳	鬼	井	参	觜	畢	昴	胃	婁	奎	壁	室	危	虚	女	斗	箕	尾	心	房	4月
女	斗	箕	尾	心	房	氐	亢	角	軫	翼	張	星	柳	鬼	井	参	觜	畢	畢	昴	胃	婁	奎	壁	室	危	虚	女	斗	箕	5月
	室	危	虚	女	斗	箕	尾	心	房	氐	亢	角	軫	翼	張	星	柳	鬼	井	参	觜	畢	昴	胃	婁	奎	壁	室	危	虚	6月
胃	婁	奎	壁	室	危	虚	女	斗	箕	尾	心	房	氐	亢	角	軫	翼	張	星	柳	鬼	井	参	觜	畢	昴	胃	婁	奎	壁	7月
参	觜	畢	昴	胃	婁	奎	壁	室	危	虚	女	斗	箕	尾	心	房	氐	亢	角	軫	翼	張	星	柳	鬼	井	参	觜	畢	昴	8月
	星	柳	鬼	井	参	觜	畢	昴	胃	婁	奎	壁	室	危	虚	女	斗	箕	尾	心	房	氐	亢	角	翼	張	星	柳	鬼	井	9月
角	軫	翼	張	星	柳	鬼	井	参	觜	畢	昴	胃	婁	奎	壁	室	危	虚	女	斗	箕	尾	心	房	氐	亢	角	軫	翼	張	10月
	氐	亢	角	軫	翼	張	星	柳	鬼	井	参	觜	畢	昴	胃	婁	奎	壁	室	危	虚	女	斗	箕	尾	心	心	房	氐	亢	11月
斗	箕	尾	心	房	氐	亢	角	軫	翼	張	星	柳	鬼	井	参	觜	畢	昴	胃	婁	奎	壁	室	危	虚	女	斗	尾	心	房	12月

1984年（昭和59年）

31	30	29	28	27	26	25	24	23	22	21	20	19	18	17	16	15	14	13	12	11	10	9	8	7	6	5	4	3	2	1	日／月
危	虚	女	斗	箕	尾	心	房	氐	亢	角	軫	翼	張	星	柳	鬼	井	参	觜	畢	昴	胃	婁	奎	壁	室	危	虚	虚	女	1月
		室	危	虚	女	斗	箕	尾	心	房	氐	亢	角	軫	翼	張	星	柳	鬼	井	参	觜	畢	昴	胃	婁	奎	壁	室	室	2月
婁	奎	壁	室	危	虚	女	斗	箕	尾	心	房	氐	亢	角	軫	翼	張	星	柳	鬼	井	参	觜	畢	昴	胃	婁	奎	奎	壁	3月
	畢	昴	胃	婁	奎	壁	室	危	虚	女	斗	箕	尾	心	房	氐	亢	角	軫	翼	張	星	柳	鬼	井	参	觜	畢	昴	胃	4月
参	参	觜	畢	昴	胃	婁	奎	壁	室	危	虚	女	斗	箕	尾	心	房	氐	亢	角	軫	翼	張	星	柳	鬼	井	参	觜	畢	5月
	柳	鬼	井	参	觜	畢	昴	胃	婁	奎	壁	室	危	虚	女	斗	箕	尾	心	房	氐	亢	角	軫	翼	張	星	柳	鬼	井	6月
角	軫	翼	張	柳	鬼	井	参	觜	畢	昴	胃	婁	奎	壁	室	危	虚	女	斗	箕	尾	心	房	氐	亢	角	軫	翼	張	星	7月
心	房	氐	亢	角	軫	翼	張	星	柳	鬼	井	参	觜	畢	昴	胃	婁	奎	壁	室	危	虚	女	斗	箕	尾	心	房	氐	亢	8月
	斗	箕	尾	心	房	氐	亢	角	軫	翼	張	星	柳	鬼	井	参	觜	畢	昴	胃	婁	奎	壁	室	危	虚	女	斗	箕	尾	9月
室	危	虚	女	斗	箕	尾	心	房	氐	亢	角	軫	翼	張	星	柳	鬼	井	参	觜	畢	昴	胃	婁	奎	壁	室	危	虚	女	10月
	室	危	虚	女	斗	箕	尾	心	箕	尾	心	房	氐	亢	角	軫	翼	張	星	柳	鬼	井	参	觜	畢	昴	胃	婁	奎	壁	11月
昴	胃	婁	奎	壁	室	危	虚	女	斗	尾	心	房	氐	亢	角	軫	翼	張	星	柳	鬼	井	参	觜	畢	昴	胃	婁	奎	壁	12月

1985年（昭和60年）

31	30	29	28	27	26	25	24	23	22	21	20	19	18	17	16	15	14	13	12	11	10	9	8	7	6	5	4	3	2	1	日／月
参	觜	畢	昴	胃	婁	奎	壁	室	危	虚	虚	女	斗	箕	尾	心	房	氐	亢	角	軫	翼	張	星	柳	鬼	井	参	觜	畢	1月
			参	觜	畢	昴	胃	婁	奎	壁	室	室	危	虚	女	斗	箕	尾	心	房	氐	亢	角	軫	翼	張	星	柳	鬼	井	2月
星	柳	鬼	井	参	觜	畢	昴	胃	婁	奎	壁	室	危	虚	女	斗	箕	尾	心	房	氐	亢	角	軫	翼	張	星	柳	鬼	井	3月
	翼	張	星	柳	鬼	井	参	觜	畢	昴	胃	胃	婁	奎	壁	室	危	虚	女	斗	箕	尾	心	房	氐	亢	角	軫	翼	張	4月
亢	角	軫	翼	張	星	柳	鬼	井	参	觜	畢	畢	昴	胃	婁	奎	壁	室	危	虚	女	斗	箕	尾	心	房	氐	亢	角	軫	5月
	心	房	氐	亢	角	軫	翼	張	星	柳	鬼	井	参	觜	畢	昴	胃	婁	奎	壁	室	危	虚	女	斗	箕	尾	心	房	氐	6月
斗	箕	尾	心	房	氐	亢	角	軫	翼	張	星	柳	鬼	鬼	井	参	觜	畢	昴	胃	婁	奎	壁	室	危	虚	女	斗	箕	尾	7月
壁	室	危	虚	女	斗	箕	尾	心	房	氐	亢	角	軫	翼	張	柳	鬼	井	参	觜	畢	昴	胃	婁	奎	壁	室	危	虚	女	8月
	胃	婁	奎	壁	室	危	虚	女	斗	箕	尾	心	房	氐	亢	角	軫	翼	張	星	柳	鬼	井	参	觜	畢	昴	胃	婁	奎	9月
参	觜	畢	昴	胃	婁	奎	壁	室	危	虚	女	斗	箕	尾	心	房	氐	亢	角	軫	翼	張	星	柳	鬼	井	参	觜	畢	昴	10月
	柳	鬼	井	参	觜	畢	昴	胃	婁	奎	壁	室	危	虚	女	斗	箕	尾	心	房	氐	亢	角	軫	翼	張	星	柳	鬼	井	11月
軫	翼	張	星	柳	鬼	井	参	觜	畢	昴	胃	婁	奎	壁	室	危	虚	女	斗	箕	尾	心	房	氐	亢	角	軫	翼	張	星	12月

1986年（昭和61年）

31	30	29	28	27	26	25	24	23	22	21	20	19	18	17	16	15	14	13	12	11	10	9	8	7	6	5	4	3	2	1	日/月
房	氐	亢	角	軫	翼	張	星	柳	鬼	井	参	觜	畢	昴	胃	婁	奎	壁	室	危	虚	女	斗	箕	尾	心	房	氐	亢	角	1月
			房	氐	亢	角	軫	翼	張	星	柳	鬼	井	参	觜	畢	昴	胃	婁	奎	壁	室	室	危	虚	女	斗	箕	尾	心	2月
斗	箕	尾	心	房	氐	亢	角	軫	翼	張	星	柳	鬼	井	参	觜	畢	昴	胃	婁	奎	壁	室	危	虚	女	斗	箕	尾	心	3月
	虚	女	斗	箕	尾	心	房	氐	亢	角	軫	翼	張	星	柳	鬼	井	参	觜	畢	昴	胃	胃	婁	奎	壁	室	危	虚	女	4月
壁	室	危	虚	女	斗	箕	尾	心	房	氐	亢	角	軫	翼	張	星	柳	鬼	井	参	觜	畢	畢	昴	胃	婁	奎	壁	室	危	5月
	胃	婁	奎	壁	室	危	虚	女	斗	箕	尾	心	房	氐	亢	角	軫	翼	張	星	柳	鬼	井	参	觜	畢	昴	胃	婁	奎	6月
觜	畢	昴	胃	婁	奎	壁	室	危	虚	女	斗	箕	尾	心	房	氐	亢	角	軫	翼	張	星	柳	鬼	鬼	井	参	觜	畢	昴	7月
柳	鬼	井	参	觜	畢	昴	胃	婁	奎	壁	室	危	虚	女	斗	箕	尾	心	房	氐	亢	角	軫	翼	張	星	柳	鬼	井	参	8月
	軫	翼	張	星	柳	鬼	井	参	觜	畢	昴	胃	婁	奎	壁	室	危	虚	女	斗	箕	尾	心	房	氐	亢	角	翼	張	星	9月
氐	亢	角	軫	翼	張	星	柳	鬼	井	参	觜	畢	昴	胃	婁	奎	壁	室	危	虚	女	斗	箕	尾	心	房	氐	氐	亢	角	10月
	尾	心	房	氐	亢	角	軫	翼	張	星	柳	鬼	井	参	觜	畢	昴	胃	婁	奎	壁	室	危	虚	女	斗	箕	尾	心	房	11月
虚	女	斗	箕	尾	心	房	氐	亢	角	軫	翼	張	星	柳	鬼	井	参	觜	畢	昴	胃	婁	奎	壁	室	危	虚	女	斗	箕	12月

1987年（昭和62年）

31	30	29	28	27	26	25	24	23	22	21	20	19	18	17	16	15	14	13	12	11	10	9	8	7	6	5	4	3	2	1	日/月
奎	壁	室	危	虚	女	斗	箕	尾	心	房	氐	亢	角	軫	翼	張	星	柳	鬼	井	参	觜	畢	昴	胃	婁	奎	壁	室	危	1月
			奎	奎	壁	室	危	虚	女	斗	箕	尾	心	房	氐	亢	角	軫	翼	張	星	柳	鬼	井	参	觜	畢	昴	胃	婁	2月
畢	昴	胃	婁	奎	壁	室	危	虚	女	斗	箕	尾	心	房	氐	亢	角	軫	翼	張	星	柳	鬼	井	参	觜	畢	昴	胃	婁	3月
	参	觜	畢	畢	昴	胃	婁	奎	壁	室	危	虚	女	斗	箕	尾	心	房	氐	亢	角	軫	翼	張	星	柳	鬼	井	参	觜	4月
柳	鬼	井	参	参	觜	畢	昴	胃	婁	奎	壁	室	危	虚	女	斗	箕	尾	心	房	氐	亢	角	軫	翼	張	星	柳	鬼	井	5月
	翼	張	星	柳	鬼	井	参	觜	畢	昴	胃	婁	奎	壁	室	危	虚	女	斗	箕	尾	心	房	氐	亢	角	軫	翼	張	星	6月
軫	翼	張	星	柳	鬼	星	柳	鬼	井	参	觜	畢	昴	胃	婁	奎	壁	室	危	虚	女	斗	箕	尾	心	房	氐	亢	角	軫	7月
心	房	氐	亢	角	軫	翼	張	柳	鬼	井	参	觜	畢	昴	胃	婁	奎	壁	室	危	虚	女	斗	箕	尾	心	房	氐	亢	角	8月
	斗	箕	尾	心	房	氐	亢	角	軫	翼	張	星	柳	鬼	井	参	觜	畢	昴	胃	婁	奎	壁	室	危	虚	女	斗	箕	尾	9月
危	虚	女	斗	箕	尾	心	房	氐	氐	亢	角	軫	翼	張	星	柳	鬼	井	参	觜	畢	昴	胃	婁	奎	壁	室	危	虚	女	10月
	奎	壁	室	危	虚	女	斗	箕	尾	心	房	氐	亢	角	軫	翼	張	星	柳	鬼	井	参	觜	畢	昴	胃	婁	奎	壁	室	11月
畢	昴	胃	婁	奎	壁	室	危	虚	女	斗	箕	尾	心	房	氐	亢	角	軫	翼	張	星	柳	鬼	井	参	觜	畢	昴	胃	婁	12月

1988年（昭和63年）

31	30	29	28	27	26	25	24	23	22	21	20	19	18	17	16	15	14	13	12	11	10	9	8	7	6	5	4	3	2	1	日/月
鬼	井	参	觜	畢	昴	胃	婁	奎	壁	室	危	虚	女	斗	箕	尾	心	房	氐	亢	角	軫	翼	張	星	柳	鬼	井	参	觜	1月
		柳	鬼	井	参	觜	畢	昴	胃	婁	奎	壁	室	室	危	虚	女	斗	箕	尾	心	房	氐	亢	角	軫	翼	張	星	柳	2月
軫	翼	張	星	柳	鬼	井	参	觜	畢	昴	胃	婁	奎	壁	室	危	虚	女	斗	箕	尾	心	房	氐	亢	角	軫	翼	張	星	3月
	氐	亢	角	軫	翼	張	星	柳	鬼	井	参	觜	畢	昴	胃	婁	奎	壁	室	危	虚	女	斗	箕	尾	心	房	氐	亢	角	4月
尾	心	房	氐	亢	角	軫	翼	張	星	柳	鬼	井	参	觜	畢	畢	昴	胃	婁	奎	壁	室	危	虚	女	斗	箕	尾	心	房	5月
	女	斗	箕	尾	心	房	氐	亢	角	軫	翼	張	星	柳	鬼	井	参	觜	畢	昴	胃	婁	奎	壁	室	危	虚	女	斗	箕	6月
室	危	虚	女	斗	箕	尾	心	房	氐	亢	角	軫	翼	張	星	柳	鬼	鬼	井	参	觜	畢	昴	胃	婁	奎	壁	室	危	虚	7月
昴	胃	婁	奎	壁	室	危	虚	女	斗	箕	尾	心	房	氐	亢	角	軫	翼	張	柳	鬼	井	参	觜	畢	昴	胃	婁	奎	壁	8月
	参	觜	畢	昴	胃	婁	奎	壁	室	危	虚	女	斗	箕	尾	心	房	氐	亢	角	軫	翼	張	星	柳	鬼	井	参	觜	畢	9月
柳	鬼	井	参	觜	畢	昴	胃	婁	奎	壁	室	危	虚	女	斗	箕	尾	心	房	氐	氐	亢	角	軫	翼	張	星	柳	鬼	井	10月
	翼	張	星	柳	鬼	井	参	觜	畢	昴	胃	婁	奎	壁	室	危	虚	女	斗	箕	尾	心	房	氐	亢	角	軫	翼	張	星	11月
氐	亢	角	軫	翼	張	星	柳	鬼	井	参	觜	畢	昴	胃	婁	奎	壁	室	危	虚	女	斗	箕	尾	心	房	氐	亢	角	軫	12月

1989年（昭和64年／平成元年）

31	30	29	28	27	26	25	24	23	22	21	20	19	18	17	16	15	14	13	12	11	10	9	8	7	6	5	4	3	2	1	日/月
尾	心	房	氐	亢	角	軫	翼	張	星	柳	鬼	井	参	觜	畢	昴	胃	婁	奎	壁	室	危	虚	虚	女	斗	箕	尾	心	房	1月
			箕	尾	心	房	氐	亢	角	軫	翼	張	星	柳	鬼	井	参	觜	畢	昴	胃	婁	奎	壁	室	危	虚	女	斗	箕	2月
虚	女	斗	箕	尾	心	房	氐	亢	角	軫	翼	張	星	柳	鬼	井	参	觜	畢	昴	胃	婁	奎	奎	壁	室	危	虚	女	斗	3月
	壁	室	危	虚	女	斗	箕	尾	心	房	氐	亢	角	軫	翼	張	星	柳	鬼	井	参	觜	畢	昴	胃	婁	奎	壁	室	危	4月
昴	胃	婁	奎	壁	室	危	虚	女	斗	箕	尾	心	房	氐	亢	角	軫	翼	張	星	柳	鬼	井	参	觜	畢	昴	胃	婁	奎	5月
	觜	畢	昴	胃	婁	奎	壁	室	危	虚	女	斗	箕	尾	心	房	氐	亢	角	軫	翼	張	星	柳	鬼	井	参	参	觜	畢	6月
柳	鬼	井	参	觜	畢	昴	胃	婁	奎	壁	室	危	虚	女	斗	箕	尾	心	房	氐	亢	角	軫	翼	張	星	柳	鬼	井	参	7月
角	翼	張	星	柳	鬼	井	参	觜	畢	昴	胃	婁	奎	壁	室	危	虚	女	斗	箕	尾	心	房	氐	亢	角	軫	翼	張	星	8月
	氐	氐	亢	角	軫	翼	張	星	柳	鬼	井	参	觜	畢	昴	胃	婁	奎	壁	室	危	虚	女	斗	箕	尾	心	房	氐	亢	9月
尾	心	心	房	氐	亢	角	軫	翼	張	星	柳	鬼	井	参	觜	畢	昴	胃	婁	奎	壁	室	危	虚	女	斗	箕	尾	心	房	10月
	虚	女	斗	尾	心	房	氐	亢	角	軫	翼	張	星	柳	鬼	井	参	觜	畢	昴	胃	婁	奎	壁	室	危	虚	女	斗	箕	11月
壁	室	危	虚	虚	女	斗	箕	尾	心	房	氐	亢	角	軫	翼	張	星	柳	鬼	井	参	觜	畢	昴	胃	婁	奎	壁	室	危	12月

1990年（平成2年）

31	30	29	28	27	26	25	24	23	22	21	20	19	18	17	16	15	14	13	12	11	10	9	8	7	6	5	4	3	2	1	日／月
胃	婁	奎	壁	室	室	危	虚	女	斗	箕	尾	心	房	氐	亢	角	軫	翼	張	星	柳	鬼	井	参	觜	畢	昴	胃	婁	奎	1月
			昴	胃	婁	奎	壁	室	危	虚	女	斗	箕	尾	心	房	氐	亢	角	軫	翼	張	星	柳	鬼	井	参	觜	畢	昴	2月
参	觜	畢	昴	胃	胃	婁	奎	壁	室	危	虚	女	斗	箕	尾	心	房	氐	亢	角	軫	翼	張	星	柳	鬼	井	参	觜	畢	3月
	柳	鬼	井	参	觜	畢	昴	胃	婁	奎	壁	室	危	虚	女	斗	箕	尾	心	房	氐	亢	角	軫	翼	張	星	柳	鬼	井	4月
軫	翼	張	星	柳	鬼	井	参	觜	畢	昴	胃	婁	奎	壁	室	危	虚	女	斗	箕	尾	心	房	氐	亢	角	軫	翼	張	星	5月
	軫	翼	張	星	柳	鬼	井	参	鬼	井	参	觜	畢	昴	胃	婁	奎	壁	室	危	虚	女	斗	箕	尾	心	房	氐	亢	角	6月
房	氐	亢	角	軫	翼	張	星	柳	鬼	井	参	觜	畢	昴	胃	婁	奎	壁	室	危	虚	女	斗	箕	尾	心	房	氐	亢	角	7月
女	斗	箕	尾	心	房	氐	亢	角	軫	翼	張	柳	鬼	井	参	觜	畢	昴	胃	婁	奎	壁	室	危	虚	女	斗	箕	尾	心	8月
	室	危	虚	女	斗	箕	尾	心	房	氐	亢	角	軫	翼	張	星	柳	鬼	井	参	觜	畢	昴	胃	婁	奎	壁	室	危	虚	9月
婁	奎	壁	室	危	虚	女	斗	箕	尾	心	房	氐	氐	亢	角	軫	翼	張	星	柳	鬼	井	参	觜	畢	昴	胃	婁	奎	壁	10月
	畢	昴	胃	婁	奎	壁	室	危	虚	女	斗	箕	尾	心	房	氐	亢	角	軫	翼	張	星	柳	鬼	井	参	觜	畢	昴	胃	11月
鬼	井	参	觜	畢	昴	胃	婁	奎	壁	室	危	虚	女	斗	箕	尾	心	房	氐	亢	角	軫	翼	張	星	柳	鬼	井	参	觜	12月

1991年（平成3年）

31	30	29	28	27	26	25	24	23	22	21	20	19	18	17	16	15	14	13	12	11	10	9	8	7	6	5	4	3	2	1	日／月
張	星	柳	鬼	井	参	觜	畢	昴	胃	婁	奎	壁	室	危	虚	虚	女	斗	箕	尾	心	房	氐	亢	角	軫	翼	張	星	柳	1月
			張	星	柳	鬼	井	参	觜	畢	昴	胃	婁	奎	壁	室	室	危	虚	女	斗	箕	尾	心	房	氐	亢	角	軫	翼	2月
亢	角	軫	翼	張	星	柳	鬼	井	参	觜	畢	昴	胃	婁	奎	壁	室	危	虚	女	斗	箕	尾	心	房	氐	亢	角	軫	翼	3月
	房	氐	亢	角	軫	翼	張	星	柳	鬼	井	参	觜	畢	昴	胃	胃	婁	奎	壁	室	危	虚	女	斗	箕	尾	心	房	氐	4月
斗	箕	尾	心	房	氐	亢	角	軫	翼	張	星	柳	鬼	井	参	觜	畢	昴	胃	婁	奎	壁	室	危	虚	女	斗	箕	尾	心	5月
	危	虚	女	斗	箕	尾	心	房	氐	亢	角	軫	翼	張	星	柳	鬼	井	参	觜	畢	昴	胃	婁	奎	壁	室	危	虚	女	6月
奎	壁	室	危	虚	女	斗	箕	尾	心	房	氐	亢	角	軫	翼	張	星	柳	鬼	鬼	井	参	觜	畢	昴	胃	婁	奎	壁	室	7月
觜	畢	昴	胃	婁	奎	壁	室	危	虚	女	斗	箕	尾	心	房	氐	亢	角	軫	翼	張	柳	鬼	井	参	觜	畢	昴	胃	婁	8月
	柳	鬼	井	参	觜	畢	昴	胃	婁	奎	壁	室	危	虚	女	斗	箕	尾	心	房	氐	亢	角	翼	張	星	柳	鬼	井	参	9月
翼	張	星	柳	鬼	井	参	觜	畢	昴	胃	婁	奎	壁	室	危	虚	女	斗	箕	尾	心	房	氐	氐	亢	角	軫	翼	張	星	10月
	亢	角	軫	翼	張	星	柳	鬼	井	参	觜	畢	昴	胃	婁	奎	壁	室	危	虚	女	斗	箕	尾	心	房	氐	亢	角	軫	11月
尾	心	房	氐	亢	角	軫	翼	張	星	柳	鬼	井	参	觜	畢	昴	胃	婁	奎	壁	室	危	虚	女	斗	箕	尾	心	房	氐	12月

1992年（平成4年）

31	30	29	28	27	26	25	24	23	22	21	20	19	18	17	16	15	14	13	12	11	10	9	8	7	6	5	4	3	2	1	日／月
女	斗	箕	尾	心	房	氐	亢	角	軫	翼	張	星	柳	鬼	井	参	觜	畢	昴	胃	婁	奎	壁	室	危	虚	虚	女	斗	箕	1月
		虚	女	斗	箕	尾	心	房	氐	亢	角	軫	翼	張	星	柳	鬼	井	参	觜	畢	昴	胃	婁	奎	壁	室	室	危	虚	2月
奎	壁	室	危	虚	女	斗	箕	尾	心	房	氐	亢	角	軫	翼	張	星	柳	鬼	井	参	觜	畢	昴	胃	婁	奎	壁	室	危	3月
	胃	婁	奎	壁	室	危	虚	女	斗	箕	尾	心	房	氐	亢	角	軫	翼	張	星	柳	鬼	井	参	觜	畢	昴	胃	胃	婁	4月
觜	畢	昴	胃	婁	奎	壁	室	危	虚	女	斗	箕	尾	心	房	氐	亢	角	軫	翼	張	星	柳	鬼	井	参	觜	畢	畢	昴	5月
	鬼	井	参	觜	畢	昴	胃	婁	奎	壁	室	危	虚	女	斗	箕	尾	心	房	氐	亢	角	軫	翼	張	星	柳	鬼	井	参	6月
翼	張	星	柳	鬼	井	参	觜	畢	昴	胃	婁	奎	壁	室	危	虚	女	斗	箕	尾	心	房	氐	亢	角	軫	翼	張	星	柳	7月
房	氐	亢	角	翼	張	星	柳	鬼	井	参	觜	畢	昴	胃	婁	奎	壁	室	危	虚	女	斗	箕	尾	心	房	氐	亢	角	軫	8月
	箕	尾	心	房	氐	亢	角	軫	翼	張	星	柳	鬼	井	参	觜	畢	昴	胃	婁	奎	壁	室	危	虚	女	斗	箕	尾	心	9月
虚	女	斗	箕	尾	心	心	房	氐	亢	角	軫	翼	張	星	柳	鬼	井	参	觜	畢	昴	胃	婁	奎	壁	室	危	虚	女	斗	10月
	奎	壁	室	危	虚	女	斗	尾	心	房	氐	亢	角	軫	翼	張	星	柳	鬼	井	参	觜	畢	昴	胃	婁	奎	壁	室	危	11月
昴	胃	婁	奎	壁	室	危	虚	虚	女	斗	箕	尾	心	房	氐	亢	角	軫	翼	張	星	柳	鬼	井	参	觜	畢	昴	胃	婁	12月

1993年（平成5年）

31	30	29	28	27	26	25	24	23	22	21	20	19	18	17	16	15	14	13	12	11	10	9	8	7	6	5	4	3	2	1	日／月
参	觜	畢	昴	胃	婁	奎	壁	室	室	危	虚	女	斗	箕	尾	心	房	氐	亢	角	軫	翼	張	星	柳	鬼	井	参	觜	畢	1月
			井	参	觜	畢	昴	胃	婁	奎	壁	室	危	虚	女	斗	箕	尾	心	房	氐	亢	角	軫	翼	張	星	柳	鬼	井	2月
星	柳	鬼	井	参	觜	畢	昴	胃	胃	婁	奎	壁	室	危	虚	女	斗	箕	尾	心	房	氐	亢	角	軫	翼	張	星	柳	鬼	3月
	星	柳	鬼	井	参	觜	畢	昴	胃	畢	昴	胃	婁	奎	壁	室	危	虚	女	斗	箕	尾	心	房	氐	亢	角	軫	翼	張	4月
角	軫	翼	張	星	柳	鬼	井	参	觜	畢	昴	胃	婁	奎	壁	室	危	虚	女	斗	箕	尾	心	房	氐	亢	角	軫	翼	張	5月
	氐	亢	角	軫	翼	張	星	柳	鬼	井	参	参	觜	畢	昴	胃	婁	奎	壁	室	危	虚	女	斗	箕	尾	心	房	氐	亢	6月
箕	尾	心	房	氐	亢	角	軫	翼	張	星	柳	鬼	井	参	觜	畢	昴	胃	婁	奎	壁	室	危	虚	女	斗	箕	尾	心	房	7月
危	虚	女	斗	箕	尾	心	房	氐	亢	角	軫	翼	張	星	柳	鬼	井	参	觜	畢	昴	胃	婁	奎	壁	室	危	虚	女	斗	8月
	婁	奎	壁	室	危	虚	女	斗	箕	尾	心	房	氐	亢	角	翼	張	星	柳	鬼	井	参	觜	畢	昴	胃	婁	奎	壁	室	9月
觜	畢	昴	胃	婁	奎	壁	室	危	虚	女	斗	箕	尾	心	房	氐	亢	角	軫	翼	張	星	柳	鬼	井	参	觜	畢	昴	胃	10月
	井	参	觜	畢	昴	胃	婁	奎	壁	室	危	虚	女	斗	箕	尾	心	心	房	氐	亢	角	軫	翼	張	星	柳	鬼	井	参	11月
翼	張	星	柳	鬼	井	参	觜	畢	昴	胃	婁	奎	壁	室	危	虚	女	斗	尾	心	房	氐	亢	角	軫	翼	張	星	柳	鬼	12月

1994年（平成6年）

31	30	29	28	27	26	25	24	23	22	21	20	19	18	17	16	15	14	13	12	11	10	9	8	7	6	5	4	3	2	1	日／月
亢	角	軫	翼	張	星	柳	鬼	井	参	觜	畢	昴	胃	婁	奎	壁	室	危	虚	虚	女	斗	箕	尾	心	房	氐	亢	角	軫	1月
			氐	亢	角	軫	翼	張	星	柳	鬼	井	参	觜	畢	昴	胃	婁	奎	壁	室	危	虚	女	斗	箕	尾	心	房	氐	2月
尾	心	房	氐	亢	角	軫	翼	張	星	柳	鬼	井	参	觜	畢	昴	胃	婁	奎	奎	壁	室	危	虚	女	斗	箕	尾	心	房	3月
	斗	箕	尾	心	房	氐	亢	角	軫	翼	張	星	柳	鬼	井	参	觜	畢	昴	胃	胃	婁	奎	壁	室	危	虚	女	斗	箕	4月
危	虚	女	斗	箕	尾	心	房	氐	亢	角	軫	翼	張	星	柳	鬼	井	参	觜	畢	畢	昴	胃	婁	奎	壁	室	危	虚	女	5月
	奎	壁	室	危	虚	女	斗	箕	尾	心	房	氐	亢	角	軫	翼	張	星	柳	鬼	井	参	觜	畢	昴	胃	婁	奎	壁	室	6月
昴	胃	婁	奎	壁	室	危	虚	女	斗	箕	尾	心	房	氐	亢	角	軫	翼	張	星	柳	鬼	鬼	井	参	觜	畢	昴	胃	婁	7月
鬼	井	参	觜	畢	昴	胃	婁	奎	壁	室	危	虚	女	斗	箕	尾	心	房	氐	亢	角	軫	翼	張	柳	鬼	井	参	觜	畢	8月
	張	星	柳	鬼	井	参	觜	畢	昴	胃	婁	奎	壁	室	危	虚	女	斗	箕	尾	心	房	氐	亢	角	軫	翼	張	星	柳	9月
亢	角	軫	翼	張	星	柳	鬼	井	参	觜	畢	昴	胃	婁	奎	壁	室	危	虚	女	斗	箕	尾	心	房	氐	亢	角	軫	翼	10月
	心	房	氐	亢	角	軫	翼	張	星	柳	鬼	井	参	觜	畢	昴	胃	婁	奎	壁	室	危	虚	女	斗	箕	尾	心	房	氐	11月
女	斗	箕	尾	心	房	氐	亢	角	軫	翼	張	星	柳	鬼	井	参	觜	畢	昴	胃	婁	奎	壁	室	危	虚	女	斗	箕	尾	12月

1995年（平成7年）

31	30	29	28	27	26	25	24	23	22	21	20	19	18	17	16	15	14	13	12	11	10	9	8	7	6	5	4	3	2	1	日／月
室	室	危	虚	女	斗	箕	尾	心	房	氐	亢	角	軫	翼	張	星	柳	鬼	井	参	觜	畢	昴	胃	婁	奎	壁	室	危	虚	1月
			壁	室	危	虚	女	斗	箕	尾	心	房	氐	亢	角	軫	翼	張	星	柳	鬼	井	参	觜	畢	昴	胃	婁	奎	壁	2月
胃	胃	婁	奎	壁	室	危	虚	女	斗	箕	尾	心	房	氐	亢	角	軫	翼	張	星	柳	鬼	井	参	觜	畢	昴	胃	婁	奎	3月
	畢	畢	昴	胃	婁	奎	壁	室	危	虚	女	斗	箕	尾	心	房	氐	亢	角	軫	翼	張	星	柳	鬼	井	参	觜	畢	昴	4月
鬼	井	参	觜	畢	昴	胃	婁	奎	壁	室	危	虚	女	斗	箕	尾	心	房	氐	亢	角	軫	翼	張	星	柳	鬼	井	参	觜	5月
	星	柳	鬼	鬼	井	参	觜	畢	昴	胃	婁	奎	壁	室	危	虚	女	斗	箕	尾	心	房	氐	亢	角	軫	翼	張	星	柳	6月
角	軫	翼	張	星	柳	鬼	井	参	觜	畢	昴	胃	婁	奎	壁	室	危	虚	女	斗	箕	尾	心	房	氐	亢	角	軫	翼	張	7月
尾	心	房	氐	亢	角	翼	張	星	柳	鬼	井	参	觜	畢	昴	胃	婁	奎	壁	室	危	虚	女	斗	箕	尾	心	房	氐	亢	8月
	尾	心	房	氐	亢	角	氐	亢	角	軫	翼	張	星	柳	鬼	井	参	觜	畢	昴	胃	婁	奎	壁	室	危	虚	女	斗	箕	9月
虚	女	斗	箕	尾	心	房	氐	亢	角	軫	翼	張	星	柳	鬼	井	参	觜	畢	昴	胃	婁	奎	壁	室	危	虚	女	斗	箕	10月
	室	危	虚	女	斗	箕	尾	心	心	房	氐	亢	角	軫	翼	張	星	柳	鬼	井	参	觜	畢	昴	胃	婁	奎	壁	室	危	11月
昴	胃	婁	奎	壁	室	危	虚	女	斗	尾	心	房	氐	亢	角	軫	翼	張	星	柳	鬼	井	参	觜	畢	昴	胃	婁	奎	壁	12月

1996年（平成8年）

31	30	29	28	27	26	25	24	23	22	21	20	19	18	17	16	15	14	13	12	11	10	9	8	7	6	5	4	3	2	1	日／月
井	参	觜	畢	昴	胃	婁	奎	壁	室	危	虚	女	斗	箕	尾	心	房	氐	亢	角	軫	翼	張	星	柳	鬼	井	参	觜	畢	1月
		鬼	井	参	觜	畢	昴	胃	婁	奎	壁	室	室	危	虚	女	斗	箕	尾	心	房	氐	亢	角	軫	翼	張	星	柳	鬼	2月
翼	張	星	柳	鬼	井	参	觜	畢	昴	胃	婁	奎	壁	室	危	虚	女	斗	箕	尾	心	房	氐	亢	角	軫	翼	張	星	柳	3月
	角	軫	翼	張	星	柳	鬼	井	参	觜	畢	昴	胃	胃	婁	奎	壁	室	危	虚	女	斗	箕	尾	心	房	氐	亢	角	軫	4月
心	房	氐	亢	角	軫	翼	張	星	柳	鬼	井	参	觜	畢	昴	胃	婁	奎	壁	室	危	虚	女	斗	箕	尾	心	房	氐	亢	5月
	箕	尾	心	房	氐	亢	角	軫	翼	張	星	柳	鬼	井	参	参	觜	畢	昴	胃	婁	奎	壁	室	危	虚	女	斗	箕	尾	6月
虚	女	斗	箕	尾	心	房	氐	亢	角	軫	翼	張	星	柳	鬼	鬼	井	参	觜	畢	昴	胃	婁	奎	壁	室	危	虚	女	斗	7月
婁	奎	壁	室	危	虚	女	斗	箕	尾	心	房	氐	亢	角	軫	翼	張	柳	鬼	井	参	觜	畢	昴	胃	婁	奎	壁	室	危	8月
	畢	昴	胃	婁	奎	壁	室	危	虚	女	斗	箕	尾	心	房	氐	亢	角	軫	翼	張	星	柳	鬼	井	参	觜	畢	昴	胃	9月
鬼	井	参	觜	畢	昴	胃	婁	奎	壁	室	危	虚	女	斗	箕	尾	心	房	氐	亢	角	軫	翼	張	星	柳	鬼	井	参	觜	10月
	星	柳	鬼	井	参	觜	畢	昴	胃	婁	奎	壁	室	危	虚	女	斗	箕	尾	心	心	房	氐	亢	角	軫	翼	張	星	柳	11月
角	軫	翼	張	星	柳	鬼	井	参	觜	畢	昴	胃	婁	奎	壁	室	危	虚	女	斗	箕	尾	心	房	氐	亢	角	軫	翼	張	12月

1997年（平成9年）

31	30	29	28	27	26	25	24	23	22	21	20	19	18	17	16	15	14	13	12	11	10	9	8	7	6	5	4	3	2	1	日／月
心	房	氐	亢	角	軫	翼	張	星	柳	鬼	井	参	觜	畢	昴	胃	婁	奎	壁	室	危	虚	女	斗	箕	尾	心	房	氐	亢	1月
			心	房	氐	亢	角	軫	翼	張	星	柳	鬼	井	参	觜	畢	昴	胃	婁	奎	壁	室	室	危	虚	女	斗	箕	尾	2月
女	斗	箕	尾	心	房	氐	亢	角	軫	翼	張	星	柳	鬼	井	参	觜	畢	昴	胃	婁	奎	壁	室	危	虚	女	斗	箕	尾	3月
	室	危	虚	女	斗	箕	尾	心	房	氐	亢	角	軫	翼	張	星	柳	鬼	井	参	觜	畢	昴	胃	婁	奎	壁	室	危	虚	4月
婁	奎	壁	室	危	虚	女	斗	箕	尾	心	房	氐	亢	角	軫	翼	張	星	柳	鬼	井	参	觜	畢	畢	昴	胃	婁	奎	壁	5月
	畢	昴	胃	婁	奎	壁	室	危	虚	女	斗	箕	尾	心	房	氐	亢	角	軫	翼	張	星	柳	鬼	井	参	觜	畢	昴	胃	6月
井	参	觜	畢	昴	胃	婁	奎	壁	室	危	虚	女	斗	箕	尾	心	房	氐	亢	角	軫	翼	張	星	柳	鬼	鬼	井	参	觜	7月
翼	張	星	柳	鬼	井	参	觜	畢	昴	胃	婁	奎	壁	室	危	虚	女	斗	箕	尾	心	房	氐	亢	角	軫	翼	張	柳	鬼	8月
	亢	角	軫	翼	張	星	柳	鬼	井	参	觜	畢	昴	胃	婁	奎	壁	室	危	虚	女	斗	箕	尾	心	房	氐	亢	角	軫	9月
心	房	氐	亢	角	軫	翼	張	星	柳	鬼	井	参	觜	畢	昴	胃	婁	奎	壁	室	危	虚	女	斗	箕	尾	心	房	氐	氐	10月
	斗	箕	尾	心	房	氐	亢	角	軫	翼	張	星	柳	鬼	井	参	觜	畢	昴	胃	婁	奎	壁	室	危	虚	女	斗	箕	尾	11月
危	虚	虚	女	斗	箕	尾	心	房	氐	亢	角	軫	翼	張	星	柳	鬼	井	参	觜	畢	昴	胃	婁	奎	壁	室	危	虚	女	12月

1998年（平成10年）

31	30	29	28	27	26	25	24	23	22	21	20	19	18	17	16	15	14	13	12	11	10	9	8	7	6	5	4	3	2	1	日／月
婁	奎	壁	室	危	虚	女	斗	箕	尾	心	房	氐	亢	角	軫	翼	張	星	柳	鬼	井	参	觜	畢	昴	胃	婁	奎	壁	室	1月
			婁	奎	奎	壁	室	危	虚	女	斗	箕	尾	心	房	氐	亢	角	軫	翼	張	星	柳	鬼	井	参	觜	畢	昴	胃	2月
觜	畢	昴	胃	婁	奎	壁	室	危	虚	女	斗	箕	尾	心	房	氐	亢	角	軫	翼	張	星	柳	鬼	井	参	觜	畢	昴	胃	3月
	鬼	井	参	觜	畢	昴	胃	婁	奎	壁	室	危	虚	女	斗	箕	尾	心	房	氐	亢	角	軫	翼	張	星	柳	鬼	井	参	4月
張	星	柳	鬼	井	参	参	觜	畢	昴	胃	婁	奎	壁	室	危	虚	女	斗	箕	尾	心	房	氐	亢	角	軫	翼	張	星	柳	5月
	翼	張	星	柳	鬼	井	参	井	参	觜	畢	昴	胃	婁	奎	壁	室	危	虚	女	斗	箕	尾	心	房	氐	亢	角	軫	翼	6月
氐	亢	角	軫	翼	張	星	柳	鬼	井	参	觜	畢	昴	胃	婁	奎	壁	室	危	虚	女	斗	箕	尾	心	房	氐	亢	角	軫	7月
箕	尾	心	房	氐	亢	角	軫	翼	張	星	柳	鬼	井	参	觜	畢	昴	胃	婁	奎	壁	室	危	虚	女	斗	箕	尾	心	房	8月
	虚	女	斗	箕	尾	心	房	氐	亢	角	軫	翼	張	星	柳	鬼	井	参	觜	畢	昴	胃	婁	奎	壁	室	危	虚	女	斗	9月
奎	壁	室	危	虚	女	斗	箕	尾	心	房	氐	亢	角	軫	翼	張	星	柳	鬼	井	参	觜	畢	昴	胃	婁	奎	壁	室	危	10月
	胃	婁	奎	壁	室	危	虚	女	斗	箕	尾	心	心	房	氐	亢	角	軫	翼	張	星	柳	鬼	井	参	觜	畢	昴	胃	婁	11月
参	觜	畢	昴	胃	婁	奎	壁	室	危	虚	女	斗	箕	尾	心	房	氐	亢	角	軫	翼	張	星	柳	鬼	井	参	觜	畢	昴	12月

1999年（平成11年）

31	30	29	28	27	26	25	24	23	22	21	20	19	18	17	16	15	14	13	12	11	10	9	8	7	6	5	4	3	2	1	日／月
柳	鬼	井	参	觜	畢	昴	胃	婁	奎	壁	室	危	虚	虚	女	斗	箕	尾	心	房	氐	亢	角	軫	翼	張	星	柳	鬼	井	1月
			星	柳	鬼	井	参	觜	畢	昴	胃	婁	奎	壁	室	危	虚	女	斗	箕	尾	心	房	氐	亢	角	軫	翼	張	星	2月
軫	翼	張	星	柳	鬼	井	参	觜	畢	昴	胃	婁	奎	奎	壁	室	危	虚	女	斗	箕	尾	心	房	氐	亢	角	軫	翼	張	3月
	氐	亢	角	軫	翼	張	星	柳	鬼	井	参	觜	畢	昴	胃	婁	奎	壁	室	危	虚	女	斗	箕	尾	心	房	氐	亢	角	4月
箕	尾	心	房	氐	亢	角	軫	翼	張	星	柳	鬼	井	参	觜	畢	昴	胃	婁	奎	壁	室	危	虚	女	斗	箕	尾	心	房	5月
	女	斗	箕	尾	心	房	氐	亢	角	軫	翼	張	星	柳	鬼	井	参	参	觜	畢	昴	胃	婁	奎	壁	室	危	虚	女	斗	6月
壁	室	危	虚	女	斗	箕	尾	心	房	氐	亢	角	軫	翼	張	星	柳	鬼	井	参	觜	畢	昴	胃	婁	奎	壁	室	危	虚	7月
畢	昴	胃	婁	奎	壁	室	危	虚	女	斗	箕	尾	心	房	氐	亢	角	軫	翼	張	柳	鬼	井	参	觜	畢	昴	胃	婁	奎	8月
	井	参	觜	畢	昴	胃	婁	奎	壁	室	危	虚	女	斗	箕	尾	心	房	氐	亢	角	軫	翼	張	星	柳	鬼	井	参	觜	9月
張	星	柳	鬼	井	参	觜	畢	昴	胃	婁	奎	壁	室	危	虚	女	斗	箕	尾	心	房	氐	亢	角	軫	翼	張	星	柳	鬼	10月
	軫	翼	張	星	柳	鬼	井	参	觜	畢	昴	胃	婁	奎	壁	室	危	虚	女	斗	箕	尾	心	心	房	氐	亢	角	軫	翼	11月
房	氐	亢	角	軫	翼	張	星	柳	鬼	井	参	觜	畢	昴	胃	婁	奎	壁	室	危	虚	女	斗	箕	尾	心	房	氐	亢	角	12月

2000年（平成12年）

31	30	29	28	27	26	25	24	23	22	21	20	19	18	17	16	15	14	13	12	11	10	9	8	7	6	5	4	3	2	1	日／月
箕	尾	心	房	氐	亢	角	軫	翼	張	星	柳	鬼	井	参	觜	畢	昴	胃	婁	奎	壁	室	危	虚	虚	女	斗	箕	尾	心	1月
		女	斗	箕	尾	心	房	氐	亢	角	軫	翼	張	星	柳	鬼	井	参	觜	畢	昴	胃	婁	奎	壁	室	危	虚	女	斗	2月
室	危	虚	女	斗	箕	尾	心	房	氐	亢	角	軫	翼	張	星	柳	鬼	井	参	觜	畢	昴	胃	婁	奎	奎	壁	室	危	虚	3月
	奎	壁	室	危	虚	女	斗	箕	尾	心	房	氐	亢	角	軫	翼	張	星	柳	鬼	井	参	觜	畢	昴	胃	胃	婁	奎	壁	4月
畢	昴	胃	婁	奎	壁	室	危	虚	女	斗	箕	尾	心	房	氐	亢	角	軫	翼	張	星	柳	鬼	井	参	觜	畢	昴	胃	婁	5月
	井	参	觜	畢	昴	胃	婁	奎	壁	室	危	虚	女	斗	箕	尾	心	房	氐	亢	角	軫	翼	張	星	柳	鬼	井	参	觜	6月
張	柳	鬼	井	参	觜	畢	昴	胃	婁	奎	壁	室	危	虚	女	斗	箕	尾	心	房	氐	亢	角	軫	翼	張	星	柳	鬼	鬼	7月
氐	亢	角	翼	張	星	柳	鬼	井	参	觜	畢	昴	胃	婁	奎	壁	室	危	虚	女	斗	箕	尾	心	房	氐	亢	角	軫	翼	8月
	心	房	氐	氐	亢	角	軫	翼	張	星	柳	鬼	井	参	觜	畢	昴	胃	婁	奎	壁	室	危	虚	女	斗	箕	尾	心	房	9月
女	斗	箕	尾	心	房	氐	亢	角	軫	翼	張	星	柳	鬼	井	参	觜	畢	昴	胃	婁	奎	壁	室	危	虚	女	斗	箕	尾	10月
	室	危	虚	女	斗	箕	尾	心	房	氐	亢	角	軫	翼	張	星	柳	鬼	井	参	觜	畢	昴	胃	婁	奎	壁	室	危	虚	11月
婁	奎	壁	室	危	虚	虚	女	斗	箕	尾	心	房	氐	亢	角	軫	翼	張	星	柳	鬼	井	参	觜	畢	昴	胃	婁	奎	壁	12月

2001年（平成13年）

31	30	29	28	27	26	25	24	23	22	21	20	19	18	17	16	15	14	13	12	11	10	9	8	7	6	5	4	3	2	1	日／月
觜	畢	昴	胃	婁	奎	壁	室	危	虚	女	斗	箕	尾	心	房	氐	亢	角	軫	翼	張	星	柳	鬼	井	参	觜	畢	昴	胃	1月
			觜	畢	昴	胃	婁	奎	奎	壁	室	危	虚	女	斗	箕	尾	心	房	氐	亢	角	軫	翼	張	星	柳	鬼	井	参	2月
鬼	井	参	觜	畢	昴	胃	胃	婁	奎	壁	室	危	虚	女	斗	箕	尾	心	房	氐	亢	角	軫	翼	張	星	柳	鬼	井	参	3月
	星	柳	鬼	井	参	觜	畢	畢	昴	胃	婁	奎	壁	室	危	虚	女	斗	箕	尾	心	房	氐	亢	角	軫	翼	張	星	柳	4月
翼	張	星	柳	鬼	井	参	觜	畢	觜	畢	昴	胃	婁	奎	壁	室	危	虚	女	斗	箕	尾	心	房	氐	亢	角	軫	翼	張	5月
	亢	角	軫	翼	張	星	柳	鬼	井	参	觜	畢	昴	胃	婁	奎	壁	室	危	虚	女	斗	箕	尾	心	房	氐	亢	角	軫	6月
心	房	氐	亢	角	軫	翼	張	星	柳	鬼	鬼	井	参	觜	畢	昴	胃	婁	奎	壁	室	危	虚	女	斗	箕	尾	心	房	氐	7月
虚	女	斗	箕	尾	心	房	氐	亢	角	軫	翼	張	柳	鬼	井	参	觜	畢	昴	胃	婁	奎	壁	室	危	虚	女	斗	箕	尾	8月
	奎	壁	室	危	虚	女	斗	箕	尾	心	房	氐	亢	角	翼	張	星	柳	鬼	井	参	觜	畢	昴	胃	婁	奎	壁	室	危	9月
昴	胃	婁	奎	壁	室	危	虚	女	斗	箕	尾	心	房	氐	氐	亢	角	軫	翼	張	星	柳	鬼	井	参	觜	畢	昴	胃	婁	10月
	参	觜	畢	昴	胃	婁	奎	壁	室	危	虚	女	斗	箕	尾	心	房	氐	亢	角	軫	翼	張	星	柳	鬼	井	参	觜	畢	11月
星	柳	鬼	井	参	觜	畢	昴	胃	婁	奎	壁	室	危	虚	女	斗	箕	尾	心	房	氐	亢	角	軫	翼	張	星	柳	鬼	井	12月

2002年（平成14年）

31	30	29	28	27	26	25	24	23	22	21	20	19	18	17	16	15	14	13	12	11	10	9	8	7	6	5	4	3	2	1	日／月
角	軫	翼	張	星	柳	鬼	井	参	觜	畢	昴	胃	婁	奎	壁	室	危	虚	女	斗	箕	尾	心	房	氐	亢	角	軫	翼	張	1月
			角	軫	翼	張	星	柳	鬼	井	参	觜	畢	昴	胃	婁	奎	壁	室	室	危	虚	女	斗	箕	尾	心	房	氐	亢	2月
房	氐	亢	角	軫	翼	張	星	柳	鬼	井	参	觜	畢	昴	胃	婁	奎	奎	壁	室	危	虚	女	斗	箕	尾	心	房	氐	亢	3月
	尾	心	房	氐	亢	角	軫	翼	張	星	柳	鬼	井	参	觜	畢	昴	胃	胃	婁	奎	壁	室	危	虚	女	斗	箕	尾	心	4月
虚	女	斗	箕	尾	心	房	氐	亢	角	軫	翼	張	星	柳	鬼	井	参	觜	畢	昴	胃	婁	奎	壁	室	危	虚	女	斗	箕	5月
	室	危	虚	女	斗	箕	尾	心	房	氐	亢	角	軫	翼	張	星	柳	鬼	井	参	参	觜	畢	昴	胃	婁	奎	壁	室	危	6月
胃	婁	奎	壁	室	危	虚	女	斗	箕	尾	心	房	氐	亢	角	軫	翼	張	星	柳	鬼	井	参	觜	畢	昴	胃	婁	奎	壁	7月
参	觜	畢	昴	胃	婁	奎	壁	室	危	虚	女	斗	箕	尾	心	房	氐	亢	角	軫	翼	張	星	柳	鬼	井	参	觜	畢	昴	8月
	星	柳	鬼	井	参	觜	畢	昴	胃	婁	奎	壁	室	危	虚	女	斗	箕	尾	心	房	氐	亢	角	翼	張	星	柳	鬼	井	9月
角	軫	翼	張	星	柳	鬼	井	参	觜	畢	昴	胃	婁	奎	壁	室	危	虚	女	斗	箕	尾	心	房	氐	亢	角	軫	翼	張	10月
	氐	亢	角	軫	翼	張	星	柳	鬼	井	参	觜	畢	昴	胃	婁	奎	壁	室	危	虚	女	斗	箕	尾	心	心	房	氐	亢	11月
斗	箕	尾	心	房	氐	亢	角	軫	翼	張	星	柳	鬼	井	参	觜	畢	昴	胃	婁	奎	壁	室	危	虚	女	斗	尾	心	房	12月

2003年（平成15年）

31	30	29	28	27	26	25	24	23	22	21	20	19	18	17	16	15	14	13	12	11	10	9	8	7	6	5	4	3	2	1	日／月
危	虚	女	斗	箕	尾	心	房	氐	亢	角	軫	翼	張	星	柳	鬼	井	参	觜	畢	昴	胃	婁	奎	壁	室	危	虚	虚	女	1月
			室	危	虚	女	斗	箕	尾	心	房	氐	亢	角	軫	翼	張	星	柳	鬼	井	参	觜	畢	昴	胃	婁	奎	壁	室	2月
婁	奎	壁	室	危	虚	女	斗	箕	尾	心	房	氐	亢	角	軫	翼	張	星	柳	鬼	井	参	觜	畢	昴	胃	婁	奎	奎	壁	3月
	昴	胃	婁	奎	壁	室	危	虚	女	斗	箕	尾	心	房	氐	亢	角	軫	翼	張	星	柳	鬼	井	参	觜	畢	昴	胃	胃	4月
参	参	觜	畢	昴	胃	婁	奎	壁	室	危	虚	女	斗	箕	尾	心	房	氐	亢	角	軫	翼	張	星	柳	鬼	井	参	觜	畢	5月
	鬼	鬼	井	参	觜	畢	昴	胃	婁	奎	壁	室	危	虚	女	斗	箕	尾	心	房	氐	亢	角	軫	翼	張	星	柳	鬼	井	6月
軫	翼	張	柳	鬼	井	参	觜	畢	昴	胃	婁	奎	壁	室	危	虚	女	斗	箕	尾	心	房	氐	亢	角	軫	翼	張	星	柳	7月
房	氐	亢	角	軫	翼	張	星	柳	鬼	井	参	觜	畢	昴	胃	婁	奎	壁	室	危	虚	女	斗	箕	尾	心	房	氐	亢	角	8月
	箕	尾	心	房	氐	亢	角	軫	翼	張	星	柳	鬼	井	参	觜	畢	昴	胃	婁	奎	壁	室	危	虚	女	斗	箕	尾	心	9月
危	虚	女	斗	箕	尾	心	房	氐	亢	角	軫	翼	張	星	柳	鬼	井	参	觜	畢	昴	胃	婁	奎	壁	室	危	虚	女	斗	10月
	奎	壁	室	危	虚	女	斗	箕	尾	心	房	氐	亢	角	軫	翼	張	星	柳	鬼	井	参	觜	畢	昴	胃	婁	奎	壁	室	11月
畢	昴	胃	婁	奎	壁	室	危	虚	女	斗	箕	尾	心	房	氐	亢	角	軫	翼	張	星	柳	鬼	井	参	觜	畢	昴	胃	婁	12月

2004年（平成16年）

31	30	29	28	27	26	25	24	23	22	21	20	19	18	17	16	15	14	13	12	11	10	9	8	7	6	5	4	3	2	1	日／月
井	参	觜	畢	昴	胃	婁	奎	壁	室	室	危	虚	女	斗	箕	尾	心	房	氐	亢	角	軫	翼	張	星	柳	鬼	井	参	觜	1月
		柳	鬼	井	参	觜	畢	昴	胃	婁	奎	壁	室	危	虚	女	斗	箕	尾	心	房	氐	亢	角	軫	翼	張	星	柳	鬼	2月
星	柳	鬼	井	参	觜	畢	昴	胃	婁	奎	胃	婁	奎	壁	室	危	虚	女	斗	箕	尾	心	房	氐	亢	角	軫	翼	張	星	3月
	軫	翼	張	星	柳	鬼	井	参	觜	畢	昴	胃	婁	奎	壁	室	危	虚	女	斗	箕	尾	心	房	氐	亢	角	軫	翼	張	4月
氐	亢	角	軫	翼	張	星	柳	鬼	井	参	觜	畢	畢	昴	胃	婁	奎	壁	室	危	虚	女	斗	箕	尾	心	房	氐	亢	角	5月
	心	房	氐	亢	角	軫	翼	張	星	柳	鬼	井	参	参	觜	畢	昴	胃	婁	奎	壁	室	危	虚	女	斗	箕	尾	心	房	6月
女	斗	箕	尾	心	房	氐	亢	角	軫	翼	張	星	柳	鬼	井	参	觜	畢	昴	胃	婁	奎	壁	室	危	虚	女	斗	箕	尾	7月
壁	室	危	虚	女	斗	箕	尾	心	房	氐	亢	角	軫	翼	張	星	柳	鬼	井	参	觜	畢	昴	胃	婁	奎	壁	室	危	虚	8月
	昴	胃	婁	奎	壁	室	危	虚	女	斗	箕	尾	心	房	氐	亢	角	翼	張	星	柳	鬼	井	参	觜	畢	昴	胃	婁	奎	9月
参	觜	畢	昴	胃	婁	奎	壁	室	危	虚	女	斗	箕	尾	心	房	氐	氐	亢	角	軫	翼	張	星	柳	鬼	井	参	觜	畢	10月
	柳	鬼	井	参	觜	畢	昴	胃	婁	奎	壁	室	危	虚	女	斗	箕	尾	心	房	氐	亢	角	軫	翼	張	星	柳	鬼	井	11月
軫	翼	張	星	柳	鬼	井	参	觜	畢	昴	胃	婁	奎	壁	室	危	虚	女	斗	箕	尾	心	房	氐	亢	角	軫	翼	張	星	12月

2005年（平成17年）

31	30	29	28	27	26	25	24	23	22	21	20	19	18	17	16	15	14	13	12	11	10	9	8	7	6	5	4	3	2	1	日／月
房	氐	亢	角	軫	翼	張	星	柳	鬼	井	参	觜	畢	昴	胃	婁	奎	壁	室	危	虚	女	斗	箕	尾	心	房	氐	亢	角	1月
			房	氐	亢	角	軫	翼	張	星	柳	鬼	井	参	觜	畢	昴	胃	婁	奎	壁	室	室	危	虚	女	斗	箕	尾	心	2月
斗	箕	尾	心	房	氐	亢	角	軫	翼	張	星	柳	鬼	井	参	觜	畢	昴	胃	婁	奎	壁	室	危	虚	女	斗	箕	尾	心	3月
	虚	女	斗	箕	尾	心	房	氐	亢	角	軫	翼	張	星	柳	鬼	井	参	觜	畢	昴	胃	胃	婁	奎	壁	室	危	虚	女	4月
奎	壁	室	危	虚	女	斗	箕	尾	心	房	氐	亢	角	軫	翼	張	星	柳	鬼	井	参	觜	畢	昴	胃	婁	奎	壁	室	危	5月
	胃	婁	奎	壁	室	危	虚	女	斗	箕	尾	心	房	氐	亢	角	軫	翼	張	星	柳	鬼	井	参	参	觜	畢	昴	胃	婁	6月
参	觜	畢	昴	胃	婁	奎	壁	室	危	虚	女	斗	箕	尾	心	房	氐	亢	角	軫	翼	張	星	柳	鬼	井	参	觜	畢	昴	7月
星	柳	鬼	井	参	觜	畢	昴	胃	婁	奎	壁	室	危	虚	女	斗	箕	尾	心	房	氐	亢	角	軫	翼	張	星	柳	鬼	井	8月
	軫	翼	張	星	柳	鬼	井	参	觜	畢	昴	胃	婁	奎	壁	室	危	虚	女	斗	箕	尾	心	房	氐	亢	角	軫	翼	張	9月
房	氐	亢	角	軫	翼	張	星	柳	鬼	井	参	觜	畢	昴	胃	婁	奎	壁	室	危	虚	女	斗	箕	尾	心	房	氐	亢	角	10月
	尾	心	房	氐	亢	角	軫	翼	張	星	柳	鬼	井	参	觜	畢	昴	胃	婁	奎	壁	室	危	虚	女	斗	箕	尾	心	心	11月
虚	女	斗	箕	尾	心	房	氐	亢	角	軫	翼	張	星	柳	鬼	井	参	觜	畢	昴	胃	婁	奎	壁	室	危	虚	女	斗	箕	12月

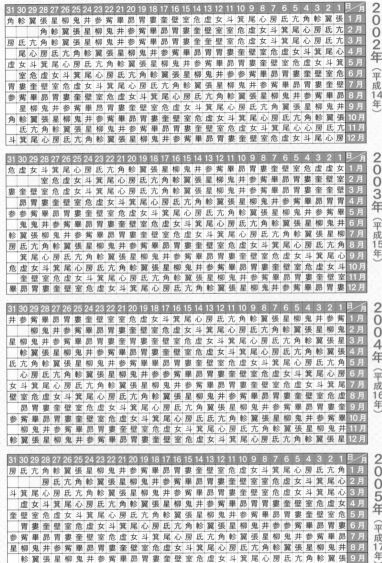

2006年（平成18年）

31	30	29	28	27	26	25	24	23	22	21	20	19	18	17	16	15	14	13	12	11	10	9	8	7	6	5	4	3	2	1	日／月
奎	壁	室	危	虚	女	斗	箕	尾	心	房	氐	亢	角	軫	翼	張	星	柳	鬼	井	参	觜	畢	昴	胃	婁	奎	壁	室	危	1月
			奎	奎	壁	室	危	虚	女	斗	箕	尾	心	房	氐	亢	角	軫	翼	張	星	柳	鬼	井	参	觜	畢	昴	胃	婁	2月
畢	昴	胃	婁	奎	壁	室	危	虚	女	斗	箕	尾	心	房	氐	亢	角	軫	翼	張	星	柳	鬼	井	参	觜	畢	昴	胃	婁	3月
	参	觜	畢	畢	昴	胃	婁	奎	壁	室	危	虚	女	斗	箕	尾	心	房	氐	亢	角	軫	翼	張	星	柳	鬼	井	参	觜	4月
星	柳	鬼	井	参	觜	畢	昴	胃	婁	奎	壁	室	危	虚	女	斗	箕	尾	心	房	氐	亢	角	軫	翼	張	星	柳	鬼	井	5月
	翼	張	星	柳	鬼	鬼	井	参	觜	畢	昴	胃	婁	奎	壁	室	危	虚	女	斗	箕	尾	心	房	氐	亢	角	軫	翼	張	6月
房	氐	亢	角	軫	翼	張	柳	鬼	井	参	觜	畢	昴	胃	婁	奎	壁	室	危	虚	女	斗	箕	尾	心	房	氐	亢	角	軫	7月
心	房	氐	亢	角	軫	翼	張	軫	翼	張	星	柳	鬼	井	参	觜	畢	昴	胃	婁	奎	壁	室	危	虚	女	斗	箕	尾	心	8月
	女	斗	箕	尾	心	房	氐	亢	角	翼	張	星	柳	鬼	井	参	觜	畢	昴	胃	婁	奎	壁	室	危	虚	女	斗	箕	尾	9月
室	危	虚	女	斗	箕	尾	心	房	氐	氐	亢	角	軫	翼	張	星	柳	鬼	井	参	觜	畢	昴	胃	婁	奎	壁	室	危	虚	10月
	奎	壁	室	危	虚	女	斗	箕	尾	心	心	房	氐	亢	角	軫	翼	張	星	柳	鬼	井	参	觜	畢	昴	胃	婁	奎	壁	11月
觜	畢	昴	胃	婁	奎	壁	室	危	虚	女	斗	尾	心	房	氐	亢	角	軫	翼	張	星	柳	鬼	井	参	觜	畢	昴	胃	婁	12月

2007年（平成19年）

31	30	29	28	27	26	25	24	23	22	21	20	19	18	17	16	15	14	13	12	11	10	9	8	7	6	5	4	3	2	1	日／月
鬼	井	参	觜	畢	昴	胃	婁	奎	壁	室	危	虚	虚	女	斗	箕	尾	心	房	氐	亢	角	軫	翼	張	星	柳	鬼	井	参	1月
			鬼	井	参	觜	畢	昴	胃	婁	奎	壁	室	室	危	虚	女	斗	箕	尾	心	房	氐	亢	角	軫	翼	張	星	柳	2月
翼	張	星	柳	鬼	井	参	觜	畢	昴	胃	婁	奎	壁	室	危	虚	女	斗	箕	尾	心	房	氐	亢	角	軫	翼	張	星	柳	3月
	亢	角	軫	翼	張	星	柳	鬼	井	参	觜	畢	昴	胃	婁	奎	壁	室	危	虚	女	斗	箕	尾	心	房	氐	亢	角	軫	4月
心	房	氐	亢	角	軫	翼	張	星	柳	鬼	井	参	觜	畢	畢	昴	胃	婁	奎	壁	室	危	虚	女	斗	箕	尾	心	房	氐	5月
	斗	箕	尾	心	房	氐	亢	角	軫	翼	張	星	柳	鬼	井	参	觜	畢	昴	胃	婁	奎	壁	室	危	虚	女	斗	箕	尾	6月
室	危	虚	女	斗	箕	尾	心	房	氐	亢	角	軫	翼	張	星	柳	鬼	井	参	觜	畢	昴	胃	婁	奎	壁	室	危	虚	女	7月
胃	婁	奎	壁	室	危	虚	女	斗	箕	尾	心	房	氐	亢	角	軫	翼	張	星	柳	鬼	井	参	觜	畢	昴	胃	婁	奎	壁	8月
	参	觜	畢	昴	胃	婁	奎	壁	室	危	虚	女	斗	箕	尾	心	房	氐	亢	角	翼	張	星	柳	鬼	井	参	觜	畢	昴	9月
柳	鬼	井	参	觜	畢	昴	胃	婁	奎	壁	室	危	虚	女	斗	箕	尾	心	房	氐	氐	亢	角	軫	翼	張	星	柳	鬼	井	10月
	張	星	柳	鬼	井	参	觜	畢	昴	胃	婁	奎	壁	室	危	虚	女	斗	箕	尾	心	心	房	氐	亢	角	軫	翼	張	星	11月
亢	角	軫	翼	張	星	柳	鬼	井	参	觜	畢	昴	胃	婁	奎	壁	室	危	虚	女	斗	箕	尾	心	房	氐	亢	角	軫	翼	12月

2008年（平成20年）

31	30	29	28	27	26	25	24	23	22	21	20	19	18	17	16	15	14	13	12	11	10	9	8	7	6	5	4	3	2	1	日／月
尾	心	房	氐	亢	角	軫	翼	張	星	柳	鬼	井	参	觜	畢	昴	胃	婁	奎	壁	室	危	虚	女	斗	箕	尾	心	房	氐	1月
		箕	尾	心	房	氐	亢	角	軫	翼	張	星	柳	鬼	井	参	觜	畢	昴	胃	婁	奎	壁	室	室	危	虚	女	斗	箕	2月
虚	女	斗	箕	尾	心	房	氐	亢	角	軫	翼	張	星	柳	鬼	井	参	觜	畢	昴	胃	婁	奎	奎	壁	室	危	虚	女	斗	3月
	壁	室	危	虚	女	斗	箕	尾	心	房	氐	亢	角	軫	翼	張	星	柳	鬼	井	参	觜	畢	昴	胃	婁	奎	壁	室	危	4月
昴	胃	婁	奎	壁	室	危	虚	女	斗	箕	尾	心	房	氐	亢	角	軫	翼	張	星	柳	鬼	井	参	觜	畢	昴	胃	婁	奎	5月
	觜	畢	昴	胃	婁	奎	壁	室	危	虚	女	斗	箕	尾	心	房	氐	亢	角	軫	翼	張	星	柳	鬼	井	参	参	觜	畢	6月
柳	鬼	井	参	觜	畢	昴	胃	婁	奎	壁	室	危	虚	女	斗	箕	尾	心	房	氐	亢	角	軫	翼	張	星	柳	鬼	井	参	7月
角	軫	翼	張	星	柳	鬼	井	参	觜	畢	昴	胃	婁	奎	壁	室	危	虚	女	斗	箕	尾	心	房	氐	亢	角	軫	翼	張	8月
	房	氐	亢	角	軫	翼	張	星	柳	鬼	井	参	觜	畢	昴	胃	婁	奎	壁	室	危	虚	女	斗	箕	尾	心	房	氐	亢	9月
箕	尾	心	心	房	氐	亢	角	軫	翼	張	星	柳	鬼	井	参	觜	畢	昴	胃	婁	奎	壁	室	危	虚	女	斗	箕	尾	心	10月
	虚	女	斗	箕	尾	心	房	氐	亢	角	軫	翼	張	星	柳	鬼	井	参	觜	畢	昴	胃	婁	奎	壁	室	危	虚	女	斗	11月
奎	壁	室	危	虚	女	斗	箕	尾	心	房	氐	亢	角	軫	翼	張	星	柳	鬼	井	参	觜	畢	昴	胃	婁	奎	壁	室	危	12月

2009年（平成21年）

31	30	29	28	27	26	25	24	23	22	21	20	19	18	17	16	15	14	13	12	11	10	9	8	7	6	5	4	3	2	1	日／月
昴	胃	婁	奎	壁	室	室	危	虚	女	斗	箕	尾	心	房	氐	亢	角	軫	翼	張	星	柳	鬼	井	参	觜	畢	昴	胃	婁	1月
			昴	胃	婁	奎	奎	壁	室	危	虚	女	斗	箕	尾	心	房	氐	亢	角	軫	翼	張	星	柳	鬼	井	参	觜	畢	2月
参	觜	畢	昴	胃	胃	婁	奎	壁	室	危	虚	女	斗	箕	尾	心	房	氐	亢	角	軫	翼	張	星	柳	鬼	井	参	觜	畢	3月
	柳	鬼	井	参	觜	畢	昴	胃	婁	奎	壁	室	危	虚	女	斗	箕	尾	心	房	氐	亢	角	軫	翼	張	星	柳	鬼	井	4月
軫	翼	張	星	柳	鬼	井	参	觜	畢	昴	胃	婁	奎	壁	室	危	虚	女	斗	箕	尾	心	房	氐	亢	角	軫	翼	張	星	5月
	軫	翼	張	星	柳	鬼	井	参	鬼	井	参	觜	畢	昴	胃	婁	奎	壁	室	危	虚	女	斗	箕	尾	心	房	氐	亢	角	6月
房	氐	亢	角	軫	翼	張	星	柳	鬼	井	参	觜	畢	昴	胃	婁	奎	壁	室	危	虚	女	斗	箕	尾	心	房	氐	亢	角	7月
女	斗	箕	尾	心	房	氐	亢	角	軫	翼	張	柳	鬼	井	参	觜	畢	昴	胃	婁	奎	壁	室	危	虚	女	斗	箕	尾	心	8月
	室	危	虚	女	斗	箕	尾	心	房	氐	亢	角	軫	翼	張	星	柳	鬼	井	参	觜	畢	昴	胃	婁	奎	壁	室	危	虚	9月
胃	婁	奎	壁	室	危	虚	女	斗	箕	尾	心	房	氐	亢	角	軫	翼	張	星	柳	鬼	井	参	觜	畢	昴	胃	婁	奎	壁	10月
	畢	昴	胃	婁	奎	壁	室	危	虚	女	斗	箕	尾	心	心	房	氐	亢	角	軫	翼	張	星	柳	鬼	井	参	觜	畢	昴	11月
柳	鬼	井	参	觜	畢	昴	胃	婁	奎	壁	室	危	虚	女	斗	尾	心	房	氐	亢	角	軫	翼	張	星	柳	鬼	井	参	觜	12月

2010年（平成22年）

31	30	29	28	27	26	25	24	23	22	21	20	19	18	17	16	15	14	13	12	11	10	9	8	7	6	5	4	3	2	1	日/月
翼	張	星	柳	鬼	井	参	觜	畢	昴	胃	婁	奎	壁	室	危	虚	虚	女	斗	箕	尾	心	房	氐	亢	角	軫	翼	張	星	1月
			翼	張	星	柳	鬼	井	参	觜	畢	昴	胃	婁	奎	壁	室	室	危	虚	女	斗	箕	尾	心	房	氐	亢	角	軫	2月
亢	角	軫	翼	張	星	柳	鬼	井	参	觜	畢	昴	胃	婁	奎	奎	壁	室	危	虚	女	斗	箕	尾	心	房	氐	亢	角	軫	3月
	心	房	氐	亢	角	軫	翼	張	星	柳	鬼	井	参	觜	畢	昴	胃	婁	奎	壁	室	危	虚	女	斗	箕	尾	心	房	氐	4月
斗	箕	尾	心	房	氐	亢	角	軫	翼	張	星	柳	鬼	井	参	觜	畢	畢	昴	胃	婁	奎	壁	室	危	虚	女	斗	箕	尾	5月
	危	虚	女	斗	箕	尾	心	房	氐	亢	角	軫	翼	張	星	柳	鬼	井	参	觜	畢	昴	胃	婁	奎	壁	室	危	虚	女	6月
奎	壁	室	危	虚	女	斗	箕	尾	心	房	氐	亢	角	軫	翼	張	星	柳	鬼	鬼	井	参	觜	畢	昴	胃	婁	奎	壁	室	7月
觜	畢	昴	胃	婁	奎	壁	室	危	虚	女	斗	箕	尾	心	房	氐	亢	角	軫	翼	張	柳	鬼	井	参	觜	畢	昴	胃	婁	8月
	柳	鬼	井	参	觜	畢	昴	胃	婁	奎	壁	室	危	虚	女	斗	箕	尾	心	房	氐	亢	角	翼	張	星	柳	鬼	井	参	9月
翼	張	星	柳	鬼	井	参	觜	畢	昴	胃	婁	奎	壁	室	危	虚	女	斗	箕	尾	心	房	氐	氐	亢	角	軫	翼	張	星	10月
	亢	角	軫	翼	張	星	柳	鬼	井	参	觜	畢	昴	胃	婁	奎	壁	室	危	虚	女	斗	箕	尾	心	房	氐	亢	角	軫	11月
尾	心	房	氐	亢	角	軫	翼	張	星	柳	鬼	井	参	觜	畢	昴	胃	婁	奎	壁	室	危	虚	女	斗	箕	尾	心	房	氐	12月

2011年（平成23年）

31	30	29	28	27	26	25	24	23	22	21	20	19	18	17	16	15	14	13	12	11	10	9	8	7	6	5	4	3	2	1	日/月
虚	女	斗	箕	尾	心	房	氐	亢	角	軫	翼	張	星	柳	鬼	井	参	觜	畢	昴	胃	婁	奎	壁	室	危	虚	女	斗	箕	1月
			虚	女	斗	箕	尾	心	房	氐	亢	角	軫	翼	張	星	柳	鬼	井	参	觜	畢	昴	胃	婁	奎	壁	室	室	危	2月
壁	室	危	虚	女	斗	箕	尾	心	房	氐	亢	角	軫	翼	張	星	柳	鬼	井	参	觜	畢	昴	胃	婁	奎	奎	壁	室	危	3月
	胃	婁	奎	壁	室	危	虚	女	斗	箕	尾	心	房	氐	亢	角	軫	翼	張	星	柳	鬼	井	参	觜	畢	昴	胃	婁	奎	4月
觜	畢	昴	胃	婁	奎	壁	室	危	虚	女	斗	箕	尾	心	房	氐	亢	角	軫	翼	張	星	柳	鬼	井	参	觜	畢	畢	昴	5月
	井	参	觜	畢	昴	胃	婁	奎	壁	室	危	虚	女	斗	箕	尾	心	房	氐	亢	角	軫	翼	張	星	柳	鬼	井	参	参	6月
張	星	柳	鬼	井	参	觜	畢	昴	胃	婁	奎	壁	室	危	虚	女	斗	箕	尾	心	房	氐	亢	角	軫	翼	張	星	柳	鬼	7月
氐	亢	角	翼	張	星	柳	鬼	井	参	觜	畢	昴	胃	婁	奎	壁	室	危	虚	女	斗	箕	尾	心	房	氐	亢	角	軫	翼	8月
	尾	心	房	氐	亢	角	軫	翼	張	星	柳	鬼	井	参	觜	畢	昴	胃	婁	奎	壁	室	危	虚	女	斗	箕	尾	心	房	9月
女	斗	箕	尾	心	心	房	氐	亢	角	軫	翼	張	星	柳	鬼	井	参	觜	畢	昴	胃	婁	奎	壁	室	危	虚	女	斗	箕	10月
	壁	室	危	虚	女	斗	尾	心	房	氐	亢	角	軫	翼	張	星	柳	鬼	井	参	觜	畢	昴	胃	婁	奎	壁	室	危	虚	11月
胃	婁	奎	壁	室	危	虚	虚	女	斗	箕	尾	心	房	氐	亢	角	軫	翼	張	星	柳	鬼	井	参	觜	畢	昴	胃	婁	奎	12月

2012年（平成24年）

31	30	29	28	27	26	25	24	23	22	21	20	19	18	17	16	15	14	13	12	11	10	9	8	7	6	5	4	3	2	1	日/月
参	觜	畢	昴	胃	婁	奎	壁	室	危	虚	女	斗	箕	尾	心	房	氐	亢	角	軫	翼	張	星	柳	鬼	井	参	觜	畢	昴	1月
		井	参	觜	畢	昴	胃	婁	奎	奎	壁	室	危	虚	女	斗	箕	尾	心	房	氐	亢	角	軫	翼	張	星	柳	鬼	井	2月
張	星	柳	鬼	井	参	觜	畢	昴	胃	婁	奎	壁	室	危	虚	女	斗	箕	尾	心	房	氐	亢	角	軫	翼	張	星	柳	鬼	3月
	張	星	柳	鬼	井	参	觜	畢	昴	胃	畢	昴	胃	婁	奎	壁	室	危	虚	女	斗	箕	尾	心	房	氐	亢	角	軫	翼	4月
角	軫	翼	張	星	柳	鬼	井	参	觜	畢	畢	昴	胃	婁	奎	壁	室	危	虚	女	斗	箕	尾	心	房	氐	亢	角	軫	翼	5月
	氐	亢	角	軫	翼	張	星	柳	鬼	井	参	参	觜	畢	昴	胃	婁	奎	壁	室	危	虚	女	斗	箕	尾	心	房	氐	亢	6月
箕	尾	心	房	氐	亢	角	軫	翼	張	星	柳	鬼	井	参	觜	畢	昴	胃	婁	奎	壁	室	危	虚	女	斗	箕	尾	心	房	7月
危	虚	女	斗	箕	尾	心	房	氐	亢	角	軫	翼	張	星	柳	鬼	井	参	觜	畢	昴	胃	婁	奎	壁	室	危	虚	女	斗	8月
	婁	奎	壁	室	危	虚	女	斗	箕	尾	心	房	氐	亢	角	翼	張	星	柳	鬼	井	参	觜	畢	昴	胃	婁	奎	壁	室	9月
觜	畢	昴	胃	婁	奎	壁	室	危	虚	女	斗	箕	尾	心	房	氐	亢	角	軫	翼	張	星	柳	鬼	井	参	觜	畢	昴	胃	10月
	井	参	觜	畢	昴	胃	婁	奎	壁	室	危	虚	女	斗	箕	尾	心	心	房	氐	亢	角	軫	翼	張	星	柳	鬼	井	参	11月
翼	張	星	柳	鬼	井	参	觜	畢	昴	胃	婁	奎	壁	室	危	虚	女	斗	尾	心	房	氐	亢	角	軫	翼	張	星	柳	鬼	12月

2013年（平成25年）

31	30	29	28	27	26	25	24	23	22	21	20	19	18	17	16	15	14	13	12	11	10	9	8	7	6	5	4	3	2	1	日/月
亢	角	軫	翼	張	星	柳	鬼	井	参	觜	畢	昴	胃	婁	奎	壁	室	危	虚	虚	女	斗	箕	尾	心	房	氐	亢	角	軫	1月
			氐	亢	角	軫	翼	張	星	柳	鬼	井	参	觜	畢	昴	胃	婁	奎	壁	室	危	虚	女	斗	箕	尾	心	房	氐	2月
尾	心	房	氐	亢	角	軫	翼	張	星	柳	鬼	井	参	觜	畢	昴	胃	婁	奎	奎	壁	室	危	虚	女	斗	箕	尾	心	房	3月
	女	斗	箕	尾	心	房	氐	亢	角	軫	翼	張	星	柳	鬼	井	参	觜	畢	昴	胃	婁	奎	壁	室	危	虚	女	斗	箕	4月
室	危	虚	女	斗	箕	尾	心	房	氐	亢	角	軫	翼	張	星	柳	鬼	井	参	觜	畢	畢	昴	胃	婁	奎	壁	室	危	虚	5月
	奎	壁	室	危	虚	女	斗	箕	尾	心	房	氐	亢	角	軫	翼	張	星	柳	鬼	井	参	参	觜	畢	昴	胃	婁	奎	壁	6月
畢	昴	胃	婁	奎	壁	室	危	虚	女	斗	箕	尾	心	房	氐	亢	角	軫	翼	張	星	柳	鬼	井	参	觜	畢	昴	胃	婁	7月
鬼	井	参	觜	畢	昴	胃	婁	奎	壁	室	危	虚	女	斗	箕	尾	心	房	氐	亢	角	軫	翼	張	星	柳	鬼	井	参	觜	8月
	翼	張	星	柳	鬼	井	参	觜	畢	昴	胃	婁	奎	壁	室	危	虚	女	斗	箕	尾	心	房	氐	亢	角	翼	張	星	柳	9月
亢	角	軫	翼	張	星	柳	鬼	井	参	觜	畢	昴	胃	婁	奎	壁	室	危	虚	女	斗	箕	尾	心	房	氐	氐	亢	角	軫	10月
	心	房	氐	亢	角	軫	翼	張	星	柳	鬼	井	参	觜	畢	昴	胃	婁	奎	壁	室	危	虚	女	斗	箕	尾	心	房	氐	11月
女	斗	箕	尾	心	房	氐	亢	角	軫	翼	張	星	柳	鬼	井	参	觜	畢	昴	胃	婁	奎	壁	室	危	虚	女	斗	箕	尾	12月

2014年（平成26年）

31	30	29	28	27	26	25	24	23	22	21	20	19	18	17	16	15	14	13	12	11	10	9	8	7	6	5	4	3	2	1	日／月
室	室	危	虚	女	斗	箕	尾	心	房	氐	亢	角	軫	翼	張	星	柳	鬼	井	参	觜	畢	昴	胃	婁	奎	壁	室	危	虚	1月
			壁	室	危	虚	女	斗	箕	尾	心	房	氐	亢	角	軫	翼	張	星	柳	鬼	井	参	觜	畢	昴	胃	婁	奎	壁	2月
胃	胃	婁	奎	壁	室	危	虚	女	斗	箕	尾	心	房	氐	亢	角	軫	翼	張	星	柳	鬼	井	参	觜	畢	昴	胃	婁	奎	3月
	觜	畢	昴	胃	婁	奎	壁	室	危	虚	女	斗	箕	尾	心	房	氐	亢	角	軫	翼	張	星	柳	鬼	井	参	觜	畢	昴	4月
鬼	井	参	参	觜	畢	昴	胃	婁	奎	壁	室	危	虚	女	斗	箕	尾	心	房	氐	亢	角	軫	翼	張	星	柳	鬼	井	参	5月
	張	星	柳	鬼	井	参	觜	畢	昴	胃	婁	奎	壁	室	危	虚	女	斗	箕	尾	心	房	氐	亢	角	軫	翼	張	星	柳	6月
亢	角	軫	翼	張	星	柳	鬼	井	参	觜	畢	昴	胃	婁	奎	壁	室	危	虚	女	斗	箕	尾	心	房	氐	亢	角	軫	翼	7月
箕	尾	心	房	氐	亢	角	翼	張	星	柳	鬼	井	参	觜	畢	昴	胃	婁	奎	壁	室	危	虚	女	斗	箕	尾	心	房	氐	8月
	女	斗	箕	尾	心	房	氐	氐	亢	角	軫	翼	張	星	柳	鬼	井	参	觜	畢	昴	胃	婁	奎	壁	室	危	虚	女	斗	9月
虚	女	斗	箕	尾	心	房	氐	心	房	氐	亢	角	軫	翼	張	星	柳	鬼	井	参	觜	畢	昴	胃	婁	奎	壁	室	危	虚	10月
	壁	室	危	虚	女	斗	箕	尾	心	房	氐	亢	角	軫	翼	張	星	柳	鬼	井	参	觜	畢	昴	胃	婁	奎	壁	室	危	11月
昴	胃	婁	奎	壁	室	危	虚	女	斗	箕	尾	心	房	氐	亢	角	軫	翼	張	星	柳	鬼	井	参	觜	畢	昴	胃	婁	奎	12月

2015年（平成27年）

31	30	29	28	27	26	25	24	23	22	21	20	19	18	17	16	15	14	13	12	11	10	9	8	7	6	5	4	3	2	1	日／月
井	参	觜	畢	昴	胃	婁	奎	壁	室	危	虚	女	斗	箕	尾	心	房	氐	亢	角	軫	翼	張	星	柳	鬼	井	参	觜	畢	1月
			井	参	觜	畢	昴	胃	婁	奎	壁	室	室	危	虚	女	斗	箕	尾	心	房	氐	亢	角	軫	翼	張	星	柳	鬼	2月
張	星	柳	鬼	井	参	觜	畢	昴	胃	婁	奎	壁	室	危	虚	女	斗	箕	尾	心	房	氐	亢	角	軫	翼	張	星	柳	鬼	3月
	軫	翼	張	星	柳	鬼	井	参	觜	畢	昴	胃	胃	婁	奎	壁	室	危	虚	女	斗	箕	尾	心	房	氐	亢	角	軫	翼	4月
房	氐	亢	角	軫	翼	張	星	柳	鬼	井	参	觜	畢	昴	胃	婁	奎	壁	室	危	虚	女	斗	箕	尾	心	房	氐	亢	角	5月
	箕	尾	心	房	氐	亢	角	軫	翼	張	星	柳	鬼	井	参	觜	畢	昴	胃	婁	奎	壁	室	危	虚	女	斗	箕	尾	心	6月
虚	女	斗	箕	尾	心	房	氐	亢	角	軫	翼	張	星	柳	鬼	鬼	井	参	觜	畢	昴	胃	婁	奎	壁	室	危	虚	女	斗	7月
婁	奎	壁	室	危	虚	女	斗	箕	尾	心	房	氐	亢	角	軫	翼	張	柳	鬼	井	参	觜	畢	昴	胃	婁	奎	壁	室	危	8月
	畢	昴	胃	婁	奎	壁	室	危	虚	女	斗	箕	尾	心	房	氐	亢	角	軫	翼	張	星	柳	鬼	井	参	觜	畢	昴	胃	9月
井	参	觜	畢	昴	胃	婁	奎	壁	室	危	虚	女	斗	箕	尾	心	房	氐	氐	亢	角	軫	翼	張	星	柳	鬼	井	参	觜	10月
	柳	鬼	井	参	觜	畢	昴	胃	婁	奎	壁	室	危	虚	女	斗	箕	尾	心	心	房	氐	亢	角	軫	翼	張	星	柳	鬼	11月
角	軫	翼	張	星	柳	鬼	井	参	觜	畢	昴	胃	婁	奎	壁	室	危	虚	女	斗	尾	心	房	氐	亢	角	軫	翼	張	星	12月

2016年（平成28年）

31	30	29	28	27	26	25	24	23	22	21	20	19	18	17	16	15	14	13	12	11	10	9	8	7	6	5	4	3	2	1	日／月
房	氐	亢	角	軫	翼	張	星	柳	鬼	井	参	觜	畢	昴	胃	婁	奎	壁	室	危	虚	虚	女	斗	箕	尾	心	房	氐	亢	1月
		尾	心	房	氐	亢	角	軫	翼	張	星	柳	鬼	井	参	觜	畢	昴	胃	婁	奎	壁	室	危	虚	女	斗	箕	尾	心	2月
女	斗	箕	尾	心	房	氐	亢	角	軫	翼	張	星	柳	鬼	井	参	觜	畢	昴	胃	婁	奎	奎	壁	室	危	虚	女	斗	箕	3月
	室	危	虚	女	斗	箕	尾	心	房	氐	亢	角	軫	翼	張	星	柳	鬼	井	参	觜	畢	昴	胃	婁	奎	壁	室	危	虚	4月
婁	奎	壁	室	危	虚	女	斗	箕	尾	心	房	氐	亢	角	軫	翼	張	星	柳	鬼	井	参	觜	畢	畢	昴	胃	婁	奎	壁	5月
	畢	昴	胃	婁	奎	壁	室	危	虚	女	斗	箕	尾	心	房	氐	亢	角	軫	翼	張	星	柳	鬼	井	参	觜	畢	昴	胃	6月
鬼	井	参	觜	畢	昴	胃	婁	奎	壁	室	危	虚	女	斗	箕	尾	心	房	氐	亢	角	軫	翼	張	星	柳	鬼	井	参	觜	7月
翼	張	星	柳	鬼	井	参	觜	畢	昴	胃	婁	奎	壁	室	危	虚	女	斗	箕	尾	心	房	氐	亢	角	軫	翼	張	星	柳	8月
	氐	亢	角	軫	翼	張	星	柳	鬼	井	参	觜	畢	昴	胃	婁	奎	壁	室	危	虚	女	斗	箕	尾	心	房	氐	亢	角	9月
心	心	房	氐	亢	角	軫	翼	張	星	柳	鬼	井	参	觜	畢	昴	胃	婁	奎	壁	室	危	虚	女	斗	箕	尾	心	房	氐	10月
	女	斗	尾	心	房	氐	亢	角	軫	翼	張	星	柳	鬼	井	参	觜	畢	昴	胃	婁	奎	壁	室	危	虚	女	斗	箕	尾	11月
室	危	虚	虚	女	斗	箕	尾	心	房	氐	亢	角	軫	翼	張	星	柳	鬼	井	参	觜	畢	昴	胃	婁	奎	壁	室	危	虚	12月

2017年（平成29年）

31	30	29	28	27	26	25	24	23	22	21	20	19	18	17	16	15	14	13	12	11	10	9	8	7	6	5	4	3	2	1	日／月
婁	奎	壁	室	室	危	虚	女	斗	箕	尾	心	房	氐	亢	角	軫	翼	張	星	柳	鬼	井	参	觜	畢	昴	胃	婁	奎	壁	1月
			胃	婁	奎	壁	室	危	虚	女	斗	箕	尾	心	房	氐	亢	角	軫	翼	張	星	柳	鬼	井	参	觜	畢	昴	胃	2月
觜	畢	昴	胃	胃	婁	奎	壁	室	危	虚	女	斗	箕	尾	心	房	氐	亢	角	軫	翼	張	星	柳	鬼	井	参	觜	畢	昴	3月
	鬼	井	参	觜	畢	昴	胃	婁	奎	壁	室	危	虚	女	斗	箕	尾	心	房	氐	亢	角	軫	翼	張	星	柳	鬼	井	参	4月
張	星	柳	鬼	井	参	参	觜	畢	昴	胃	婁	奎	壁	室	危	虚	女	斗	箕	尾	心	房	氐	亢	角	軫	翼	張	星	柳	5月
	翼	張	星	柳	鬼	井	参	井	参	觜	畢	昴	胃	婁	奎	壁	室	危	虚	女	斗	箕	尾	心	房	氐	亢	角	軫	翼	6月
氐	亢	角	軫	翼	張	星	柳	鬼	井	参	觜	畢	昴	胃	婁	奎	壁	室	危	虚	女	斗	箕	尾	心	房	氐	亢	角	軫	7月
箕	尾	心	房	氐	亢	角	軫	翼	張	星	柳	鬼	井	参	觜	畢	昴	胃	婁	奎	壁	室	危	虚	女	斗	箕	尾	心	房	8月
	危	虚	女	斗	箕	尾	心	房	氐	亢	角	翼	張	星	柳	鬼	井	参	觜	畢	昴	胃	婁	奎	壁	室	危	虚	女	斗	9月
奎	壁	室	危	虚	女	斗	箕	尾	心	房	氐	氐	亢	角	軫	翼	張	星	柳	鬼	井	参	觜	畢	昴	胃	婁	奎	壁	室	10月
	昴	胃	婁	奎	壁	室	危	虚	女	斗	箕	尾	心	房	氐	亢	角	軫	翼	張	星	柳	鬼	井	参	觜	畢	昴	胃	婁	11月
井	参	觜	畢	昴	胃	婁	奎	壁	室	危	虚	女	斗	箕	尾	心	房	氐	亢	角	軫	翼	張	星	柳	鬼	井	参	觜	畢	12月

2018年（平成30年）

31	30	29	28	27	26	25	24	23	22	21	20	19	18	17	16	15	14	13	12	11	10	9	8	7	6	5	4	3	2	1	日/月
星	柳	鬼	井	参	觜	畢	昴	胃	婁	奎	壁	室	危	虚	虚	女	斗	箕	尾	心	房	氐	亢	角	軫	翼	張	星	柳	鬼	1月
			星	柳	鬼	井	参	觜	畢	昴	胃	婁	奎	壁	室	室	危	虚	女	斗	箕	尾	心	房	氐	亢	角	軫	翼	張	2月
角	軫	翼	張	星	柳	鬼	井	参	觜	畢	昴	胃	婁	奎	壁	室	危	虚	女	斗	箕	尾	心	房	氐	亢	角	軫	翼	張	3月
	氐	亢	角	軫	翼	張	星	柳	鬼	井	参	觜	畢	昴	胃	胃	婁	奎	壁	室	危	虚	女	斗	箕	尾	心	房	氐	亢	4月
箕	尾	心	房	氐	亢	角	軫	翼	張	星	柳	鬼	井	参	觜	畢	昴	胃	婁	奎	壁	室	危	虚	女	斗	箕	尾	心	房	5月
	女	斗	箕	尾	心	房	氐	亢	角	軫	翼	張	星	柳	鬼	井	参	参	觜	畢	昴	胃	婁	奎	壁	室	危	虚	女	斗	6月
壁	室	危	虚	女	斗	箕	尾	心	房	氐	亢	角	軫	翼	張	星	柳	鬼	井	参	觜	畢	昴	胃	婁	奎	壁	室	危	虚	7月
畢	昴	胃	婁	奎	壁	室	危	虚	女	斗	箕	尾	心	房	氐	亢	角	軫	翼	張	柳	鬼	井	参	觜	畢	昴	胃	婁	奎	8月
	井	参	觜	畢	昴	胃	婁	奎	壁	室	危	虚	女	斗	箕	尾	心	房	氐	亢	角	軫	翼	張	星	柳	鬼	井	参	觜	9月
張	星	柳	鬼	井	参	觜	畢	昴	胃	婁	奎	壁	室	危	虚	女	斗	箕	尾	心	房	氐	亢	角	軫	翼	張	星	柳	鬼	10月
	軫	翼	張	星	柳	鬼	井	参	觜	畢	昴	胃	婁	奎	壁	室	危	虚	女	斗	箕	尾	心	心	房	氐	亢	角	軫	翼	11月
心	房	氐	亢	角	軫	翼	張	星	柳	鬼	井	参	觜	畢	昴	胃	婁	奎	壁	室	危	虚	女	斗	尾	心	房	氐	亢	角	12月

2019年

31	30	29	28	27	26	25	24	23	22	21	20	19	18	17	16	15	14	13	12	11	10	9	8	7	6	5	4	3	2	1	日/月
斗	箕	尾	心	房	氐	亢	角	軫	翼	張	星	柳	鬼	井	参	觜	畢	昴	胃	婁	奎	壁	室	危	虚	虚	女	斗	箕	尾	1月
			斗	箕	尾	心	房	氐	亢	角	軫	翼	張	星	柳	鬼	井	参	觜	畢	昴	胃	婁	奎	壁	室	室	危	虚	女	2月
危	虚	女	斗	箕	尾	心	房	氐	亢	角	軫	翼	張	星	柳	鬼	井	参	觜	畢	昴	胃	婁	奎	奎	壁	室	危	虚	女	3月
	奎	壁	室	危	虚	女	斗	箕	尾	心	房	氐	亢	角	軫	翼	張	星	柳	鬼	井	参	觜	畢	昴	胃	婁	奎	壁	室	4月
昴	胃	婁	奎	壁	室	危	虚	女	斗	箕	尾	心	房	氐	亢	角	軫	翼	張	星	柳	鬼	井	参	觜	畢	畢	昴	胃	婁	5月
	参	觜	畢	昴	胃	婁	奎	壁	室	危	虚	女	斗	箕	尾	心	房	氐	亢	角	軫	翼	張	星	柳	鬼	井	参	觜	畢	6月
柳	鬼	井	参	觜	畢	昴	胃	婁	奎	壁	室	危	虚	女	斗	箕	尾	心	房	氐	亢	角	軫	翼	張	星	柳	鬼	鬼	井	7月
亢	角	翼	張	星	柳	鬼	井	参	觜	畢	昴	胃	婁	奎	壁	室	危	虚	女	斗	箕	尾	心	房	氐	亢	角	軫	翼	張	8月
	房	氐	氐	亢	角	軫	翼	張	星	柳	鬼	井	参	觜	畢	昴	胃	婁	奎	壁	室	危	虚	女	斗	箕	尾	心	房	氐	9月
斗	箕	尾	心	房	氐	亢	角	軫	翼	張	星	柳	鬼	井	参	觜	畢	昴	胃	婁	奎	壁	室	危	虚	女	斗	箕	尾	心	10月
	危	虚	女	斗	箕	尾	心	房	氐	亢	角	軫	翼	張	星	柳	鬼	井	参	觜	畢	昴	胃	婁	奎	壁	室	危	虚	女	11月
婁	奎	壁	室	危	虚	女	斗	箕	尾	心	房	氐	亢	角	軫	翼	張	星	柳	鬼	井	参	觜	畢	昴	胃	婁	奎	壁	室	12月

2020年

31	30	29	28	27	26	25	24	23	22	21	20	19	18	17	16	15	14	13	12	11	10	9	8	7	6	5	4	3	2	1	日/月
畢	昴	胃	婁	奎	壁	室	室	危	虚	女	斗	箕	尾	心	房	氐	亢	角	軫	翼	張	星	柳	鬼	井	参	觜	畢	昴	胃	1月
		觜	畢	昴	胃	婁	奎	奎	壁	室	危	虚	女	斗	箕	尾	心	房	氐	亢	角	軫	翼	張	星	柳	鬼	井	参	觜	2月
柳	鬼	井	参	觜	畢	昴	胃	婁	奎	壁	室	危	虚	女	斗	箕	尾	心	房	氐	亢	角	軫	翼	張	星	柳	鬼	井	参	3月
	張	星	柳	鬼	井	参	觜	畢	畢	昴	胃	婁	奎	壁	室	危	虚	女	斗	箕	尾	心	房	氐	亢	角	軫	翼	張	星	4月
翼	張	星	柳	鬼	井	参	觜	畢	参	觜	畢	昴	胃	婁	奎	壁	室	危	虚	女	斗	箕	尾	心	房	氐	亢	角	軫	翼	5月
	亢	角	軫	翼	張	星	柳	鬼	井	参	觜	畢	昴	胃	婁	奎	壁	室	危	虚	女	斗	箕	尾	心	房	氐	亢	角	軫	6月
心	房	氐	亢	角	軫	翼	張	星	柳	鬼	鬼	井	参	觜	畢	昴	胃	婁	奎	壁	室	危	虚	女	斗	箕	尾	心	房	氐	7月
虚	女	斗	箕	尾	心	房	氐	亢	角	軫	翼	張	柳	鬼	井	参	觜	畢	昴	胃	婁	奎	壁	室	危	虚	女	斗	箕	尾	8月
	奎	壁	室	危	虚	女	斗	箕	尾	心	房	氐	亢	角	翼	張	星	柳	鬼	井	参	觜	畢	昴	胃	婁	奎	壁	室	危	9月
昴	胃	婁	奎	壁	室	危	虚	女	斗	箕	尾	心	房	氐	氐	亢	角	軫	翼	張	星	柳	鬼	井	参	觜	畢	昴	胃	婁	10月
	参	觜	畢	昴	胃	婁	奎	壁	室	危	虚	女	斗	箕	尾	心	房	氐	亢	角	軫	翼	張	星	柳	鬼	井	参	觜	畢	11月
星	柳	鬼	井	参	觜	畢	昴	胃	婁	奎	壁	室	危	虚	女	斗	箕	尾	心	房	氐	亢	角	軫	翼	張	星	柳	鬼	井	12月

2021年

31	30	29	28	27	26	25	24	23	22	21	20	19	18	17	16	15	14	13	12	11	10	9	8	7	6	5	4	3	2	1	日/月
軫	翼	張	星	柳	鬼	井	参	觜	畢	昴	胃	婁	奎	壁	室	危	虚	虚	女	斗	箕	尾	心	房	氐	亢	角	軫	翼	張	1月
			角	軫	翼	張	星	柳	鬼	井	参	觜	畢	昴	胃	婁	奎	壁	室	危	虚	女	斗	箕	尾	心	房	氐	亢	角	2月
心	房	氐	亢	角	軫	翼	張	星	柳	鬼	井	参	觜	畢	昴	胃	婁	奎	壁	室	危	虚	女	斗	箕	尾	心	房	氐	亢	3月
	箕	尾	心	房	氐	亢	角	軫	翼	張	星	柳	鬼	井	参	觜	畢	昴	胃	胃	婁	奎	壁	室	危	虚	女	斗	箕	尾	4月
虚	女	斗	箕	尾	心	房	氐	亢	角	軫	翼	張	星	柳	鬼	井	参	觜	畢	畢	昴	胃	婁	奎	壁	室	危	虚	女	斗	5月
	壁	室	危	虚	女	斗	箕	尾	心	房	氐	亢	角	軫	翼	張	星	柳	鬼	井	参	觜	畢	昴	胃	婁	奎	壁	室	危	6月
胃	婁	奎	壁	室	危	虚	女	斗	箕	尾	心	房	氐	亢	角	軫	翼	張	星	柳	鬼	鬼	井	参	觜	畢	昴	胃	婁	奎	7月
井	参	觜	畢	昴	胃	婁	奎	壁	室	危	虚	女	斗	箕	尾	心	房	氐	亢	角	軫	翼	張	柳	鬼	井	参	觜	畢	昴	8月
	星	柳	鬼	井	参	觜	畢	昴	胃	婁	奎	壁	室	危	虚	女	斗	箕	尾	心	房	氐	亢	角	軫	翼	張	星	柳	鬼	9月
角	軫	翼	張	星	柳	鬼	井	参	觜	畢	昴	胃	婁	奎	壁	室	危	虚	女	斗	箕	尾	心	房	氐	亢	角	軫	翼	張	10月
	氐	亢	角	軫	翼	張	星	柳	鬼	井	参	觜	畢	昴	胃	婁	奎	壁	室	危	虚	女	斗	箕	尾	心	心	房	氐	亢	11月
斗	箕	尾	心	房	氐	亢	角	軫	翼	張	星	柳	鬼	井	参	觜	畢	昴	胃	婁	奎	壁	室	危	虚	女	斗	尾	心	房	12月

おわりに

「わかること」「理解すること」と、一言でいってしまえば簡単なことですが、人は「そうなのか！」「だからなのか……」と納得できるだけで、心が軽くなったり、許せたり、前向きになれたりするものです。

占いをするようになって思うのは、未来を当てる、予測する以上に、人の心にそんな理解と納得を与えることも占いの重要な役割なのではないか、ということです。

「オリエンタル占星術」と名付けた、この占いを雑誌や書籍で書くようになってから、早くも20年がたちます。私自身も、最初、この占いを知ったとき、それを通して語られる自分の性格に対して「全然、当たってない」という感想を持ちました。でも次第に、それが自分では意識しにくい自分の性格の側面を語っていると気づくことがたびたびあり、私自身、この「オリエンタル占星術」に自分のことを教えられてきたような気がします。

そうして宿を通して、前より少しだけ自分で自分の性格を「わかる」「理解できる」ようになったことで、楽に生きられるようになったかもしれません。できるだけ欠点を補うように気を付けたり、良い一面も考えて自分を鼓舞したり、そして自分で自分を許したりもできるようになったと思います。

同様に、日々接する人に対しても、その人の宿を知ると、「わかる」「理解できる」ことがたくさんあります。そこからその人とうまく付き合うポイントを探せたり、その人を受け入れるきっかけも見つけられて、とても助けられてきました。

月の動きをもとにしているからでしょうか？　「オリエンタル占星術」は、人間関係をやさしく円滑にしてくれる、不思議なパワーのある占いなのです。

これまで、「オリエンタル占星術」の本は、いろいろな角度から何冊か書いていますが、27宿のそれぞれの性格と相性について、ガッツリと深いところまで書きこんだ、人間関係にダイレクトに役にたつ「宿の取扱説明書」的な本がほしい……というお声をたくさんいただいてきました。今回は、そんな要望にお応えする形でまとめた一冊です。

あなたが誰かのことや自分のことで悩んだり、傷ついたり、なんとかうまくやりたいと思ったときに開いてみる、仲の良い相談相手の〝お友達〟のような存在として、長くお傍に置いてもらえる本になれたら……と願っています。

2018年　旧暦5月の満月の日に

水晶玉子

水晶玉子

占術研究家。東洋・西洋の枠を超えて、数々の占術を研究。1998年、『FRaU』占い特集号にて、宿曜占星術にインド占星術を加味したオリジナルの「オリエンタル占星術」を発表し大反響。以後、「オリエンタル占星術カレンダー」は女性誌で不動の人気コンテンツに。雑誌『MEN'S NON-NO』などでの12星座占いの連載、携帯占いサイト「水晶玉子のオリエンタル占星術」「水晶玉子のマンダリン占星術」等も好評を博している。蟹座の危宿。Facebook、LINE、公式ツイッター@Suisho-Tamakoでは暦や話題の出来事、愛するウサギについて発信中。

デザイン　福間優子
イラスト　仲島綾乃
協力　神山典子

相性《あいしょう》も運《うん》も引《ひ》き寄《よ》せる！
すごいオリエンタル占星術《せんせいじゅつ》

2018年8月28日　第1刷発行

著者　水晶玉子《すいしょうたまこ》
発行者　渡瀬昌彦
発行所　株式会社　講談社
住所　〒112-8001
東京都文京区音羽2-12-21
電話　編集　03-5395-3529
販売　03-5395-4415
業務　03-5395-3615
印刷所　大日本印刷株式会社
製本所　大口製本印刷株式会社

ISBN978-4-06-220910-6